新时代"三农"问题研究书系

机会不平等、人力资本水平
与农户相对贫困研究

唐 亮○著

西南财经大学出版社
Southwestern University of Finance & Economics Press

中国·成都

图书在版编目(CIP)数据

机会不平等、人力资本水平与农户相对贫困研究/唐亮著.—成都:西南财经大学
出版社,2023.7
ISBN 978-7-5504-5864-2

Ⅰ.①机…　Ⅱ.①唐…　Ⅲ.①人力资本—影响—农户—贫困问题—研究—中
国　Ⅳ.①F323.8

中国国家版本馆 CIP 数据核字(2023)第 138417 号

机会不平等、人力资本水平与农户相对贫困研究

JIHUI BU PINGDENG,RENLI ZIBEN SHUIPING YU NONGHU XIANGDUI PINKUN YANJIU

唐 亮 著

责任编辑:李　才
责任校对:周晓琬
封面设计:何东琳设计工作室
责任印制:朱曼丽

出版发行	西南财经大学出版社(四川省成都市光华村街55号)
网　　址	http://cbs.swufe.edu.cn
电子邮件	bookcj@swufe.edu.cn
邮政编码	610074
电　　话	028-87353785
照　　排	四川胜翔数码印务设计有限公司
印　　刷	郫县犀浦印刷厂
成品尺寸	170mm×240mm
印　　张	15.5
字　　数	260 千字
版　　次	2023 年 7 月第 1 版
印　　次	2023 年 7 月第 1 次印刷
书　　号	ISBN 978-7-5504-5864-2
定　　价	78.00 元

序言

　　中国共产党自 1921 年成立之日起，就坚定不移地走马克思主义道路，不断探索实现共同富裕的道路，以坚定不移、顽强不屈的信念和意志与贫困做斗争，终于在 2020 年底完成了消除绝对贫困的艰巨任务，历史性地解决了困扰中华民族几千年的绝对贫困问题，在中华大地上全面建成了小康社会，实现了第一个百年奋斗目标，向共同富裕目标迈出了坚实的一大步，创造了人类减贫史上的奇迹。

　　消除贫困、改善民生、实现共同富裕是社会主义的本质要求（习近平，2021）。实现共同富裕更是中国式现代化的重要特征。如果把我国实现共同富裕的目标划分为两个历史阶段，那么第一阶段为绝对贫困治理，以全面建成小康社会为重要标志，第二阶段则为相对贫困治理，以实现共同富裕的总目标为重要标志。消除绝对贫困并不意味着我国消除贫困的事业就此结束，从消除绝对贫困到共同富裕仍有很长的路要走。中国社会主义改革开放和现代化建设的总设计师邓小平曾经提出：让一部分人、一部分地区先富起来，先富带动后富，最终实现共同富裕（国务院发展研究中心发展战略和区域经济研究部课题组，2007）。其中"后富"的人群就是相对贫困、相对落后、相对困难的人群。可见，我国贫困治理的方向已发生转变，以实现共同富裕为目标的相对贫困治理才刚刚起步，离全体人民实现共同富裕的目标仍然任重道远。因此，研究相对贫困问题不仅具有很强的现实针对性，而且具有重要的理论与应用价值。令人欣喜的是，四川农业大学经济学院农村与区域发展专业毕业的唐亮博士在贫困治理研究领域已深耕多年，并取得了一系列不俗的成绩，其即将付梓的《机会不平等、人力资本水平与农户相对贫困研究》一书，就是一部富有现实性、前瞻性、创新性和系统性的研究贫困问题的学术专著。在我看来，该书主要有以下几个显著特点：

第一，逻辑清晰，结构合理。全书基于新发展阶段推动共同富裕的背景，沿着"现实问题→理论分析→实证分析→对策建议"的逻辑思路展开研究。首先，分析新发展阶段贫困治理的变化，引出农户相对贫困问题。其次，结合共同富裕思想、多维贫困理论、人力资本理论、机会不平等理论等，构建农户相对贫困研究的理论分析框架。再次，对农户相对贫困进行测度分析，并从内外双重因素实证分析农户相对贫困的成因及生成机理。最后，基于农户相对贫困的成因及生成机理，提出农户相对贫困的治理策略。

第二，视角新颖，观点鲜明。作者突破现有文献中对相对贫困的影响因素分析，将机会不平等这一重要外因纳入相对贫困的成因研究，从人力资本水平和机会不平等内外双重因素构建农户相对贫困研究的理论分析框架。作者还拓展了相对贫困的内涵，认为：定义相对贫困，既要考虑经济上的相对贫困，又要考虑非经济上的相对贫困；既要考虑物质上的相对贫困，又要考虑精神上的相对贫困；相对贫困是一个整体和多维概念，包含三个层级的内容——一是经济维度上的核心层，二是文化、健康、环境和社会维度上的形式层，三是精神维度上的延伸层。

第三，资料翔实，论证充分。结合研究需要，共发放调查问卷

1 050 份，涉及四川省 21 个市（州）38 个村，其调查工作量大、难度大，实属不易。作者基于翔实的问卷调查数据，采用量表法、FGT 法、A–F 双临界值法、特征法等对农户相对贫困、人力资本水平、机会不平等进行了测度分析，并借鉴二值选择模型、OLS 回归模型、门槛回归模型、似无相关回归模型、工具变量法、KHB 法、逐步因果法、自助法、四象限分析法等方法，从人力资本水平和机会不平等两方面因素对农户相对贫困的成因及生成机理进行了实证分析，这既体现了研究论证充分，又展现出了作者深厚的计量功底、专业知识和科研素养。

当然，该书是一部创新探索之作，难免存在不足，甚至可能存在错误。我认同作者的看法，如指标设计还有优化空间、研究范围不够广、研究群体不够大、研究数据是静态的等。尽管如此，瑕不掩瑜，该书仍不失为一部研究贫困问题的优秀著作。作为作者的博士生导师，我熟知他具有执着的学术追求和远大的理想抱负，也具有经济学、管理学、社会学等学科的理论功底和应用能力。该书是在其博士学位论文基础上进一步丰富、完善所形成的。对于他的著作公开出版我感到由衷的高兴。我相信唐亮博士一定能秉承四川农业大学"追求真理造福社会 自强不息"的校训精神，为社会做出更大贡献。

四川省社会科学院研究员、博士生导师　张克俊
2023 年 3 月

前言

　　贫困问题是一个历史性、世界性问题，贫困治理是世界各国共同面临的艰巨任务。贫困不仅表现为绝对贫困，还表现为相对贫困。绝对贫困可以通过生产力的发展和分配制度的改善完全消除，但相对贫困仍将长期存在。中国共产党百年的贫困治理让中华民族几千年的绝对贫困问题得到历史性解决，在中华大地上全面建成了小康社会，实现了第一个百年奋斗目标，向共同富裕目标迈出了坚实的一大步，进入了新发展阶段。当前我国正处于新发展阶段推动共同富裕的初期，虽已历史性地解决了困扰中华民族几千年的绝对贫困问题，但反贫困事业仍未到达终点，离全体人民实现共同富裕仍然任重道远，区域之间、城乡之间和农民之间的发展不平衡问题仍旧严重。新发展阶段推动实现共同富裕的最重要任务是缩小差距，缩小差距的最大难点在于如何缓解相对贫困，而缓解相对贫困最大的难点在于如何缓解农户相对贫困。因此，研究农户相对贫困问题具有极其重要的理论价值和现实意义。

　　本书的主要内容包括四个方面：一是基于共同富裕思想、多维贫困理论、人力资本理论、机会不平等理论等，构建农户相对贫困研究的理论分析范式，回答在什么样的框架下分析农户相对贫困问题。二是基于共同富裕思想和多维贫困理论，阐述农户相对贫困的内涵，以及农户相对贫困的测度方法、界定标准及具体情况。三是基于人力资本理论和机会不平等理论，采用实证方法研究影响农户相对贫困的因素，分析农户相对贫困的主要影响因素及生成机理。四是基于农户相对贫困的成因及生成机理，提出农户相对贫困的治理策略，为政府进行相对贫困治理提供理论指导和决策依据。

我自2019年开始对贫困问题进行研究，到现在已有四年多的时间。本书是在我的博士论文基础上修改完成的，书中的部分成果在学术会议上得到了多次展现，在中文社会科学引文索引（CSSCI）来源期刊上公开发表，得到了相关领域专家和政府部门的高度认可。完成这样的研究实属不易。漫长的研究和反复的修改，让我有了更多深入思考的机会，使我对理论知识的理解更加深入，也让本书的实证设计更加严谨、写作逻辑更加清晰。本书是关于贫困治理的理论和实证研究专著，希望本书的理论观点和实证方法，能够对贫困研究者有一定的参考价值，也能够为政府进行相对贫困治理提供理论指导和决策依据。

限于笔者的研究视角和研究水平，书中不妥之处在所难免，敬请读者批评指正。

唐亮

2023 年 3 月

目录

　│　机会不平等、人力资本水平与农户相对贫困研究

1 绪论

1.1 研究背景与意义

1.1.1 研究背景

  贫困问题是一个历史性、世界性问题，贫困治理是世界各国共同面临的艰巨任务（中华人民共和国国务院新闻办公室，2021）。自从有了人、有了人类社会，贫困问题就作为客观事实而存在，但人类社会的每个发展阶段，贫困的内涵和意义有所不同（张清霞，2007；张琦，2021）。在原始社会时期，由于生产力水平极其低下，加之天气、疾病、自然灾害等诸多不确定因素影响，人们面临的贫困更多是物质生活所需无法满足的绝对贫困，是典型的自然经济现象。但随着生产力进一步发展，维持人们物质生活的产品开始出现剩余，贫困问题并没有因为物质生活产品的增加而消失，反而变得更加复杂，进而演变成极其复杂的经济、社会和政治现象（Barrientos & Hulme，2005；张永丽、沈志宇，2020；林闽钢，2020）。贫困问题不仅表现为绝对贫困，还表现为相对贫困。贫困问题不仅仅在发展中国家存在，在发达国家也依然存在。部分国家的实践已证明，绝对贫困问题可以通过生产力的发展和分配制度的改革而完全消除，但相对贫困仍将长期存在（World Bank，2001；Ravallion & Chen，2011；江立华，2020；陆汉文、杨永伟，2020；檀学文，2020）。

  中国共产党自1921年成立之日起，就坚定不移地走马克思主义道路，不断探索实现共同富裕的道路，以坚定不移、顽强不屈的信念和意志与贫困做斗争，终于在2020年底完成了消除绝对贫困的艰巨任务，提前10年实现《联合国2030年可持续发展议程》的减贫目标，创造了人类减贫史上的奇迹（习近平，2021；中华人民共和国国务院新闻办公室，2021）。
中国共产党在与绝对贫困做斗争的 100 年里，经历了 7 个发展阶段（陈健，
2021；蒲实、袁威，2021；程承坪、曾瑾，2021；许彩玲，2021）。第一阶
段（1921—1949 年）为开展土地革命推动反贫困阶段。在这一阶段，以土
地革命为抓手实施的一系列政策及措施，是中国共产党解决绝对贫困问题
的关键一步，为中华人民共和国成立后实施绝对贫困治理奠定了坚实基
础、提供了经验借鉴（蒲实、袁威，2021；程承坪、曾瑾，2021）。第二
阶段（1950—1978 年）为保障生存实施救济式扶贫阶段。第二阶段初期，
我国人均国民收入仅为 27 美元，不到亚洲人均 44 美元的 2/3，不足印度
57 美元的 1/2，绝大多数人口为绝对贫困（胡绳，1991）；第二阶段末期，
按 1978 年设定的 100 元贫困线测算①，我国贫困发生率为 30.7%，贫困人
口规模约为 2.5 亿人（张磊，2007）。第三阶段（1979—1985 年）为进行
体制改革推动扶贫阶段。第三阶段末期②，我国贫困发生率为 14.8%，贫
困人口规模约为 1.25 亿人，年均约减少 1 786 万人，年均下降 9.43%（国
家行政学院编写组，2016）。第四阶段（1986—1993 年）为有组织、有计
划、区域瞄准的开发式扶贫阶段。第四阶段末期③，我国贫困发生率为
8.7%，贫困人口规模约为 8 000 万人，年均约减少 640 万人，年均下降
6.17%（国务院扶贫开发领导小组，2003）。第五阶段（1994—2000 年）
为集中力量解决温饱的“八七”扶贫攻坚阶段。第五阶段末期，我国贫困发生
率为 3.5%，贫困人口规模约为 3 209 万人，年均约减少 684 万人，年
均下降 12.23%④（国家统计局住户调查办公室，2016）。第六阶段（2001—
2012 年）为综合扶贫开发阶段。在这一阶段⑤，我国贫困发生率按新标准由

① 1978 年设定标准时，考虑到中国国情（农村人口普遍贫困，全国近一半的省份面临粮食
不足或严重不足），以每人每天最低需要 2 100 大卡热量，按食物支出占 85%和非食物支出占 15%
的比例，再根据物价水平确定贫困线，即农村贫困标准为人均年纯收入 100 元。

② 1985 年的农村贫困线标准为人均年纯收入 206 元（依据 1978 年贫困标准，根据物价指数
计算而得）。

③ 国家未公布 1993 年农村贫困线标准。

④ 此数据依据 1978 年贫困标准计算而得。依据 1978 年贫困标准计算，2000 年的农村贫困
线标准为人均年纯收入 625 元。后期国家还公布了 2008 年贫困标准和 2010 年贫困标准。依据
2008 年贫困标准计算，2000 年的农村贫困线标准为人均年纯收入 865 元，2000 年的贫困发生率为
10.2%，贫困人口规模约 9 422 万人。依据 2010 年贫困标准计算，2000 年的农村贫困线标准为
人均年纯收入 1 528 元，2000 年的贫困发生率为 49.8%，贫困人口规模约为 46 224 万人。

⑤ 此数据依据 2010 年贫困标准计算而得。依据 2010 年贫困标准计算，2012 年的农村贫困
线标准为人均年纯收入 2 625 元。

2000 年的 49.8% 下降到 2012 年的 10.2%，贫困人口规模由 2000 年的 46 224 万人下降到 2012 年的 9 899 万人，年均约减少 3 027 万人，年均下降 12.05%（国家统计局住户调查办公室，2020）。第七阶段（2013—2020 年）为精准扶贫阶段。第七阶段末期[①]，我国绝对贫困人口全部脱贫，每年减贫人口在 1 000 万以上，全面建成了小康社会（陈健，2021；许彩玲，2021）。

中国共产党百年七个阶段的贫困治理让中华民族几千年的绝对贫困问题得到历史性解决（顾仲阳、常钦，2021），在中华大地上全面建成了小康社会，实现了第一个百年奋斗目标，向共同富裕目标迈出了坚实的一大步，进入了新发展阶段（中华人民共和国国务院新闻办公室，2021；谢小飞、吴家华，2021；黄一玲，2021）。但是，"脱贫摘帽不是终点，而是新生活、新奋斗的起点"（习近平，2020）。2018 年 9 月，习近平总书记在十九届中央政治局第八次集体学习时的讲话中指出："2020 年全面建成小康社会之后，我们将消除绝对贫困，但相对贫困仍将长期存在。"2019 年 10 月，党的十九届四中全会通过的《中共中央关于坚持和完善中国特色社会主义制度 推进国家治理体系和治理能力现代化若干重大问题的决定》也指出："坚决打赢脱贫攻坚战，巩固脱贫攻坚成果，建立解决相对贫困的长效机制。"按李莹、于学霆和李帆（2021）的估算，若采用全国人均可支配收入中位数的 40% 作为相对贫困线（8 443 元），2019 年全国相对贫困人口约为 1.45 亿人，其中农村 1.42 亿人、城镇 0.03 亿人；按陈宗胜和黄云（2021）的估算，若采用全国人均可支配收入中位数的 40% 作为相对贫困线（11 990 元），2021 年全国相对贫困人口约为 1.67 亿人，其中农村 1.49 亿人、城镇 0.18 亿人；按程国强和伍小红（2021）的预测，若采用农村居民人均可支配收入中位数的 50% 作为相对贫困线（10 789 元），2022 年全国农村相对贫困人口约为 1.43 亿人。

消除贫困、改善民生、实现共同富裕是社会主义的本质要求（习近平，2021）。实现共同富裕更是中国式现代化的重要特征。如果把我国实现共同富裕的目标划分为两个历史阶段，那么第一阶段为绝对贫困治理，以全面建成小康社会为重要标志，第二阶段则为相对贫困治理，以实现共同富裕的总目标为重要标志（檀学文，2020）。消除绝对贫困并不意味着我国消除贫困的事业就此结束，从绝对贫困到共同富裕仍有很长的路要

---

① 2020 年的农村贫困线标准为人均年纯收入 4 000 元，此外还要实现"两不愁三保障"，即"不愁吃、不愁穿，义务教育、基本医疗、住房安全有保障"。

走。中国社会主义改革开放和现代化建设的总设计师邓小平曾经提出：让一部分人、一部分地区先富起来，先富带动后富，最终实现共同富裕（国务院发展研究中心发展战略和区域经济研究部课题组，2007）。其中"后富"的人群就是相对贫困、相对落后、相对困难的人群（樊增增、邹薇，2021）。共同富裕与相对贫困犹如一枚硬币的正反两面。一方面，共同富裕是相对贫困治理的目标归宿，其主要内容是相对贫困治理；另一方面，相对贫困治理是实现共同富裕的前提，也是实现共同富裕的必然要求（谢华育、孙小雁，2021）。可见，我国贫困治理的方向已发生转变，绝对贫困治理已到达终点，但以实现共同富裕为目标的相对贫困治理才刚刚起步，离全体人民实现共同富裕的目标仍然任重道远。

1.1.2　问题提出

当前我国正处于新发展阶段推动共同富裕的初期，虽已历史性地解决了困扰中华民族几千年的绝对贫困问题，但反贫困事业并未到达终点，离全体人民实现共同富裕的目标依然任重道远，区域之间、城乡之间和农民之间的发展不平衡仍旧严重。

一是区域之间发展不平衡。表1-1显示，区域之间居民人均可支配收入差距较大。上海稳居居民人均可支配收入第一的宝座，上海居民人均可支配收入从2015年的49 867元增长到2021年的78 027元，增长了28 160元，年均增长率为7.75%；而居民人均可支配收入长期排名末位的西藏在2019年被甘肃替代，甘肃居民人均可支配收入从2015年的13 467元增长到2021年的22 066元，增长了8 599元，年均增长率为8.58%。甘肃居民人均可支配收入的年均增速虽超过上海，其相对比略微下降，但绝对值差距越来越大，2015年时仅差36 400元，而2021年时已差55 961元，差距增长率约为53.74%。若保持年均增速不变，以2021年的值为基础，甘肃要追平上海需要165年。全国的基尼系数维持在0.46左右，也表明差距过大。可见，区域之间差距较大，发展不平衡较为严重。

表1-1　区域之间居民人均可支配收入情况

年份	2021	2020	2019	2018	2017	2016	2015
收入最高省份名称	上海	上海	上海	上海	上海	上海	上海
收入最低省份名称	甘肃	甘肃	甘肃	西藏	西藏	西藏	西藏
收入最高省份收入/元	78 027	72 232	69 442	64 183	58 988	54 305	49 867

表1-1（续）

年份	2021	2020	2019	2018	2017	2016	2015
收入最低省份收入/元	22 066	20 335	19 139	17 286	15 457	13 639	12 254
最高省份收入−最低省份收入/元	55 961	51 897	50 303	46 897	43 531	40 666	37 613
最高省份收入÷最低省份收入/倍	3.54	3.55	3.63	3.71	3.82	3.98	4.07
全国平均收入/元	35 128	32 189	30 733	28 228	25 974	23 821	21 966
全国基尼系数	0.466	0.468	0.465	0.468	0.467	0.465	0.462

注：①2015—2020 年数据来源于《中国统计年鉴（2016—2021）》，2021 年数据来源于《国民经济和社会发展统计公报》。

②甘肃 2015 年居民人均可支配收入为 13 467 元。

二是城乡之间发展不平衡。表 1-2 显示，城镇居民人均可支配收入高于全国平均水平，而农村居民人均可支配收入低于全国平均水平。城镇居民人均可支配收入由 2015 年的 31 195 元增长到 2021 年的 47 412 元，增长了 16 217 元，年均增长率为 7.23%；农村居民人均可支配收入由 2015 年的 11 422 元增长到 2021 年的 18 931 元，增长了 7 509 元，年均增长率为 8.79%。虽然农村居民的人均可支配收入年均增速快于城镇居民，其相对值略微降低，但两者之间的绝对值还在扩大，已从 2015 年的 19 773 元扩大到 2021 年的 28 481 元，差距增长率约为 44.04%。若保持年均增速不变，以 2021 年的值为基础，农村居民人均可支配收入追上城镇居民需要约 64 年。可见，城乡之间差距太大，发展不平衡较为严重。

表 1-2　城乡居民人均可支配收入情况

年份	2021	2020	2019	2018	2017	2016	2015
全国平均/元	35 128	32 189	30 733	28 228	25 974	23 821	21 966
城镇居民/元	47 412	43 834	42 359	39 251	36 396	33 616	31 195
农村居民/元	18 931	17 131	16 021	14 617	13 432	12 363	11 422
城镇居民−农村居民/元	28 481	26 703	26 338	24 634	22 964	21 253	19 773
城镇居民÷农村居民/倍	2.50	2.56	2.64	2.69	2.71	2.72	2.73

注：2015—2020 年数据来源于《中国统计年鉴（2016—2021）》，2021 年数据来源于《国民经济和社会发展统计公报》。

三是农民之间发展不平衡。表 1-3 显示，农村居民仅中等偏上户和高收入户组的人均可支配收入高于全国农村平均水平，意味着至少 60% 的农户人均可支配收入低于全国农村平均水平。对比高、低收入户组发现：高收入户组人均可支配收入由 2014 年的 23 947 元增长到 2020 年的 38 520 元，增长了 14 753 元，年均增长率为 8.24%；低收入户组人均可支配收入由 2014 年的 2 768 元增长到 2020 年的 4 681 元，增长了 1 913 元，年均增长率为 9.15%。虽然低收入户组的人均可支配收入年均增速快于高收入户组，其相对值略微降低，但两者之间的绝对值还在扩大，已从 2014 年的 21 179 元扩大到 2020 年的 33 839 元，差距增长率为 59.78%。可见，农民之间差距太大，发展不平衡较为严重。

表 1-3　农村居民按五等份分组的人均可支配收入情况

年份	2020	2019	2018	2017	2016	2015	2014
全国农村平均/元	17 131	16 021	14 617	13 432	12 363	11 422	10 489
低收入户/元	4 681	4 263	3 666	3 302	3 006	3 086	2 768
中等偏下户/元	10 392	9 754	8 508	8 449	7 828	7 221	6 604
中等收入户/元	14 712	13 984	12 530	11 978	11 159	10 311	9 504
中等偏上户/元	20 884	19 732	18 051	16 944	15 727	14 537	13 449
高收入户/元	38 520	36 049	34 043	31 299	28 448	26 014	23 947
高收入户－低收入户/元	33 839	31 786	30 377	27 997	25 442	22 928	21 179
高收入户÷低收入户/倍	8.23	8.46	9.29	9.48	9.46	8.43	8.65

注：2014—2020 年数据来源于《中国统计年鉴（2015—2021）》。

从区域之间、城乡之间和农民之间的发展不平衡可以看出，新发展阶段推动共同富裕最艰巨的任务是缩小差距，缩小差距的最大难点在于如何缓解相对贫困，而缓解相对贫困最大的难点在于如何缓解农户相对贫困。部分国家的反贫困经验告诉我们，绝对贫困消除后，反贫困的重心应转向相对贫困。按专家的估算，若城乡居民采用一条线标准，则绝大多数相对贫困人口为农村居民。由于缓解相对贫困最大的难点在农民，在新发展阶段推进共同富裕的进程中，农户相对贫困治理就成为相对贫困治理的重中之重。那么，在新发展阶段推动共同富裕的进程中，农户相对贫困的内涵是什么？农户相对贫困的测度方法和标准是什么？农户相对贫困的情况如何？农户相对贫困的主要影响因素有哪些？其生成机理又是什么？农户相对贫困应如何治理？

1.1.3 研究意义

1.1.3.1 理论意义

本研究有两方面的理论意义：

第一，基于内外双重因素构建农户相对贫困问题研究的理论分析框架，为相对贫困研究提供一个新的视角。

本研究一方面遵循贫困研究的经典范式——"测度→解释→行动"，即相对贫困测度、相对贫困成因分析及相对贫困治理策略的研究范式；另一方面突破现有文献中的影响因素分析，基于内外双重因素分析农户相对贫困的成因及生成机理，从而提出农户相对贫困的治理策略，为相对贫困研究提供一个系统化的理论分析框架和新的研究视角。

第二，从理论和实证两个层面研究农户相对贫困问题，可进一步丰富和拓展贫困治理理论和共同富裕思想。

本研究基于共同富裕思想和多维贫困理论，阐述农户相对贫困的内涵，从理论和实证两个层面分析农户相对贫困的测度方法、界定标准、主要影响因素及生成机理，进而提出农户相对贫困的治理策略，从而进一步丰富和拓展贫困治理理论和共同富裕思想。

1.1.3.2 现实意义

本研究有三方面的现实意义：

第一，缓解农户相对贫困有利于巩固脱贫攻坚成果并同乡村振兴有效衔接，为乡村振兴打下坚实的基础。

当前正处于新发展阶段推动共同富裕的初期，虽已全面完成消除绝对贫困任务，但部分脱贫地区和农户的内生动力并没有完全生成，这些地区和群体仍有可能返贫。而相对贫困治理的对象不仅包含这些地区和群体，还包括更大范围的地区和群体。进行农户相对贫困治理，将有利于巩固脱贫攻坚成果并同乡村振兴有效衔接，为乡村振兴打下坚实的基础。

第二，缓解农户相对贫困有利于缩小区域、城乡和农民差距，助力乡村振兴战略的实施和共同富裕目标的实现。

实施乡村振兴战略的总目标是农业农村现代化。当前的现状是区域之间、城乡之间和农民之间发展不平衡，这些不平衡严重影响了社会主义现代化建设的进程。对农户相对贫困的治理，将有利于缩小区域之间、城乡之间和农户之间的差距，助力乡村振兴战略的实施和共同富裕目标的实现。

第三，系统研究农户相对贫困可为政府进行相对贫困治理提供理论指导和决策依据。

本研究基于共同富裕思想、多维贫困理论、人力资本理论、机会不平等理论等，从内外双重因素分析农户相对贫困的成因及生成机理，进而提出农户相对贫困的治理策略，为政府进行相对贫困治理提供理论指导和决策依据。

1.2 研究思路、布局、方法及路线

1.2.1 研究思路

本研究基于新发展阶段推动共同富裕的背景，沿着"现实问题→理论分析→实证分析→对策建议"的逻辑思路展开。首先，分析新发展阶段贫困治理的变化，引出农户相对贫困问题。其次，结合共同富裕思想、多维贫困理论、人力资本理论、机会不平等理论等，构建农户相对贫困研究的理论分析框架。再次，对农户相对贫困进行测度与分析，并从内外双重因素实证分析农户相对贫困的成因及生成机理。最后，基于农户相对贫困的成因及生成机理，提出农户相对贫困的治理策略。

1.2.2 研究布局

根据研究内容，全书共分为九章。具体结构安排如下：

第 1 章：绪论。介绍研究背景，引出需研究的现实问题，阐述研究的意义；说明研究思路、研究布局、研究方法及技术路线；总结研究的创新之处。

第 2 章：学术史梳理与文献综述。从马克思及列宁的贫困治理理论、中国共产党领导人的贫困治理思想和西方学者的贫困治理理论三个方面进行学术史梳理，为后面的研究奠定理论基础；从相对贫困内涵和分类及测度研究、人力资本水平与相对贫困研究、机会不平等与相对贫困研究、机

会不平等和人力资本水平与相对贫困研究、相对贫困治理研究五个方面进行文献综述，分析现有文献的不足之处，探索可进一步发展或突破的空间。

第3章：理论基础与分析框架。对"农户相对贫困""人力资本水平"和"机会不平等"三个核心概念进行内涵解析，为后面的研究提供基础支撑；从共同富裕思想、多维贫困理论、人力资本理论和机会不平等理论四个方面阐述本书的理论基础，为后面的研究提供理论支撑；从人力资本对农户相对贫困的影响、机会不平等对农户相对贫困的影响、机会不平等和人力资本对农户相对贫困的影响三个方面进行机理分析，以此建立起本书的分析框架。

第4章：样本数据说明与农户相对贫困测度。介绍调研设计和问卷回收情况，分析量表数据的信度与效度检验，对受访者及受访者家庭的基本情况进行描述性统计；从农户的主观相对贫困、客观相对贫困和多维相对贫困等方面进行测度与分析。

第5章：人力资本水平影响农户相对贫困的实证分析。采用熵值法从数量水平、健康水平、知识水平、技能水平和迁移水平五个维度测度人力资本水平，并对农户人力资本水平进行分析；选择农户多维相对贫困的状态为因变量，采用二值选择模型、OLS回归模型、似无相关模型、中介效应模型、工具变量法、KHB法、逐步因果法、自助法、费舍尔组合检验等，完成人力资本水平对农户相对贫困的实证分析与讨论。

第6章：机会不平等影响农户相对贫困的实证分析。从度量环境变量差异的视角，采用均权法和均方差法测度机会不平等，并对农户机会不平等程度进行分析；选择农户多维相对贫困的状态为因变量，采用二值选择模型、OLS回归模型、似无相关模型、费舍尔组合检验等，完成机会不平等对农户相对贫困的实证分析与讨论。

第7章：机会不平等、人力资本水平影响农户相对贫困的作用机制分析。选择农户多维相对贫困的状态为因变量，采用二值选择模型、OLS回归模型等，完成机会不平等和人力资本水平对农户相对贫困的作用力大小分析；选择农户多维相对贫困剥夺指数为因变量，采用门槛回归模型，完成机会不平等和人力资本水平对农户相对贫困作用的门槛识别；采用四象限分析法、博杜安的贫困分类方法和对比分析法，完成机会不平等和人力资本水平对农户相对贫困的作用机制分析。

第 8 章：缓解农户相对贫困的路径解析。结合相对贫困的成因及生成机理，从降低相对贫困户的机会不平等程度、提升相对贫困户的生计资本水平、激发相对贫困户的内生动力、构建相对贫困治理的机制四个方面对缓解农户相对贫困的路径进行解析。

第 9 章：研究结论、政策启示及研究展望。根据前文的分析结果，得出研究结论；基于农户相对贫困的成因及生成机理，结合相对贫困治理的路径选择，提出农户相对贫困治理的政策启示；分析本书的不足之处，提出研究展望。

1. 2. 3 研究方法

本研究主要采用的研究方法有：文献研究、实地调查、定性分析、定量分析、比较分析、规范分析、归纳研究等。

一是文献研究法。使用中国知网（CNKI）、Web of Science、四川农业大学图书馆数据等资源，采用 CiteSpace 可视化分析软件，系统搜集和整理国内外关于贫困治理、相对贫困、人力资本、机会不平等等多方面文献，提炼本研究中需要解决的现实问题，对机会不平等、人力资本水平与农户相对贫困相关概念、内涵、理论基础及机理分析进行阐释，提出本书的研究思路及分析框架，为后续研究奠定基础。

二是实地调查法。首先，确定四川省为调查区域，按照 Scheaffer 抽样公式计算抽样规模，最终确定 1 050 户样本数量；其次，根据分层抽样和随机抽样的方法，对四川省 21 个市（州）的农户进行调查，最终确定对38 个村［每个市（州）至少 1 个村］进行实地调查；最后，利用设计好的问卷，采用"一对一"入户深度访谈方式进行调查，以此获得研究区域的一手资料，为后续研究提供基础素材。

三是定性与定量相结合法。采用量表法、FGT 法、A-F 双临界值法对农户相对贫困进行测度，并借鉴二值选择模型、OLS 回归模型、门槛回归模型、似无相关回归模型、工具变量法、KHB 法、逐步因果法、自助法、四象限分析法等方法，从人力资本水平和机会不平等两方面因素实证分析农户相对贫困的成因及生成机理。

四是比较与规范分析法。本研究中多个地方需要进行比较分析，如不同区域农户的相对贫困比较分析、不同区域农户的人力资本水平比较分析、不同区域农户的机会不平等程度比较分析、不同区域的影响因素比较分析、不同类型农户的比较分析、不同类型相对贫困户的比较分析等；通过比较分析其差异性，得出相应的研究结论，为后文提出路径解析和政策启示提供依据。

五是归纳研究法。本研究中在文献处理、相对贫困的成因分析、相对贫困的机制分析、相对贫困治理的路径解析、相对贫困治理的政策启示等方面使用归纳研究法，得出了相应的研究结论及对策建议。

1.2.4 技术路线

本研究的技术路线包括逻辑思路、研究内容及研究方法三个方面，具体如图1-1所示。

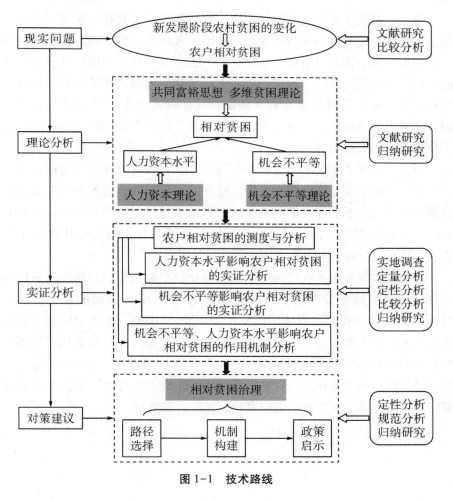

图1-1 技术路线

1.3　研究的创新之处

本研究的创新之处主要体现在如下几个方面：

第一，创新了相对贫困研究视角。本研究突破现有文献对相对贫困影响因素的分析窠臼，将机会不平等这一重要外因纳入相对贫困的成因研究，基于人力资本水平和机会不平等内外双重因素构建农户相对贫困研究的理论分析框架，并进行了实证分析，为相对贫困研究提供一个新的研究视角。

第二，拓展了相对贫困的内涵。本研究基于共同富裕思想和多维贫困理论，将农户相对贫困分为主观相对贫困、客观相对贫困和多维相对贫困三种类型，其中重点研究多维相对贫困。农户多维相对贫困包含三个层级的内容：一是经济维度上的核心层，二是文化、健康、环境和社会维度上的形式层，三是精神维度上的延伸层。这样做既考虑了经济上的相对贫困，又考虑了非经济上的相对贫困；既考虑了物质上的相对贫困，又考虑了精神上的相对贫困。

第三，丰富了测度个体机会不平等的方法。现有的客观测度机会不平等的方法不能测度个体机会不平等，现有的主观测度机会不平等的方法虽能测度个体机会不平等，但不能很好地体现不可控的环境变量。本研究提出采用特征法的方式，通过度量环境变量的差异来测度个体机会不平等，更能客观反映机会不平等的内涵。

第四，客观分析了农户相对贫困的特征。根据门槛回归结果，采用四象限分析法和博杜安的贫困分类法分析了农户相对贫困的特征，发现"I类"农户中的相对贫困是"偶发性"贫困，"II类"农户中的相对贫困主要是机会不平等导致的"结构性"贫困，"III类"农户中的相对贫困主要是人力资本水平不高导致的"结构性"贫困，"IV类"农户中的相对贫困主要是机会不平等和人力资本水平不高导致的"赤贫性"贫困。这为缓解相对贫困提供了科学的理论依据和最优的治理路径。

2 学术史梳理与文献综述

2.1 学术史梳理

自从有了人，就有了人类社会，贫困问题也就作为客观事实而存在。在 18 世纪以前，由于社会生产力水平极其低下，人们普遍贫困，此时的贫困问题并未引起人们的关注（叶普万，2004）。贫困作为特定的经济社会现象被学术研究重视始于工业革命（18 世纪 60 年代）之后，被广泛关注并进行理论探讨始于 20 世纪 50 年代（Steven，2006；张琦，2021）。总体上看，由于世界观和方法论的不同，贫困治理理论主要分为两大类：一是马克思、列宁的贫困治理理论以及中国共产党领导人的贫困治理思想；二是以西方经济学、发展经济学、福利经济学等为代表的西方学者的贫困治理理论。

2.1.1 马克思、列宁的贫困治理理论以及中国共产党领导人的贫困治理思想

工业革命之后，资本主义经济危机频繁爆发，大量失业人员涌现，贫困现象越来越突出。这些贫困现象引起了马克思的关注。马克思在空想社会主义理论基础上，发展形成了马克思主义的贫困治理理论。马克思从富裕与贫困对立的现象入手，在对私有财产分析中发现了富人与穷人之间的内在联系（张当，2019）。马克思在《资本论》中指出："最勤劳的工人阶级的饥饿痛苦和富人建立在资本主义积累基础上的粗野的或高雅的奢侈浪费之间的内在联系，只有当人们认识了经济规律时才能揭露出来。"（中共中央马克思恩格斯列宁斯大林著作编译局，2009）而这个规律，主要是资

本主义的剩余价值规律和资本积累的一般规律（王朝明，2008）。在资本主义制度下，资本家为了获取更多剩余价值，就会不断地把剥削来的部分剩余价值转化为资本，然后进行资本主义扩大再生产，从而形成资本积累。在此过程中，资本家购买生产资料的不变资本逐渐增多，购买劳动力的可变资本逐渐减少，而可变资本的减少就会导致雇佣工人的减少，从而产生过剩人口。过剩人口由于失去收入来源，就演变为社会上的贫困人群。资本家的资本积累越多，失业工人和贫困人数就会越多。马克思通过对上述规律的阐释，揭示了资本主义制度下无产阶级贫困化的根源和无产阶级贫困化加剧的趋势。认识这一规律后，马克思和恩格斯在《共产党宣言》中提出了对策："无产者只有废除自己的现存的占有方式，从而废除全部现存的占有方式，才能取得社会生产力。无产者没有什么自己的东西必须加以保护，他们必须摧毁至今保护和保障私有财产的一切。"（中共中央马克思恩格斯列宁斯大林著作编译局，2009）马克思的贫困治理理论突出了贫困的制度批判，认为资本主义剩余价值和资本积累的一般规律是无产阶级贫困化的直接原因，并通过制度创新探索贫困治理的出路，是最早从制度层次上揭示贫困根源的，是关于资本主义制度下无产阶级贫困化及其趋势的理论，具有阶级贫困的性质与制度分析的特点。

列宁在帝国主义和无产阶级革命时代的历史条件下，在马克思主义贫困治理理论基础上形成了列宁主义的贫困治理理论。列宁关于贫困的论述主要有四个方面：一是对资本主义贫困化的论述。列宁对以伯恩斯坦（Eduard Bernstein）为代表的社会民主党改良主义者的观点进行了深刻批判，认为他们否认了资本主义大众日益贫困的事实，歪曲了马克思主义关于在资本主义制度下工人贫困的科学论断（陆立军，1980）。二是对物质贫困和社会贫困的论述。列宁认为无产阶级和劳动群众的贫困不仅是物质贫困，还是社会贫困。物质贫困是由在资本主义制度下资产阶级对无产阶级的剥削导致。这继承了马克思主义的贫困思想，此外无产阶级和劳动群众在政治和文化教育方面也是贫困的。列宁（2017）指出："在以金钱势力为基础的社会中，在广大劳动者一贫如洗而一小撮富人过着寄生生活的社会中，不可能有实际的和真正的'自由'。"三是对反贫困的领导主体和依靠力量的论述。列宁认为无论是资本主义还是社会主义，无产阶级和劳动群众若想摆脱贫困的处境，就必须接受和坚持无产阶级政党的领导，因为只有无产阶级政党才能够教育无产阶级和劳动群众，团结和带领他们更好地与资产阶级进行斗争，更好地建设国家（苏礼和，2018）。四是对反贫困方式的论述。列宁认为社会主义也存在贫困现象，但这种贫困不是制度所形成的，而是由生产力水平低下导致的。当人们当家做主的目标实现后，首要任务就是抓好经济建设，把国家的经济搞上去，大力解放和发展生产力，为各项事业的发展提供物质基础和基本保障（列宁，2017）。列宁的贫困治理理论继承和发展了马克思主义的贫困治理理论，指出无产阶级不仅面临物质贫困，还面临政治权利和文化教育的贫困；同时，列宁承认社会主义也存在贫困问题，但这种贫困非制度所致，而是由生产力水平低下造成，由此提出了要大力解放和发展生产力的反贫困策略。

中国共产党自 1921 年成立之日起，就带领全国人民接续不断地与贫困做斗争，探索出了一条独具中国特色的贫困治理道路，形成了贫困治理的中国特色和中国经验（孙照红，2020；中华人民共和国国务院新闻办公室，2021）。中国共产党领导人提出的具有中国特色的贫困治理思想，是对马克思主义贫困治理理论的继承和发展。

新中国成立后，以毛泽东同志为核心的党的第一代中央领导集体将恢复和发展社会经济、帮助人民摆脱贫困作为巩固和发展社会主义的首要问题，从改造旧的生产关系入手改变我国贫穷落后的面貌，通过社会主义改造建立社会主义经济基础（韩振峰，2020）。针对农民的普遍贫困，毛泽东提出了只有联合起来向社会主义大道前进才能摆脱贫困的思想："全国大多数农民，为了摆脱贫困，改善生活，为了抵御灾荒，只有联合起来，向社会主义大道前进，才能达到目的。""在逐步地实现社会主义工业化和逐步地实现对于手工业、对于资本主义工商业的社会主义改造的同时……使全体农村人民共同富裕起来。"（毛泽东，1964）毛泽东的贫困治理思想解释了贫困根源，提出了共同富裕的概念，确定了反贫困目标、步骤及战略，为农村反贫困建立了制度基础和认识基础（黄承伟、刘欣，2016）。

改革开放后，以邓小平同志为核心的党的第二代中央领导集体基于中国农村大多数地区仍处于贫困状态的现实和人民群众迫切希望摆脱贫困、走上富裕道路的愿景，从贫困与社会主义的关系出发对贫困问题进行了阐述。邓小平（1993）曾指出："贫穷不是社会主义，社会主义要消灭贫穷。""社会主义的首要任务是发展生产力，逐步提高人民的物质和生活水平。""中国要解决十亿人的贫困问题，十亿人的发展问题……中国搞现代化，只能靠社会主义，不能靠资本主义。""社会主义的本质，是解放生产力，发展生产力，消灭剥削，消除两极分化，最终达到共同富裕。"邓小平的贫困治理思想主要体现在两个方面：一是指出贫穷不是社会主义，我们坚持社会主义，首先必须摆脱贫穷；二是确立经济发展"三步走"发展战略，提出要"先富带后富，最终实现共同富裕"的思想，主张通过发展生产力来消灭贫穷。

20世纪90年代，以江泽民同志为核心的党的第三代中央领导集体从国家发展战略、扶贫主体、扶贫对象、扶贫模式等方面阐述了反贫困思想。在党的十五大报告中，江泽民（1997）强调：国家要从多方面采取措施，加大扶贫攻坚力度，到20世纪末基本解决农村贫困人口的温饱问题。在1999年召开的全国扶贫开发工作会议上，江泽民指出："下个世纪继续开展扶贫开发，要首先解决剩余贫困人口的温饱问题，巩固扶贫成果，使已经解决温饱的人口向小康迈进，同时在稳定解决温饱的基础上，全面推进贫困地区经济社会发展……同加快中西部地区建设、缩小东西部地区发展差距，实现共同富裕的目标结合起来。"（中共中央文献研究室，2002）这一阶段提出了"坚持开发式扶贫方针，增强贫困地区自我发展能力""更广泛更深入地动员全社会力量参与扶贫""依靠贫困地区干部群众，坚持不懈地苦干实干""西部大开发"等主张，注重从"均衡发展"与"可持续发展"的角度提出反贫困的具体路径。

进入21世纪后，以胡锦涛同志为总书记的党中央从中国国情出发，深化了反贫困理论的认识，提出了"科学发展观"，将"以人为本"作为科学发展观的核心，凸显了人在反贫困中的地位和作用。胡锦涛（2005）指出："扶贫开发是建设中国特色社会主义事业的一项历史任务，也是构建社会主义和谐社会的一项重要内容。"在党的十七大报告中，胡锦涛（2007）强调："改革开放使人民生活从温饱不足发展到总体小康，农村贫困人口从两亿五千多万减少到两千多万……要着力提高低收入者收入，逐步提高扶贫标准和最低工资标准。"这一阶段提出了坚持"以人为本"，以推进社会主义新农村的建设和发展来推动中国农村扶贫开发及反贫困治理，强调继续实施开发式扶贫，将更多资金用于农村发展，尽最大努力让农村贫困人口早日过上小康生活。

党的十八大以来，以习近平同志为核心的党中央把脱贫攻坚摆在治国理政的突出位置（陈武，2020），提出了一系列新思想、新观点、新论断，作出了一系列新决策、新部署，形成了我国新时期贫困治理的重要指导。

2012 年 12 月，习近平总书记在河北省阜平县考察扶贫开发工作时指出：
"全面建成小康社会，最艰巨最繁重的任务在农村、特别是在贫困地区。
没有农村的小康，特别是没有贫困地区的小康，就没有全面建成小康社
会……到 2020 年稳定实现扶贫对象不愁吃、不愁穿，保障其义务教育、基
本医疗、住房，是中央确定的目标。"（习近平，2015）2013 年 11 月，习
近平总书记在湖南省湘西州花垣县十八洞村考察时，首次提出了"精准扶
贫"。2015 年 10 月，习近平总书记在 2015 年减贫与发展高层论坛的主旨
演讲上指出："中国在扶贫攻坚工作中采取的重要举措，就是实施精准扶贫
方略……即扶持对象精准、项目安排精准、资金使用精准、措施到户精
准、因村派人精准、脱贫成效精准……通过扶持生产和就业发展一批，通
过易地搬迁安置一批，通过生态保护脱贫一批，通过教育扶贫脱贫一批，
通过低保政策兜底一批。我们广泛动员全社会力量，支持和鼓励全社会采
取灵活多样的形式参与扶贫。"（中共中央文献研究室，2016）2015 年 11
月，习近平总书记在中央扶贫开发工作会议上指出："要解决好'扶持谁'
的问题，要解决好'谁来扶'的问题，要解决好'怎么扶'的问题，要解
决好'如何退'的问题。"（中共中央党史和文献研究院，2018）2017 年
10 月，习近平总书记在党的十九大报告中强调："让贫困人口和贫困地区
同全国一道进入全面小康社会是我们党的庄严承诺……深入实施东西部扶
贫协作，重点攻克深度贫困地区脱贫任务，确保到二〇二〇年我国现行标
准下农村贫困人口实现脱贫，贫困县全部摘帽，解决区域性整体贫困，做
到脱真贫、真脱贫。"（习近平，2017）2018 年 9 月，习近平总书记主持十
九届中共中央政治局第八次集体学习时指出："2020 年全面建成小康社会
之后，我们将消除绝对贫困，但相对贫困仍将长期存在。"（习近平，2018，
2019）2020 年 3 月，习近平总书记在决战决胜脱贫攻坚座谈会上的讲话中
指出："要高质量完成脱贫攻坚目标任务……脱贫摘帽不是终点，而是新
生活、新奋斗的起点。要接续推进全面脱贫与乡村振兴有效衔接，推动减
贫战略和工作体系平稳转型，统筹纳入乡村振兴战略，建立长短结合、标
本兼治的体制机制。"（习近平，2020）2021 年 7 月，习近平总书记在庆祝
中国共产党成立 100 周年大会上的讲话中指出："着力解决发展不平衡不充
分问题和人民群众急难愁盼问题，推动人的全面发展、全体人民共同富裕
取得更为明显的实质性进展！"（习近平，2021）2022 年 10 月，习近平总
书记在党的二十大报告中指出："中国式现代化是全体人民共同富裕的现

代化。共同富裕是中国特色社会主义的本质要求，也是一个长期的历史过程。我们坚持把实现人民对美好生活的向往作为现代化建设的出发点和落脚点，着力维护和促进社会公平正义，着力促进全体人民共同富裕，坚决防止两极分化。"[1] 习近平总书记提出的中国特色反贫困理论围绕为什么要脱贫、如何脱贫、如何保证脱贫效果等重大理论和实践问题，在目标上提出了"两个确保"，在标准上提出了"两不愁三保障"，在要求上提出了"六个精准"，在路径上提出了"五个一批"，在保障上提出了"五级书记"抓脱贫，重点解答了"扶持谁""谁来扶""怎么扶""如何退"等重要问题。这些重要论述，既是认识论又是方法论，既是新理念新思想又是新战略新部署，深刻把握和回答了新时代中国特色社会主义扶贫工作的重大理论和实践问题，把中国特色扶贫开发理论推向了新境界。

2.1.2 西方学者的贫困治理理论

西方学者的贫困治理理论围绕贫困的原因以及如何摆脱贫困这两个基本问题，从区域和个体视角进行贫困认知、贫困解释并提出政策主张。这些学者从区域视角讨论了政府与市场的边界，经济增长与贫困的关系，经济效率、分配公平与社会福利的关系；从个体视角分析了贫困的原因，如经济上的收入贫困，非经济上的能力贫困、权利贫困、文化贫困、地理贫困等。对贫困的认知和解释从单一的收入贫困论向能力贫困、社会排斥、文化贫困、空间贫困、多维贫困论等不断转变和拓展，贫困治理理论也在不断丰富和完善，形成了经济学、社会学、政治学、地理学、心理学等多学科贫困治理理论体系。

2.1.2.1 西方经济学的贫困治理理论

在西方经济学的贫困理论中，政府与市场的边界问题一直占据着核心位置，几次重大的理论变革都围绕这一问题展开。以斯密（Adam Smith）（2002）为代表的古典经济学派提出了贫困治理的市场机制，认为完全自由的市场经济是消除贫困的最佳选择。只有在发展最自由的市场经济前提下，资本积累才能良性循环，促进劳动分工和生产专业化，国家才可以不断创造财富并富裕起来。因此，斯密认为只要保持经济持续增长，即使没

---

[1] 习近平. 高举中国特色社会主义伟大旗帜 为全面建设社会主义现代化国家而团结奋斗——在中国共产党第二十次全国代表大会上的报告 [EB/OL]. (2022-10-25) [2023-06-06]. https://www.gov.cn/xinwen/2022-10/25/content_5721685.htm.

有国家干预，贫困问题也会随着经济发展的"涓滴效应"而自然得到解决。其后，以马歇尔（Alfred Marshall）（2010）为代表的新古典经济学派继承和发扬了古典经济学，但与古典经济学不同的是，马歇尔放弃了完全自由放任的观点，提倡慎重的改革，特别关注贫困问题，认为贫困问题归因于劳动力市场，主张政府通过发展教育提升劳动者技能，从而增加劳动者收入。随着 20 世纪 20 年代末的"大萧条"爆发，以凯恩斯（John Maynard Keynes）（2014）为代表的凯恩斯主义者认为经济增长的"涓滴效应"存在着市场失灵，否认了"看不见的手"的作用，认为应以政府内生性作用的发挥克服经济发展过程中产生的市场失灵。凯恩斯积极主张从政府层面对贫困进行治理，以财政干预政策解决私人市场有效需求不足问题，通过税收调节收入分配，消除贫困。20 世纪 70 年代后期，"滞涨"问题在资本主义国家相继发生，以美国、英国为代表的西方发达国家逐渐放弃了凯恩斯的政府干预政策，新自由主义的贫困治理思想成为贫困治理的主流，再次巩固了贫困治理过程中自由放任的市场作用地位。

2.1.2.2 发展经济学的贫困治理理论

发展经济学主要从发展中国家出发，探究其如何跳出贫困陷阱，实现经济增长和发展。"陷阱"是发展经济学家对贫困的基本认知。对"陷阱"的最早关注可以追溯到 18 世纪马尔萨斯（Thomas Robert Malthus）（1992）的人口陷阱理论。20 世纪 50 年代，发展经济学家认为资本稀缺是造成发展中国家长期经济发展缓慢和陷入贫困陷阱的根源，强调资本积累和资本形成对发展中国家经济增长和摆脱贫困的作用，提出了一系列颇具代表性和影响力的贫困治理理论，如佩鲁（Fransois Perroux）（1950）的增长极理论、纳克斯（Ragnar Nurkse）（1953）的贫困恶性循环论、刘易斯（William Arthur Lewis）（1954）的二元经济结构论、纳尔逊（Richard R. Nelson）（1956）的低水平均衡陷阱论、莱宾斯坦（Harvey Leibenstein）（1957）的临界最小努力论、缪尔达尔（Gunnar Myrdal）（1957）的循环积累因果关系论、赫希曼（Albert Hirschman）（1958）的不平衡增长理论等。20 世纪 60 年代后，新古典主义经济发展理论沿袭了古典经济学派立场，主张经济自由化，提出市场均衡机制，强调除物质资本以外的人力资本、知识积累、技术进步等非物质资本积累对经济增长的促进作用，如舒尔茨（Thodore W. Schults）（1961）的人力资本论、库兹涅茨（Simon Smith Kuznets）（1989）的经济增长理论、罗默（Paul M. Romer）（1986）和卢卡斯（Robert E. Lucas）（1988）的新增长理论等。20世纪80年代后，许多发展经济学家认为除了收入贫困和人力贫困以外，更重要的是要关注能力贫困和权利贫困，其中以森（1981）的"权利或能力贫困理论"影响较为广泛。他认为收入贫困和人力贫困只是现象，而能力贫困和权利贫困才是实质，个人的可行能力需要政治、法律、文化等制度给予保障。森的新贫困观和发展观影响了发展中国家和国际组织的减贫战略，世界银行（World Bank，2001）在《2000/2001年世界发展报告：与贫困做斗争》中，将创造机会、赋予权力和增强安全保障作为全球减贫战略的行动纲领。

2.1.2.3 福利经济学的贫困治理理论

与传统的以收入为基础的贫困治理相比，福利经济学家从不平等的福利水平出发对贫困进行解释，认为是福利而不是收入决定一个人是否比其他人贫困。尤其对于福利型国家而言，管理和分配国家财富是贫困治理的中心任务。因此，在贫困治理的考量和政策设计过程中，福利的总量性因素和分配性因素之间的冲突引起了福利经济学家的关注和争论，形成了三种关于不平等的贫困治理主张：一是以庇古（Arthur Cecil Pigou）（2020）为代表的旧福利论。他基于基数效用论，提出"国民收入总量越大，社会经济福利就越大；国民收入分配越均等化，社会经济福利就越大"的观点，建议增加国民收入和实施均等化政策。二是以帕累托（Vilfredo Pareto）为代表的新福利论。他基于序数效用论，提出了"帕累托最优"的概念，认为福利经济学的核心是经济效率而不是公平，即应该研究如何达到社会的最优状态。此后，卡尔多（Nicholas Kaldor）、希克斯（John R. Hicks）等学者发展了这一理论，认为"关心的主要问题不是收入分配的均等化，而是资源配置的最优化"（马旭东、史岩，2018）。三是以萨缪尔森（Paul A. Samuelson）（2013）为代表的函数论，提出了福利经济学的"社会福利函数"。

2.1.2.4 其他贫困治理理论

对贫困认知和解释除了强调收入、权利、能力和不平等外，一些学者还从功利主义、平等自由主义、自由至上主义、文化贫困、地理贫困等方面入手。①功利主义。以英国哲学家边沁（Jeremy Bentham）（2009）和英国经济学家穆勒（John Stuart Mill）（2009）为代表，他们认为效用是功利主义对于贫困认识的出发点，即通过人们在所处的社会环境中能够获得幸福和满足的程度来评价贫困程度，而公共政策和私人行动的最终目标就是效用，因此使社会中每个人的效用总和最大化应该是政府反贫困的正确目标。②平等自由主义。以罗尔斯（John Bordley Rawls）（1971）为代表，他们认为一个社会的制度、法律和政策都应该以公正为前提，政府应该选择公正的贫困治理政策，强调按照社会上状况最差和最不幸的贫困群体福利最大化的"最大最小原则"进行贫困治理的公共政策设计，通过向富人征税补助穷人，将富人收入转移给穷人来增加整个贫困群体的福利。③自由至上主义。以美国哲学家诺齐克（Robert Nozick）（1977）为代表，他们反对功利主义和自由主义把社会总收入作为能够自由再分配的共享资源，认为应该取消收入再分配的贫困治理政策而实行自愿协议。④文化贫困。以美国人类学家刘易斯（Oscar Lewis）（1965）为代表，他们认为贫困具有封闭、独立而相对隔离的亚文化圈，这种亚文化通过圈内交往进一步加强和固化了贫困与外界的隔离，以致脱离主流的现代文化而难以摆脱贫困。⑤地理贫困。以在世界银行工作的贾兰（Jyotsna Jalan）和拉瓦雷（Martin Ravallion）（1998）为代表，他们将空间地理因素引入贫困治理研究之中，认为空间地理因素是部分区域和贫困人口产生贫困的重要因素，只有通过迁移等改变地理环境才能从根本上消除贫困。

2.2 文献综述

贫困问题是一个历史性、世界性难题，贫困治理是世界各国共同面临的艰巨任务（中华人民共和国国务院新闻办公室，2021）。人类社会文明的发展史，就是与贫困做斗争的发展史（张琦，2021）。自 1901 年英国企业家和管理学家朗特里（Benjamin Seebohm Rowntree）（1901）提出绝对贫困的测量标准后，贫困研究引起了学术界的广泛关注。尤其是英国贫困研究者汤森（Peter Townsend）（1979）系统阐述相对贫困理论后，全世界掀起了相对贫困研究热潮。

2.2.1 相对贫困内涵、分类及测度研究

2.2.1.1 相对贫困内涵研究

"相对贫困"这一概念最早由美国斯坦福大学教授福克斯（Victor R.

Fuchs）（1967）明确提出。他认为如果一个人或一个家庭以收入或支出衡量的生活状况低于社会平均水平，就可认为是相对贫困，并建议将美国相对贫困线定为人均收入中位数的 50%。之后，英国贫困研究者汤森（1979）系统阐述了相对贫困理论，认为相对贫困者不仅基本生活必需品被剥夺，还由于缺乏多方面资源而达不到社会的平均生活水平，由此提出了"相对剥夺法"，用平均收入测量相对贫困。世界银行在《1981 年世界发展报告》中对相对贫困进行了描述，认为"当某些人、某些家庭或某些群体没有足够的资源去获取他们那个社会公认的、一般都能享受到的饮食、生活条件、舒适和参加某些活动的机会，就是处于相对贫困状态"（《世界发展报告》翻译小组，1983）。诺贝尔经济学奖获得者森（1983）认为，相对贫困是一种基本能力或权利被剥夺，包括是否有能力或权利获得教育、卫生、饮水等基本服务，而不仅仅是收入低下。萨塞克斯大学研究员钱伯斯（Robert Chambers）（1995）扩充了相对贫困的内涵，认为相对贫困不仅包含收入或消费被剥夺，还包含文化、健康、社会、精神等被剥夺。联合国开发计划署（The United Nations Development Programme，UNDP）（1997）在《1997 年人类发展报告：人类发展与消除减贫》中指出："相对贫困不仅仅是缺乏收入的问题，它是一种对人类发展的权利、长寿、知识、尊严和体面生活标准等多方面的剥夺。"可见，相对贫困是一种"相对剥夺"的概念，指的是个人或家庭相对于某个群体而言，在某些方面（如收入、消费、权利、文化、健康、社会、精神等）低于社会平均水平或某个比例的贫困状态。相对贫困的内涵随着社会发展和人们思想观念的变化而不断演进，由最初的收入相对贫困发展到现在的多维相对贫困——不仅包含收入相对贫困，还包含教育、医疗、住房、公共服务、权利等的相对贫困。

2.2.1.2　相对贫困分类研究

学者基于不同研究视角，将相对贫困分为单维相对贫困与多维相对贫困、客观相对贫困与主观相对贫困、宏观相对贫困与微观相对贫困。

单维相对贫困与多维相对贫困是基于贫困维度的不同而做的区分。由于对相对贫困的认知和测度方法的限制，早期测度相对贫困依据的是居民收入或支出的高低。此期间的贫困识别往往是单一指标，被称为单维相对贫困（邹薇、方迎风，2012）。随着森（1983）提出能力或权利贫困的思路，相对贫困由单维走向了多维，尤其是阿尔基尔（Sabina Alkire）和福斯特（James Foster）（2007）提出多维贫困的测度方法后，多维相对贫困受到世界的广泛关注。从概念上讲，单维相对贫困是指测评对象在某一维度上的任一指标未达到测评标准时的贫困状态，而多维相对贫困是指测评对象在多个维度上多个指标未达到测评标准时的贫困状态（王小林、阿尔基尔，2009；庄天慧、杨浩、蓝红星，2018）。

客观相对贫困与主观相对贫困是基于测度标准的不同而做的区分。福克斯（1967）按人均收入中位数的50%定义的相对贫困线，就是客观相对贫困标准。但有学者对客观相对贫困线质疑，提出了一种确定贫困线的新方法——测量心理感知差异，即主观相对贫困测度法（Goedhart, et al., 1977）。他们认为客观上的贫困线往往由政府或专家来确定，其结果是有些确定为客观贫困的家庭感觉自己并不贫困，而有些确定为客观非贫困的家庭感觉自己很贫困（Praag, et al., 1980；Praag & Carbonella, 2008）。由于对客观上的相对贫困难以找到理想的测度标准，主观相对贫困作为补充，也有着重要的价值（左停、杨雨鑫，2013；田雅娟、刘强、冯亮，2019）。相对贫困既有客观上的物质差异，又有主观上的心理感知差异（Rojas, 2008；Dartanto & Otsubo, 2013；周力、邵俊杰，2020）。从内容上讲，客观相对贫困是客观物质上的"相对剥夺感"，主要通过判断收入或支出是否达到相应标准来确定；主观相对贫困是心理感知上的"相对剥夺感"，主要通过生活状态的比较来确定（胡凌啸、周力，2021；罗必良等，2021）。

宏观相对贫困与微观相对贫困是基于测度对象的不同而做的区分。宏观相对贫困的测度对象为一个地区或一个整体，是区域意义上的贫困，如地区相对贫困、县域相对贫困等，樊杰团队在2004年引入了相对贫困地区概念（樊杰、周侃、伍健雄，2020），宋福忠、许鲜苗和赵洪彬（2010）将地区人均收入低于平均收入水平55%的地区定义为相对贫困地区。微观相对贫困的测度对象为个人或家庭，是个体意义上的贫困，如经济合作与发展组织（Organization for Economic Co-operation and Development，OECD）将家庭可支配收入低于中位数的一定比例定义为家庭相对贫困（郭之天、陆汉文，2020；王小林、冯贺霞，2020；解安、侯启缘，2021），国内学者建议采用居民人均可支配收入中位数的50%定义家庭相对贫困（檀学文，2020；陈宗胜、黄云，2021）。从范围上讲，宏观相对贫困指的是地区或整体相对贫困，微观相对贫困指的是个人或家庭相对贫困。

2.2.1.3　相对贫困测度方法研究

相对贫困测度的方法主要有国际贫困标准法、收入位置法、多维贫困测度法、社会贫困线法和弱相对贫困线法。

一是国际贫困标准法。国际贫困标准法又称为收入比例法，以相对贫困的概念作为理论基础，以收入中位数或平均数的百分比作为相对贫困标准，当低于此标准时就认定为相对贫困。该方法由 OECD 在 1976 年对其成员国进行大规模调查后提出的，当时确定的固定比例为 50%（唐钧，1998；顾海英，2020）。此方法在应用中各有差异，比例通常设定为 40%、50%或 60%，往往和非经济贫困组合使用，也有国家在使用时用消费指标代替收入指标（Muller，2006；池振合、杨宜勇，2013）。

二是收入位置法。收入位置法又称为最低百分比法，采用收入排序位置来测度相对贫困标准（Bellù & Liberati，2005）。采用此方法将全体居民按收入进行排序，然后将排序位置靠后的 10%的人群或总人数 5%的人口界定为相对贫困（左停、贺莉、刘文婧，2019）。此方法由于需要全面的统计数据，在实际操作中难度较大，实际采用的国家较少。新加坡采用了此方法，将收入排序最后的 10%人群确认为相对贫困人口（Irene，2013）。

三是多维贫困测度法。多维贫困测度法基于森的"能力贫困"概念，以被剥夺情况定义多维贫困。多维贫困理论提出后，阿尔基尔和福斯特（2007）提出采用双临界值测度多维贫困，测度结果称为"多维贫困指数"，测度方法又称"A-F 双临界值法"。多维贫困测度法获得 UNDP 的支持，在《2010 年人类发展报告》中公布了各国多维贫困指数（UNDP，2010）。此方法既可反映不同个体或家庭在不同维度上的贫困程度，又可反映一个地区或国家的贫困程度，也容易操作，得到了多国采用（唐丽霞、张一珂、陈枫，2020）。

四是社会贫困线法。在世界银行工作的乔利夫（Dean Jolliffe）和普里兹（Espen Beer Prydz）（2017）提出采用绝对贫困线和消费中位数相结合的方法来确定相对贫困线，称该方法为社会贫困线法。该方法的计算公式如下：

$$SPL = \max(US \$ 1.9, 0.5 \times MCPC + US \$ 1) \qquad (2-1)$$

式 2-1 中，SPL 为社会贫困线，MCPC 为人均消费中位数。当括号右边值小于或等于 1.9 时，此时的贫困线采用 1.9，为绝对贫困线；当括号右边值大于 1.9 时，此时的贫困线采用右边实际值，为相对贫困线。世界银行

（2018）发布的《2018 年贫困与共享繁荣：拼出贫困的拼图》中采用此方法公布了两条社会贫困线：中低收入国家为人均每天收入 3.2 美元，中高收入国家为人均每天收入 5.5 美元。此方法易于操作，得到了世界银行认可。

五是弱相对贫困线法。在世界银行工作的拉瓦雷和陈绍华（2011，2019）认为国际贫困标准法未考虑收入差距，提出采用居民收入和基尼系数相结合的相对贫困测量方法，称为弱相对贫困线法。该方法的计算公式如下：

$$Z_j^U = US \$ 1.9 + max[0.7 \times (1 - G) \times MPCI - US \$ 1, 0] \quad (2-2)$$

式 2-2 中，Z 为弱相对贫困线，U 为贫困上限，j 为贫困下线，G 为基尼系数，MPCI 为居民收入中位数（或平均数）。当中括号左边值小于或等于 0 时，此时的贫困线采用 1.9，为绝对贫困线；当中括号左边值大于 0 时，此时的贫困线采用两部分加总实际值，为弱相对贫困线（胡联、姚绍群、宋啸天，2021）。弱相对贫困线法考虑了居民收入不平等问题，也易于操作，但提出时间较晚，正处于学者呼吁关注阶段。

从相对贫困测度的五种方法可以看出，这些方法各有差异，主要测度指标均为收入或消费，仅多维贫困测度法选用了更多测度指标。五种方法中，国际贫困标准法和多维贫困测度法为多数国家所使用；社会贫困线法为世界银行所使用；收入位置法因对统计数据要求较高，仅为少数国家所使用；弱相对贫困线法因提出时间较晚，还处于学者呼吁关注阶段。

2.2.1.4 相对贫困测度结果研究

关于我国相对贫困测度的文献，在研究视角上以微观为主、宏观为辅，在测度维度上以多维为主、单维为辅，在测度内容上以客观为主、主观为辅，在数据来源上以专业数据库数据为主、自行调研数据为辅，在数据年份上均为 2020 年以前数据。

在宏观视角上，主要测度了地区（县域）相对贫困，如宋福忠、许鲜苗和赵洪彬（2010）测度了 2008 年重庆 40 个区县的相对贫困，发现渝东北翼地区和渝东南翼地区均为相对贫困地区；蔡兴冉、梁彦庆、黄志英等（2019）测度了 2005、2015 年河北省 136 个县市的相对贫困，发现县域相对贫困度的空间分布差异显著，相对贫困度较高的县主要分布在冀西北、冀中和冀中南地区；李波和苏晨晨（2021）测度了 2015、2018 年西藏和四省藏族居住区域中 139 个县市的相对贫困，发现各县市相对贫困程度差异较大，相对贫困程度较深的区域主要分布在西藏。

在微观视角上，主要测度了个人或家庭相对贫困，研究的数据主要来源于专业数据库和自行调研数据。一是利用专业数据库数据，如姚兴安、朱萌君和季璐（2021）基于 2015 年中国健康与营养调查（China Health and Nutrition Survey，CHNS）数据测度了农村家庭的多维相对贫困，发现东部地区农村家庭多维贫困发生率显著低于中西部地区；汪三贵和孙俊娜（2021）基于 2018 年中国住户调查数据测度了单维相对贫困和多维相对贫困，发现西部地区城乡居民的多维贫困状况最严重，且农村居民比城市居民严重，山区居民比非山区居民严重，少数民族地区比汉族地区严重；彭继权、张利国和陈苏（2020）基于 2010—2016 年中国家庭追踪调查（China Family Panel Studies，CFPS）数据测度了农民工的多维相对贫困，发现农民工的相对贫困程度逐年降低；方迎风和周少驰（2021）基于 2010—2018 年的 CFPS 数据测度了城乡家庭的多维相对贫困，发现多维相对贫困显著下降，但城乡间和群体间的不平衡依然严重；马瑜和吕景春（2022）基于 2010—2018 年的 CFPS 数据测度了城乡居民的弱相对贫困，发现我国居民的弱相对贫困程度呈稳健下降趋势；于新亮、严晓欢、上官熠文等（2022）基于 2012—2018 年的 CFPS 数据测度了农村家庭的多维相对贫困，发现农村家庭多维相对贫困发生率逐年下降，但始终处于较高水平；罗必良、洪炜杰、耿鹏鹏等（2021）基于 2014 年、2016 年的中国劳动力动态调查（China Labor-Force Dynamics Survey，CLDS）数据采用赋值法测度了农户的主观相对贫困，发现主观相对贫困越严重，主观幸福感越弱。二是利用自行调研数据，如刘愿理、廖和平、李靖等（2020）基于重庆市长寿区 2018 年 1 785 户调查数据测度了农户多维相对贫困，发现样本数据的相对贫困发生率为 9.97%；王湛晨、李国平和刘富华（2021）基于 2014—2018 年金沙江流域的追踪调查数据测度了移民多维相对贫困，发现移民相对贫困特征主要表现为发展性贫困和消费型贫困；王卓（2022）基于 2020 年四川省 931 户 3 473 人的调查数据测度了城乡居民的多维相对贫困，发现农村居民的多维相对贫困指数、发生率和平均剥夺份额均高于城镇居民。

2.2.2　人力资本水平与相对贫困研究

2.2.2.1　人力资本内涵研究

"人力资本"这一概念最早由美国经济学家费雪（Irving Fisher）

（1906）明确提出，他把所有财产的投入都视为资本，其中包含人力资本。由于提出的概念受到种种质疑，一直未得到主流经济学家的认可，直至人们对索洛（Robert M. Solow）的新古典增长模型中关于增长的"黑箱"进行探索，人力资本才重新回到大众视野，尤其是舒尔茨系统阐述了人力资本的理论体系，贝克尔（Gary S. Becker）将人力资本理论应用于微观领域研究（Solow，1956；Mincer，2001）。舒尔茨（1961）认为，人力资本是与"物质资本"相对的概念，体现在人的身上且能够给未来提供收益的资本，是劳动力数量和质量方面的价值总和。贝克尔强调，人力资本的形成依赖于学校教育、在职培训、健康医疗、人口迁移等方面的投入（Becker，1964）。在后面的研究中，人力资本概念基本沿用舒尔茨提出的概念，只是表述方式有所不同和增加了宏微观之分。宏观上是指一个国家或地区人力资本的概念，是由众多劳动力组合而成的总体概念；微观上是指一个家庭或个体人力资本的概念，只限于家庭劳动力或个体劳动力本身，而不是一个总体概念（刘纯阳，2005；王肖婧，2019）。

2.2.2.2　人力资本测度研究

人力资本的理论提出后，如何测度成为后续研究的一个重要方向。人力资本测度的方法主要有收入法、支出法和特征法。

一是收入法。收入法是一种基于产出角度度量的方法，由乔根森（Dale Jorgenson）和弗拉梅尼（Barbara M. Fraumeni）（1989）提出，也称为 J-F 法。收入法以人力资本产生的未来收益为出发点，通过比较接受过人力资本投资与未接受过人力资本投资的未来收益，将收益之差进行贴现，以此计算出人力资本的存量（朱舟，1999；李海峥、梁赟玲、弗拉梅尼，2010；《中国人力资本的度量及其深入研究》课题组，2021）。人力资本存量的计算公式如下：

$$\mathrm{Huc} = \sum \frac{y_1^j - y_0^j}{(1 + r)^j} \tag{2-3}$$

式 2-3 中，Huc 为人力资本存量，r 为贴现率，y_1^j 表示接受过人力资本投资的在第 j 年的收益，y_0^j 表示未接受过人力资本投资的在第 j 年的收益。

二是支出法。支出法是一种基于投入角度度量的方法，用所有的支出来测度人力资本的存量，包括有形资本中的未成年人养育支出和无形资本中的教育、培训、健康、迁移等方面的支出（Kendrick，1976；Eisner，1989；刘纯阳，2005）。人力资本存量的计算公式如下：

$$Huc = \sum (Nu_j + Ed_j + Tr_j + He_j + Mi_j) \qquad (2\text{-}4)$$

式 2-4 中，Huc 为人力资本存量，Nu_j、Ed_j、Tr_j、He_j、Mi_j 分别表示第 j 年用于养育、教育、培训、健康、迁移方面的支出。

三是特征法。特征法也称为指标法，通过将人力资本的某些特征（指标）采用权数进行加总，如教育水平、健康水平等，以此计算出人力资本水平（Barro & Lee，1996；陆明涛、刘潋，2016；World Bank，2020；韩德超，2021）。

从人力资本测度的三种方法可以看出，这些方法各有差异。三种方法中，支出法由于需要面板数据，且对数据量要求大，加之折旧率的处理具有较大的主观性，因而使用者较少；收入法对数据量要求大，在国际上被广泛应用，但主要用于测量宏观领域的人力资本水平，如美国的人力资本水平、中国的人力资本水平等；特征法对数据量要求小，计算方法相对简单，在宏微观领域均能使用，因此在学术研究中应用较广，世界银行在2018 年使用该方法首次公布了 157 个成员国家和地区的人力资本水平及排名。

2.2.2.3　人力资本水平与相对贫困研究

以含"人力资本水平"和"相对贫困"的题名在 Web of Science 和 CNKI 核心数据库上进行检索发现，对此进行专门研究的文献比较鲜见。与之相关的文献主要集中在以下三个方面：

一是内容中体现了人力资本水平与相对贫困的研究。理论研究上，张林和邹迎香（2021）认为农户相对贫困的形成是由多种因素共同作用的结果，但人力资本不足是相对贫困形成的关键原因，人力资本不足表现在健康、教育和技能等多个方面。何眉、杨肃昌和陈卫强（2022）认为知识、文化与技能水平是衡量人力资本的重要指标，低水平的人力资本导致其发展能力不足，也易形成"恶性循环"，这是相对贫困形成的主要原因。因此，人力资本投资是改变相对贫困群体生存与发展状况的重要手段，政府应加大对教育、医疗健康、就业等方面的投入（王卓、郭真华，2021），以此改善相对贫困人口的人力资本构成，进而缩小收入差距和减少社会不平等，最终解决相对贫困问题（左停、刘文婧，2020）。实证研究上，罗明忠、唐超和吴小立（2020）基于河南省 2017 年 3 278 份农户调查数据分析发现，农业技能培训和非农就业技能培训的参与均与相对贫困显著负相关。罗万云、戎铭情、王福博等（2022）基于和田市 2018 年 292 份调查数据分析发现，家庭劳动力负担人口与多维相对贫困显著正相关，户主健康水平与多维相对贫困显著负相关，户主受教育程度与多维相对贫困没有显著关系。裴劲松和矫萌（2021）基于2012—2018年的CFPS数据分析发现，受教育程度、健康水平等人力资本要素会直接影响农户的可行能力和发展机会，进而影响农户相对贫困。Jianfeng & Shurui（2022）基于2014—2018年的CFPS数据分析发现，劳动力迁移、健康、教育和工作经验均与相对贫困显著负相关，其中劳动力迁移影响最大。从以上可以看出，无论是理论研究，还是实证研究，构成人力资本的健康水平、教育程度、技能培训、工作经验、劳动力迁移、家庭负担等方面影响着相对贫困。

二是对人力资本水平与绝对贫困进行了研究。理论研究上，舒尔茨（1961）认为，贫困的根本原因是人力资本的短缺，而人力资本的形成依赖于学校教育、在职培训、健康医疗、人口迁移等活动。森（2005）认为，健康、教育、技能等形式存在的人力资本，不仅是贫困的具体表现，更是贫困的本质原因。实证研究上，梁凡和朱玉春（2018）基于2016年秦巴山区680户调查数据分析发现，人力资本在贫困农户与非贫困农户之间存在显著差异，劳动力的健康、教育年限和工作经验均会显著增加农户的收入，进而降低农户的贫困。关爱萍和刘可欣（2019）基于2016年甘肃省1 749户调查数据分析发现，构成人力资本的教育程度、健康、工作经验和劳动力迁移四个方面均显著影响农户贫困，人力资本的增加有利于农户贫困的减少。夏庆杰、陈燕凤和陈梦桑（2019）基于2012—2016年中山大学劳动力动态调查数据（CLDS）分析发现，家庭或个人的人力资本缺失是贫困的根源，而家庭或个人的人力资本缺失往往是由教育、医疗等公共服务供给不足导致的。左文琦（2020）基于2016年中国流动人口动态监测调查数据（China Migrants Dynamic Survey，CMDS）分析发现，劳动者的人力资本水平与陷入贫困显著负相关。王飞、廖桂蓉和吴婕（2020）基于2018年云南省陇川县户撒阿昌族乡801户调查数据分析发现，构成人力资本的健康状况、受教育程度和劳动技能三个方面均显著影响农户是否能够退出贫困。从以上可以看出，无论是理论研究，还是实证研究，构成人力资本的教育程度、健康水平、劳动技能、工作经验、劳动力迁移等方面都影响着绝对贫困。

三是对人力资本水平与收入进行了研究。大样本调查数据方面，高梦滔和姚洋（2006）基于8省1 320户跨度15年的面板数据分析发现，构成人力资本中的教育和培训两个方面是导致收入差异的主要原因，而物质资本没有显著影响，舍尔曼（T. Schoellman）（2012）的研究也支持这一结论；王引和尹志超（2009）基于 1989—2006 年中国健康与营养调查数据（CHNS）分析发现，健康人力资本对增加收入也具有显著影响。农民工调查数据方面，卢海阳和李祖娴（2018）基于 2016 年福建省 1 476 个农民工调查数据分析发现，农民工在教育程度、工作经验、健康状况、参与培训等维度上的人力资本具有显著差异，由于原始人力资本积累不足，以致农民工很难在城市中找到较高收入的工作；袁冬梅、金京和魏后凯（2021）基于 2012—2015 年中国综合社会调查数据（Chinese General Social Survey，CGSS）分析发现，增加人力资本有利于提高农业转移人口的收入水平，其中教育程度和工作经验与客观收入剥夺指数呈非线性变动关系，健康状况和技能培训与客观收入剥夺指数呈负向变动关系。农户调查数据方面，秦博和潘昆峰（2018）基于 2016 年云南省 57 177 户调查数据分析发现，人力资本对贫困户收入的影响大于物质资本，贫困户的教育收益明显低于非贫困户，劳动力迁移显著增加贫困户的收入。李平、王巍和孔微巍（2021）基于黑龙江省 14 个贫困村 626 户调查数据分析发现，构成人力资本的健康状况、劳动技能和教育三个方面与家庭收入显著正相关。从以上可以看出，构成人力资本的教育程度、技能培训、健康状况、工作经验、劳动力迁移等方面影响着收入水平。

2.2.3　机会不平等与相对贫困研究

2.2.3.1　机会不平等内涵研究

机会不平等的研究始于 20 世纪七八十年代，以罗尔斯（John Bordley Rawls）和德沃金（Ronald Dworkin）为代表。罗尔斯（1971）在《正义论》中提出了正义两原则，在两原则上探讨了机会平等；德沃金在对机会不平等的探讨中否定了罗尔斯的观点，在自由与平等的关系上主张平等优于自由，在分配正义上主张资源平等，在平等理论上主张自然权利理论（Dworkin，1981；姚大志，2010）。至此，机会不平等还没有直接定义，机会不平等的概念仍停留在哲学范畴，直至罗默（John E. Roemer）将其引入规范的经济学分析框架中，机会不平等才有了明确的定义（刘波、胡宗义、龚志民，2020）。罗默从收入的决定因素出发，提出了"环境—努力"二因素分析框架，其中"努力"是指由个体可以控制的因素，而"环境"

是与"努力"相对的，是指不受个体控制的因素，如所处区位、家庭背景、种族、年龄、性别等；罗默将努力因素引致的分配结果定义为"机会平等"，将环境因素引致的分配结果定义为"机会不平等"（Roemer，1993，2002；李莹、吕光明，2019）。

2.2.3.2 机会不平等测度研究

机会不平等的理论提出后，如何测度成为后续研究的一个重要方向。机会不平等的测度方法主要有代际收入流动性法、非参数估计法、参数估计法、主观感知法和成功可控性法五种，其中代际收入流动性法、非参数估计法和参数估计法为客观测度法，主观感知法和成功可控性法为主观测度法。

一是代际收入流动性法。代际收入流动性法采用回归方程进行测度，回归方程的形式为：

$$\ln y_{ch} = \alpha + \beta \ln y_{fa} + \varepsilon \tag{2-5}$$

式 2-5 中，y_{ch} 为子代的永久收入，y_{fa} 为父代的永久收入，α 为常数，β 为回归系数，ε 为残差项。回归系数 β 为代际收入弹性，$(1-\beta)$ 为代际收入流动性。代际收入弹性越大，表明社会的机会不平等程度越高（Piketty，2000；黄春华，2016）。此方法由于抓取的环境变量较少，很难真实反映机会不平等的程度，因而使用者较少，如孙三百（2014）、陈杰和苏群（2016）等。

二是非参数估计法。非参数估计法不需要构造收入决定方程，它是利用环境或努力变量将全部样本进行分组，再计算组内不平等（努力变量分组）和组间不平等（环境变量分组），计算的组内不平等即为测度的努力不平等，计算的组间不平等即为测度的机会不平等（Ruiz-Castillo，2003；Lefranc，Pistolesi & Trannoy，2009；Checchi & Peragine，2010）。此方法虽然计算简单，但环境变量较多时，就需要大量的数据，否则无法使用。在实际应用中，有部分学者使用了该方法，如马雷罗（G. A. Marrero）和罗德里格斯（J. G. Rodríguez）（2013）、江求川等（2014）、苏冬蔚和叶菁菁（2021）等。

三是参数估计法。参数估计法是指采用环境和努力变量构造收入决定方程，再利用估计系数和环境变量的平均值模拟消除环境影响后的"反事实"收入分布，最后计算实际收入分布与"反事实"收入分布的差异程度，计算结果即为测度的机会不平等（Bourguignon，Ferreira & Menéndez，

2007；吕光明、徐曼、李彬，2014）。此方法提出后，为众多学者所使用，如费雷拉（F. H. G. Ferreira）和吉纽（J. Gignoux）（2011）、Carpantier & Sapata（2013）、雷欣等（2018）、史新杰等（2018）、刘成奎等（2021）、易淑昶等（2022）、李实和沈扬扬（2022）等。

四是主观感知法。主观感知法是指通过调查问卷方式测度调查对象对机会不平等的感知程度（黄春华，2016）。调查的问题涉及收入机会公平性、教育机会公平性和社会地位获取机会公平性三个方面。每个问题采取"1~5"分进行评价，其中"1"是非常同意，"5"是非常不同意。最后根据得分计算机会不平等指数，具体公式为：

$$Opii_i = \frac{1}{4}(\frac{1}{d}\sum_{j=1}^{d} x_{ij} - 1) \tag{2-6}$$

式 2-6 中，$Opii_i$ 为调查对象 i 主观感知的机会不平等指数，x_{ij} 为调查对象 i 在指标 j 上的取值。机会不平等指数越大，表明社会的机会不平等程度越高。此方法虽度量准确性差一些，但好处是可以获得个体的机会不平等指数，为部分学者所使用，如史耀疆和崔瑜（2006）、何立新和潘春阳（2011）、潘春阳（2011）、孙三百（2014）、张彤进和万广华（2020）等。

五是成功可控性法。成功可控性法是指通过调查问卷方式测度调查对象事业成功可控性以及事业成功因素的重要性的方法。该方法借用伊萨克松（A. Isaksson）和林斯科格（A. Lindskog）（2009）的构造方法，构成了成功可控性、成功半可控性和成功不可控性三个方面的调查问题。每个方面采用平均值获得该方面的指数。成功可控性越大，表明社会的机会不平等程度越小；成功半可控性越大，表明社会的机会不平等程度越高；成功不可控性越大，表明社会的机会不平等程度越高。用此方法也可以获得个体的机会不平等指数，得到了部分学者的使用，如潘春阳（2011）、胡林元等（2014）、陈前恒等（2014）、崔巍和贺琰（2022）等。

从机会不平等测度的五种方法可以看出，这些方法各有差异。前三种方法属于客观测度法，能测度一个群体或一个地区的机会不平等指数，但不能测度某个体的机会不平等指数，三种方法中参数估计法使用最广；后两种方法属于主观测度法，不仅能测度一个群体或一个地区的机会不平等指数，还能测度某个体的机会不平等指数，在微观领域使用较多。

2.2.3.3 机会不平等与相对贫困研究

以含"机会不平等"和"相对贫困"的题名在 Web of Science 和

CNKI 核心数据库上进行检索发现，对此进行专门研究的文献比较鲜见，与之相关的文献集中在以下三个方面：

一是内容中体现了机会不平等与贫困的研究。森（1981）在《贫困与饥荒》中指出，收入不足只是贫困的表现形式，不是贫困的本质原因，贫困的本质原因是权利缺乏，而机会不平等正是权利缺乏的具体表现。班纳吉（Abhijit V. Banerjee）和迪弗洛（Esther Duflo）（2012）同意森的观点，在《贫穷的本质》中指出，贫困的表面原因是财富或收入匮乏，但深层次的原因是社会的机会不平等，而社会的机会不平等会让部分原本可以依靠自身智慧和能力脱贫的群体失去脱贫的机会。世界银行（2005）在发布的《2006 年世界发展报告：公平与发展》中指出，由于国家内部和国与国之间存在巨大的机会不平等，以致部分国家或地区的极度贫困持续存在。李实和沈扬扬（2022）基于 2013—2018 年中国居民收入调查项目（Chinese Household Income Project，CHIP）数据分析发现，贫困县的机会不平等显著高于非贫困县。从以上可以看出，机会不平等影响着贫困。

二是对机会不平等与收入进行了研究。罗默（1993）提出的"环境—努力"分析框架表明，不可控制的环境变量将影响着收入不平等，而不可控制的环境变量是机会不平等的具体表现形式。徐晓红和荣兆梓（2012）基于 2002 年 CHIP 数据分析发现，劳动力所处地区、所处行业、性别等机会不平等因素对收入差距的贡献度超过 40%。史新杰、卫龙宝、方师乐等（2018）基于 2013 年中国综合社会调查（CGSS）数据分析发现，机会不平等不仅直接影响收入，还可以通过影响努力方式间接影响收入。李莹和吕光明（2018）基于 2008 年 CHIP 数据分析发现，城镇居民收入不平等中的 23.2% 由机会不平等引致，机会不平等中的 78.3% 由环境因素直接引致，机会不平等中的 21.7% 由环境因素间接引致。机会不平等是影响收入不平等的源头和起点，环境导致的机会不平等是收入不平等中的不合理部分，解决收入不平等的关键在于降低机会不平等程度（刘成奎、杨冰玉，2018；李莹，2019；刘成奎、齐兴辉、任飞容，2021）。从以上可以看出，机会不平等影响着收入水平。

三是对机会不平等与幸福感进行了研究。学者认为，人们并不厌恶由个人努力引致的结果不平等，但厌恶由个人不可控制的环境因素引致的结果不平等（Cohen，1989；马超、顾海、宋泽，2017）。个人不可控制的环境因素是机会不平等的具体表现，它将影响收入水平，进而影响人们的幸福感（Oshio & Kobayashi，2010；何立新、潘春阳，2011；Jiang，2012；崔巍、贺琰，2022）。徐淑一和陈平（2017）基于 2012—2014 年中国劳动力动态调查（CLDS）数据分析发现，公平感知对幸福感的影响作用大于收入和社会地位。张彤进和万广华（2020）基于 2013—2015 年 CGSS 数据分析发现，机会不平等显著降低了农民主观幸福感。万广华和张彤进（2021）基于 2010—2015 年 CGSS 数据分析发现，机会不平等对居民的幸福感的边际作用呈倒"U"形，机会不平等提升了中高层人群的幸福感，但降低了中低收入和高收入人群的幸福感。从以上可以看出，机会不平等影响着幸福感。

2.2.4 机会不平等、人力资本水平与相对贫困研究

以含"机会不平等""人力资本水平"和"相对贫困"的题名在 Web of Science 和 CNKI 核心数据库上进行检索发现，尚无文献进行专门研究，但有与之相关的文献，如研究人力资本水平与贫困（左停、刘文婧，2020；张林、邹迎香，2021；Su & Guo，2022）、研究机会不平等与贫困（Sen，1981；Banerjee & Duflo，2012；李实、沈扬扬，2022）等。随着舒尔茨提出人力资本理论，贝克尔提出微观分析框架，尤其是明瑟（Jacob A. Mincer）提出收入决定方程（明瑟方程），越来越多的学者关注人力资本水平对收入或贫困的影响。按照明瑟方程，构成人力资本的教育程度、工作经验等对收入有着显著影响（Mincer，1974）。森（1981）在研究贫困时指出，收入不足只是贫困的表现形式，贫困的本质原因是权利缺乏。当一个人的权利缺乏时，很难获得较高的资源禀赋（包含人力资本），进而影响收入及贫困。罗默（1993）根据前人的研究成果，将环境和努力变量纳入分析框架，认为个体的收入由环境变量和努力变量共同决定，其中机会不平等是环境变量的表现形式，人力资本水平是努力变量的表现形式。而收入与相对贫困有着直接影响，收入是相对贫困的核心表现形式，收入的高低直接体现相对贫困的程度（杨肃昌、杨移，2022）。从以上可以看出，将机会不平等和人力资本水平同时纳入研究的文献不多，但两者均能影响收入进而影响相对贫困。

2.2.5 相对贫困治理研究

自从人们开始认识贫困，对贫困治理的探索就从未间断。学者基于不

同贫困成因，提出了不同的贫困治理方式。马克思主义者认为资本主义制度是导致无产阶级贫困的根源，消除贫困的根本途径在于废除私有制，由此提出了一系列主张。西方学者基于不同成因提出了一些有影响力的贫困治理主张，如斯密的"市场化主张"、凯恩斯的"国家宏观调控"、佩鲁的"增长极理论"、森的"能力贫困论"和"权利贫困论"、世界银行的"全球减贫战略行动"等。此外，世界各国在贫困治理实践上也有较多成就，尤其是发达国家在消除绝对贫困后积极探索相对贫困的治理。目前，以相对贫困标准治理贫困的国家以欧洲发达国家为主，他们主要以收入为基础，其治理相对贫困的政策目标在于减少收入不平等，主要措施包括老年保障、妇女儿童保障、健康医疗与残疾保障、失业救助保障和住房保障五个方面（周力，2020）；但实践效果并不理想，数据显示欧盟在2008—2016年的相对贫困规模几乎没有下降（Jenkins，2020）。

我国在中国共产党的带领下，不断与贫困做斗争。尤其是党的十八大以来，在以习近平同志为核心的党中央领导下，我国组织实施了人类历史上规模空前、力度最大、惠及人口最多的脱贫攻坚战（中华人民共和国国务院新闻办公室，2021），通过实施"精准扶贫"方略，我国终于在2020年底打赢了脱贫攻坚战，完成了消除绝对贫困的艰巨任务，历史性地解决了困扰中华民族几千年的绝对贫困问题（新华社国家高端智库，2021），堪称"21世纪最伟大的世界故事之一"（库恩、汪三贵，2020）。在消除绝对贫困任务即将完成之际，习近平总书记提出"脱贫摘帽不是终点，而是新生活、新奋斗的起点"，并要求"将针对绝对贫困的脱贫攻坚举措要逐步调整为针对相对贫困的日常性帮扶措施"（林闽钢，2020）。由于中国在2020年以前主要解决绝对贫困问题，学者研究重点集中在绝对贫困治理上，但在绝对贫困任务接近尾声之际，不少学者把研究重点转移到相对贫困治理上，近年来尤为突出。从现有文献看，相对贫困治理的研究集中在路径选择、机制构建和政策建议三个方面。

2.2.5.1 相对贫困治理的路径选择研究

相对贫困治理的路径有区域的，也有个体的，还有区域和个体相互结合的，主要包含内生动力提升、公共服务均等化和社会保障完善三个方面。周力（2020）认为由于相对贫困发生率存在明显的区域异质性，各省不适合划定统一的扶贫标准，建议沿海发达省份按高标准开展先行试点，但多数学者认为2020年后的减贫战略应是建立城乡统一的扶贫标准、目标及政策，以包容性增长的财税金融体制和教育、医疗、养老等多维度的改善来促进长期减贫（叶兴庆、殷浩栋，2019），其贫困治理手段应由权利保障向能力培训转变，扶贫对象应由农村贫困向城乡贫困转变（孙久文、夏添，2019；马孟庭，2022）；其贫困治理方式应通过为贫困者"增能"和提供发展机会来消灭贫困，同时提供良好的减贫发展条件，如确保贫困群体能够享受相应资源，向贫困群体提供更多服务平台，激发贫困群体参与积极性等（左停、贺莉、刘文婧，2019；邢占军、张丹婷，2022）；其贫困治理战略应从运动式精准扶贫向常态化贫困治理转变，从解决生存型贫困向满足发展型需求转变，从空间隔离向城乡统筹治理转变（江立华，2020）；其贫困治理的长期方向是提升相对贫困者的就业能力、拓展相对贫困者的市场机会、促进广泛的社会参与和打破各种形式的制度壁垒（李棉管、岳经纶，2020；何眉、杨肃昌、陈卫强，2022）。高强和孔祥智（2020）建议以公共服务均等化和要素市场化为核心，将脱贫攻坚期间的超常规举措转化为常规性减贫机制，同时与乡村振兴进行有效衔接，与城镇化进行联动推进，促进减贫战略向内生动力提升。此外，张琦和沈扬扬（2020）建议贫困治理采用个体瞄准与区域瞄准相互结合，个体瞄准以农村的脱贫人口及贫困边缘人口为主，区域瞄准以县级行政单位为空间尺度（孙久文、张倩，2021）。

2.2.5.2　相对贫困治理的机制构建研究

相对贫困治理的机制包含工作体制机制、治理机制、协调机制、发展和内生动力提升机制、多重保障机制等。高强和孔祥智（2020）建议构建持续增收机制、差距拉平机制、多重保障机制、内生动力机制和工作体制机制。王小林（2019）建议构建缓解相对贫困的相关机制，包括益贫性经济增长机制、包容性社会发展机制、绿色发展机制、垂直和水平治理结构机制及脆弱人群精准施策的社会政策体系。邢成举和李小云（2019）建议构建新时代的贫困治理机制，包括转变贫困治理理念，制定相对贫困治理战略和完善相对贫困治理体制。罗必良等（2021）建议按照底线逻辑、配置逻辑、放松逻辑、提升逻辑和心理逻辑的思路构建长效机制，具体包括建立遏制返贫的长效兜底机制、建立激活活力的长效动力机制、建立化解约束的长效支持机制、建立阻断代际贫困的长效培育机制和建立广义福利的长效诱导机制。江立华（2020）认为要持续发挥政治优势和制度优势，构建统筹区域发展和统筹城乡发展的机制，推进公共服务均等化，提升贫困群体技能和营造良好社会氛围。吕方（2020）认为在治理体系上应实现中央统筹和区域分权，以此构建以"减贫干预的回应力、市场经济的益贫力和社会力量的参与力"三力组成的长效治理机制。檀学文（2020）认为应优化大扶贫格局，加强地方政府和社会力量的作用，形成中央、地方和社会三方协调的大治理格局，构建城乡统筹的治理体制和协调机制，同时增强基层的社会服务能力。陈岑、沈扬扬和李实等（2022）认为在发挥政府作用的同时，要运用好市场化手段，以此构建长效的增收机制。此外，相对贫困治理还应置于国内国际双循环相互促进的新发展格局下，构建水平治理和垂直治理机制，通过发挥东西部各自优势，在产业、消费、要素市场等领域形成东西部大循环，通过鼓励基层创新和激励群众自力更生提升内生动力（王小林、张晓颖，2021）。

2.2.5.3 相对贫困治理的政策建议研究

相对贫困治理的政策以低收入群体持续增收、收入差距逐步缩小和公共服务均等化为目标，主要包含产业、税收、就业、失业、教育、医疗、养老、转移支付、公共服务、社会保障等方面。叶兴庆和殷浩栋（2019）建议构建缓解相对贫困的政策体系，包括有利于低收入群体增收的产业政策、以基本公共服务均等化为基础的防贫政策、有利于困难群体的救助政策及推动欠发达地区发展的区域政策。孙久文和夏添（2019）建议援助政策以教育、医疗、养老、就业为基础，以缩小收入差距为主要手段，以特殊群体的帮扶政策为辅，并继续提高对贫困人群识别和扶持的精准性（王卓、徐杰，2022）。张琦和沈扬扬（2020）同意孙久文等人的看法，认为相对贫困治理的政策一定要因人施策，如针对失业人群制定就业和失业保障政策，针对因病致贫人群制定医疗保险和社会救助政策，针对因学致贫人群制定教育扶持政策。桂华（2022）建议结合农户收入来源及贫困成因分类制定普惠发展型、特定发展型、普惠兜底型和特定兜底型四类政策。苏芳、范冰洁和黄德林等（2021）认为应围绕贫困治理的特征及相对贫困的实际，从人的发展、社会保障和开放共享三个方面制定相对贫困治理的政策。此外，由于国民收入的第二次分配是缓解相对贫困的重要手段，因而应以二次分配方式在产业、教育、医疗、就业、税收、转移支付、公共服务、社会保障等方面制定相应的政策（胡联、姚绍群、宋啸天，2021；杨肃昌、杨移，2022）。

2.2.6　文献述评

　　目前学术界对相对贫困的研究集中在相对贫困内涵及测度、人力资本水平与相对贫困、机会不平等与相对贫困、机会不平等和人力资本水平与相对贫困、相对贫困治理五个方面。从相对贫困的内涵看，相对贫困是一种"相对"剥夺的概念，其内涵随着社会发展和人们思想观念的变化而不断演进，由最初的收入相对贫困发展到现在的多维相对贫困，不仅包含收入相对贫困，还包含教育、医疗、住房、公共服务、权利等相对贫困。从相对贫困的分类看，相对贫困分为单维相对贫困与多维相对贫困、客观相对贫困与主观相对贫困、宏观相对贫困与微观相对贫困。从相对贫困测度方法看，有国际贫困标准法、收入位置法、多维贫困测度法、社会贫困线法和弱相对贫困线法，其中国际贫困标准法和多维贫困测度法应用最广。从相对贫困测度的结果看，研究视角上以微观为主、宏观为辅，测度维度上以多维为主、单维为辅，测度内容上以客观为主、主观为辅，数据来源上以专业数据库数据为主、自行调研数据为辅，数据年份上均为2020年以前数据。从机会不平等、人力资本水平与相对贫困的研究看，尚无文献将两个关键词同时纳入研究，但有少量文献内容体现了单方面研究，如研究了人力资本水平对相对贫困的影响，认为人力资本不足是相对贫困形成的关键性原因，构成人力资本的健康水平、教育程度、技能培训、工作经验、劳动力迁移、家庭负担等方面影响着相对贫困；研究了机会不平等对相对贫困的影响，认为机会不平等是相对贫困形成的深层次原因，机会不平等通过影响家庭权利及收入，进而影响相对贫困。从相对贫困的治理看，主要探讨了相对贫困的治理路径、机制构建和政策建议。

　　从以上文献可以看出，学术界在相对贫困方面做了大量的学术研究，有些方面的分析已经达到了很高的研究水平和深度，这为本研究奠定了坚实基础，但是这些研究也存在不足之处：

　　一是对相对贫困的内涵与标准未进行深入解析。贫困内涵随着时代发展而不断发生变化，我国已于2020年底完全消除了绝对贫困，正式进入了新发展阶段。新发展阶段推进共同富裕最大的难点在于如何缓解相对贫困，而缓解相对贫困最大的难点在于如何缓解农户相对贫困。在新发展阶段推进共同富裕的进程中，以往以绝对贫困定义的贫困内涵已不适应新的发展需求，应在共同富裕的现代化框架下解决相对贫困，贫困内涵应随新发展理念和新发展格局发生变化，将由单维贫困、绝对贫困向多维相对贫困转变。而目前仅有极少数文献提及农户相对贫困，整体上对其内涵与标准未进行深入解析。

二是对相对贫困的测度局限在绝对贫困治理阶段。我国已在2020年底完全消除绝对贫困，从2021年开始正式进入了相对贫困治理阶段。由于数据限制和贫困治理方向调整，现有文献仅测度了2020年以前相对贫困的具体情况并估算了2020年以后相对贫困的总体规模，尚无文献测度2021年之后相对贫困的具体情况。

三是对相对贫困的影响因素缺乏深入研究。现有文献在内容中提及了相对贫困的影响因素，认为人力资本水平是影响相对贫困的关键性因素，人力资本不足是相对贫困形成的内因；机会不平等是影响相对贫困的深层次因素，机会不平等程度大是相对贫困形成的外因。而目前仅有极少数文献提及人力资本水平与相对贫困或者机会不平等与相对贫困，尚无文献将机会不平等和人力资本水平两方面因素同时纳入进行研究，整体上对相对贫困的影响因素缺乏深入研究。

四是对相对贫困的治理缺乏实践性建议。由于我国在2020年以前主要解决绝对贫困问题，学者把研究重点放在绝对贫困治理上，形成了较多有影响力的对策建议。对相对贫困治理的研究集中在近两年，也提出了一些较好的对策建议，但这些对策建议主要为理论性建议，而对相对贫困治理的路径选择、机制构建和政策建议研究缺乏实践性。

综合上述文献的评述，本研究认为在以下四个方面具有进一步探讨、发展或突破的空间：

一是如何对"农户相对贫困"进行深入理解和精准认知。我国已于2020年底完全消除了绝对贫困，2020年后的贫困治理应在共同富裕的现代化框架下进行。贫困因时代、经济条件、研究视角等不同有着不同的内涵，而新时代提出了新的理念和新的要求，就必须依据共同富裕目标，准确阐述"农户相对贫困"的内涵。而目前针对这一内涵的研究仅有极少数文献提及，这为本研究提供了发展的空间。

二是如何对农户相对贫困的相关标准进行有效界定。目前对相对贫困的标准主要从收入贫困和个体视角进行界定，而我国2020年后的相对贫困应是以多维相对贫困为主、主客观相对贫困为辅。相对贫困的内涵不仅包含收入相对贫困，还应包含教育、健康、宜居、融入和精神相对贫困。相对贫困标准是后续研究的关键，这为本研究提供了突破的空间。

三是如何深入分析农户相对贫困的影响因素。目前仅有极少数文献提及人力资本水平与相对贫困或者机会不平等与相对贫困，而人力资本不足是相对贫困形成的主要内因，机会不平等是相对贫困形成的主要外因，这就需要将人力资本水平这个内因和机会不平等这个外因同时纳入研究视角，并采用实证方式进行深入分析，这为本研究提供了探讨的空间。

四是如何提出农户相对贫困治理的实践性建议。目前针对相对贫困治理提出的路径选择、机制构建和政策建议主要以理论性为主，缺乏实践操作性。而当前亟须在相对贫困治理中有能落实到实践层面的具体建议，如哪些路径可以选择和如何选择，哪些机制需要构建和如何构建，哪些政策应该制定和如何制定等，这为本书研究提供了拓展的空间。

3　理论基础与分析框架

3.1　核心概念解析

3.1.1　农户相对贫困

相对贫困是与绝对贫困相对的概念，与绝对贫困有着本质区别，是一种比较而言的贫困，是一种相对剥夺的贫困。相对贫困具有四个显著特征：一是相对贫困具有主观性，相对贫困的标准是人为确定的，通常以收入中位数的一定比例作为判断标准；二是相对贫困具有动态性，由于收入中位数会随着经济社会发展而发生变化，因而判断标准也会随之发生变化；三是相对贫困具有长期性，相对贫困的本质是不平等，而不平等是社会常态，因而相对贫困普遍存在；四是相对贫困具有复杂性，相对贫困的原因复杂多样，不同群体的致贫主因具有显著差异，因而相对贫困治理异常艰辛。相对贫困的特征表明，基于视角与看法的不同，相对贫困的分类及内涵具有一定差异。结合现有文献和本研究需要，本书将农户相对贫困分为主观相对贫困、客观相对贫困和多维相对贫困三种类型（见图3-1），其中重点研究多维相对贫困。

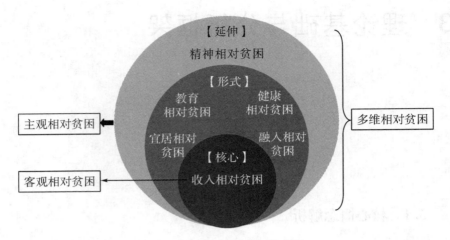

图 3-1　农户相对贫困的内涵

第一，主观相对贫困（Subjective Relative Poverty，记为 Srp）。主观相对贫困是一种心理上的贫困，是心理感知上的相对剥夺感，将自己的生活状态与他人进行比较来确定（Goedhart, et al., 1977）。主观相对贫困包含着众多客观相对贫困无法体现的信息，可对客观相对贫困研究进行有效补充。农户主观相对贫困的状态是通过农户家庭的生活状态与亲戚、朋友、邻居及普通人相比而确定，当差距大于确定的标准时，认为存在主观相对贫困；反之，认为不存在主观相对贫困。

第二，客观相对贫困（Objective Relative Poverty，记为 Orp）。客观相对贫困是一种经济上的贫困，是收入或消费水平上的相对剥夺感，将收入或消费水平与全体进行比较来确定，通常以中位数的一定比例作为判断标准（杨立雄，2021）。使用这种方法可对收入或消费水平进行精准度量，在实践中被广泛应用。农户客观相对贫困的状态是通过农户家庭的人均可支配收入与判断标准相比较而确定，当人均可支配收入低于确定的标准时，认为存在客观相对贫困；反之，认为不存在客观相对贫困。

第三，多维相对贫困（Multidimensional Relative Poverty，记为 Mrp）。多维相对贫困是一种多维上的贫困，是多个维度上的相对剥夺感，将多个维度的水平与全体进行比较来确定，通常以多维相对贫困剥夺指数（Multidimensional Relative Poverty Deprivation Index，记为 Mrpdi）是否达到设定的临界值作为判断标准（王小林，2017；张承、彭新万、陈华脉，2021）。相对贫困包含"贫"和"困"两个方面："贫"指的是收入不足，是相对贫困的内核;"困"指的是权力不足,是相对贫困的外壳。共同富裕的内涵表明,不仅要满足人民群众对物质财富的需求,还要满足人民群众对精神文化的需求,物质富裕和精神富足是相辅相成的(唐亮、杜婵,2022)。结合相对贫困和共同富裕的内涵,定义农户多维相对贫困应包含三个层级的内容:一是核心层,指的是经济维度,以收入相对贫困来表达;二是形式层,指的是文化、健康、环境和社会四个维度,以教育相对贫困、健康相对贫困、宜居相对贫困和融入相对贫困来表达;三是延伸层,指的是精神维度,以精神相对贫困来表达。核心层、形式层和延伸层共同构成农户多维相对贫困的全部内容,三个层级具有辩证统一的关系:核心层是"贫"的有效表达,形式层和延伸层是"困"的有效表达,如果核心层的收入水平不能提高,就会陷入"低收入水平→无力改善形式层和延伸层→陷入多维相对贫困→低收入水平"的恶性循环;核心层和形式层是"物质财富"的有效表达,延伸层是"精神文化"的有效表达,物质财富与精神文化相辅相成,物质财富为精神文化奠定坚实基础和创造条件,精神文化为物质财富提供价值引导和发展动力。农户多维相对贫困的状态是通过农户家庭的多维相对贫困剥夺指数与临界值相比较而确定的,当多维相对贫困剥夺指数大于或等于临界值时,认为存在多维相对贫困;反之,认为不存在多维相对贫困。

3.1.2 人力资本水平

人力资本是与物质资本相对的概念,与物质资本有着本质的区别,是体现在人的身上且能够给未来提供收益的资本。根据《辞海》,人力资本包含两层含义:第一层含义是资本的概念,指的是劳动力通过教育和培训获得的能够创造收益的技能和知识;第二层含义是投资的概念,指的是为提高劳动生产率或获得未来所有收益而付出的成本(辞海编辑委员会,2020)。舒尔茨(1961,1963)认为,人力资本可以用劳动力数量和质量方面的价值总和来表达,劳动力的质量包含劳动力的知识、技能、工作经验及熟练程度等多个方面,是一种资本的概念。贝克尔(1964)认为,人力资本的形成依赖于学校教育、在职培训、健康医疗、人口迁移等方面的投入,是一种投资的概念。由于投资的概念在实践中难以测度,因而本研究中使用资本的概念来界定农户人力资本水平(Human Capital Level,记为

Hucl)。结合现有文献和人力资本测度中的特征法，定义农户人力资本水平是农户家庭劳动力数量和质量的价值总和（见图3-2），包含家庭劳动力数量水平、家庭成员健康水平、家庭成员知识水平、家庭成员技能水平和家庭劳动力迁移水平五个方面。其中数量水平是人力资本体现的基础，以家庭劳动力数量占比来表达；健康水平是人力资本体现的前提，以家庭成员的人均健康状况来表达；知识水平是人力资本体现的核心，以家庭成员的人均受教育年限来表达；技能水平是人力资本体现的根本，以家庭成员的人均技能状况来表达；迁移水平是人力资本体现的关键，以家庭劳动力外出就业数量占比来表达。

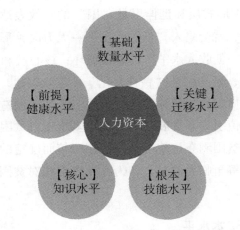

图3-2　农户人力资本水平的内涵

3.1.3　机会不平等

机会不平等是与机会均等相对的概念，与机会均等有着本质的区别，世界银行定义均等为"决定一个人成功与否的因素在于自身的努力程度和付出多少，而不应该是外在环境因素"（World Bank，2005），即由个体不可控制的环境因素导致的结果不平等为机会不平等，其本质是能力培养过程中的机会不平等。个体不可控制的环境因素众多，如家庭背景、户籍制度、区位环境、公共服务、政策等，这些众多因素导致不同人群在同一社会中获得的机会具有显著差异，这种差异的体现就是机会不平等。这种差异越大，机会不平等程度就越大，如出生在富裕地区的人群和出生在贫穷地区的人群所获得的机会就显著不同，对于贫穷地区人群而言，机会不平等程度就大。由于现有的客观测度法只能测度一个群体或一个地区的机会不平等程度，不能测度每一个体的机会不平等程度，而现有的主观测度法虽能测度每一个体的机会不平等程度，但不能很好地体现环境变量，而环境变量对能力培养尤为重要，因而本研究中借用人力资本测度法中的特征法，通过测度环境变量的差异来界定机会不平等（Opportunity Inequality，记为 Opi）。环境变量的差异越大，处于好环境的人群的机会不平等程度就越小，处于差环境的人群的机会不平等程度就越大。结合现有文献和人力资本测度中的特征法，定义农户机会不平等是农户家庭不可控制的环境因素差异的总和（见图 3-3），包括户籍机会不平等、教育机会不平等、医疗机会不平等和就业机会不平等四个方面，其中户籍机会不平等以区位条件、经济状况和基础设施三类环境变量来表达，教育机会不平等以小学教育、初中教学和高中教育三类环境变量来表达，医疗机会不平等以乡镇卫生院和县区医院两类环境变量来表达，就业机会不平等以技能培训和就业情况两类环境变量来表达。

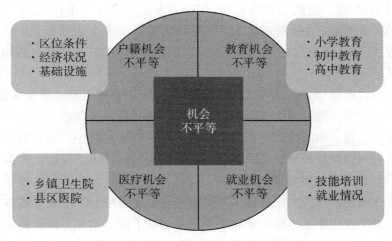

图 3-3　农户机会不平等的内涵

3.2　理论基础

3.2.1　共同富裕思想

共同富裕思想起源于马克思和恩格斯。他们通过分析富裕与贫困的本质，发现了资本主义的剩余价值规律和资本积累的一般规律，认为未来社会应是"所有人共同享受大家创造出来的福利……社会全体成员的才能得到全面发展"（中共中央马克思恩格斯列宁斯大林著作编译局，2012），即共同富裕是未来社会的必然选择，共同富裕是社会主义的基本特征。马克思和恩格斯的共同富裕思想概括起来主要有三点：第一，未来社会应以所有人富裕为目的；第二，生产力的高度发展是共同富裕的实现前提；第三，生产资料归社会全体所有是共同富裕的实现途径（居伟，2012）。在社会主义建设探索中，列宁和斯大林继承和发展了马克思主义的共同富裕思想（蒋永穆、谢强，2021）。列宁（2017）指出："在社会主义制度下……人人都能在决不掠夺他人共同劳动的情况下完全达到和保证达到富足的程度。"斯大林（1979）也指出："为社会全体成员建立富裕的和文明的生活。"

中国共产党自 1921 年成立之日起，就坚定不移地走马克思主义道路，不断探索实现共同富裕的道路，始终把实现共同富裕和促进人的全面发展放在重要位置。中国共产党在追求共同富裕的百年实践中，坚持运用马克思主义的共同富裕观分析人民追求共同富裕的实践诉求，提出了一系列共同富裕思想主张（罗建平、吴晓格，2015）。1955 年，毛泽东在《关于农业合作化问题的报告》中指出了共同富裕的实现路径，即"在逐步地实现社会主义工业化和逐步地实现对于手工业、对于资本主义工商业的社会主义改造……使全体农村人民共同富裕起来"（中共中央文献研究室，1999）。改革开放后，邓小平对如何实现共同富裕目标进行了探索和思考，指出"社会主义的本质，是解放生产力，发展生产力，消灭剥削，消除两极分化，最终达到共同富裕"，提出要"先富带后富，最终实现共同富裕"的主张（邓小平，1993）。20 世纪 90 年代，江泽民继续推动共同富裕的探索和实践，提出"既鼓励先进，促进效率……逐步实现共同富裕"（江泽民，2006）。跨入新世纪后，胡锦涛继续推动共同富裕的探索和实践，提出建立"社会公平保障体系……使全体人民朝着共同富裕的方向稳步前进"（中共中央文献研究室，2011）。党的十八大以来，习近平多次强调"实现共同富裕，是社会主义的本质要求"。尤其是党的十九大明确提出，到 2035 年，城乡区域发展差距和居民生活水平差距显著缩小，基本公共服务均等化基本实现，全体人民共同富裕迈出坚实步伐；到 21 世纪中叶，让全体人民共同富裕目标基本实现（习近平，2017）。"两个阶段"战略的提出，为共同富裕指明了方向。共同富裕是一个阶段性和渐进的过程，由"消除贫困"到"全面小康"，再到"部分富裕"，最后到"共同富裕"。在 2021 年召开的中央财经委员会第十次会议，专题研究了扎实推动共同富裕问题，提出了共同富裕的明确标准、四大原则和总体思路，为共同富裕目标的实现提供了路径安排、重要支撑和坚强保障。2022 年 10 月，习近平总书记在党的二十大报告中指出："中国式现代化是全体人民共同富裕的现代化。共同富裕是中国特色社会主义的本质要求，也是一个长期的历史过程。我们坚持把实现人民对美好生活的向往作为现代化建设的出发点和落脚点，着力维护和促进社会公平正义，着力促进全体人民共同富裕，坚决防止两极分化。"①

共同富裕思想表明，共同富裕的目标是不仅要缩小区域差距，还要缩小群体差距，最终实现共同富裕。在新发展阶段推进共同富裕的进程中，共同富裕思想不仅是农户相对贫困治理的理论基础，更是农户相对贫困治理的指导思想，还是农户相对贫困治理的行动指南。

3.2.2 多维贫困理论

传统意义上的贫困通常被视为单维概念，是由于人们受数据采集和对贫困内涵认知的限制，习惯用收入、消费或其他货币尺度来测度贫困，指的是经济贫困，表示收入水平不能满足其基本需要。根据其基本需要，测算满足其基本需要的食物支出和非食物支出，从而得到贫困线。但随着人们对贫困认知的不断深化与演变，人们意识到传统意义上的贫困只抓住了"贫困"的一个方面，即"贫"，而没有真正捕捉到"困"。贫困除了收入缺失外，还应包括非收入条件的缺失，如教育、健康、生活水平以及公共

---

① 习近平. 高举中国特色社会主义伟大旗帜 为全面建设社会主义现代化国家而团结奋斗——在中国共产党第二十次全国代表大会上的报告 [EB/OL]. (2022-10-25) [2023-06-06]. https://www.gov.cn/xinwen/2022-10/25/content_5721685.htm.

物品的获得等方面的缺失，这也意味着高收入未必能获得良好的教育、健康的身体、高品质的生活质量、均等化的公共物品等。显然，如果仅以收入维度测量贫困，可能导致教育、健康、公共服务等维度处于贫困的人口得不到相应的救助。

尽管有学者意识到贫困内涵应突破收入概念，但突破过程仍然艰辛，直至森（1983，2000）将"可行能力"理念引入贫困分析，提出了"能力贫困"的概念，认为贫困的根源是"可行能力的匮乏"，而可行能力包括公平地获得足够的营养、基本的医疗条件、受教育的机会、安全的饮用水、基本的住房保障等基本功能。具体而言，基本可行能力由一系列功能构成，如免受饥饿、患病的功能，满足营养需求、接受教育、参与社区社会活动的功能等。一方面，这些功能的丧失是贫困产生的原因；另一方面，它们本身也是贫困的表现。一旦个人或家庭缺失这些功能中的一项或多项，那就意味着这个人或家庭处于贫困状态。森认为贫困是指个人或家庭由于多维可行能力被剥夺以致自由选择权利的缺失，森对贫困的新定义突破了收入概念，进而催生了"多维贫困理论"。

森的多维贫困理论提出后，极大地丰富了人们对贫困的认知，但多维贫困的测度引起了巨大的争议。森（1976）指出，贫困指数只有满足一系列公理性条件，才具有合理性和良好的性质。相比而言，多维贫困测度满足公理性的条件比单维贫困指数更为苛刻。查克拉瓦蒂（Satya R. Chakravarty）（2007）在森的基础上，概括了多维贫困测度的 12 条公理：聚焦性公理、标准化公理、单调性公理、复制不变性公理、对称性公理、连续性公理、子群可分性公理、基本需求非下降性公理、非贫困增长性公理、转移性公理、规模不变性公理和贫困维度间关联增强性转换非下降公理。围绕森的理论和 12 条公理性条件，不少学者对多维贫困测度进行了尝试，提出了一些测量多维贫困的方法，如 UNDP（1990）提出的人类发展指数（HDI）、查克拉瓦蒂提出的 Watts 法、阿尔基尔和福斯特提出的 A-F 法。在这些方法中，A-F 法应用最为广泛，A-F 法构建了多维贫困指数（Multidimensional Poverty Index，MPI），不仅能够精准识别个人或家庭是否处于多维贫困的状态，还能够精准测量个人或家庭处于多维贫困的程度。UNDP 从 2010 年开始，每年在《人类发展报告》中公布采用 A-F 法测算的各国多维贫困指数。

我国在 2011 年颁布了《中国农村扶贫开发纲要（2011—2020 年）》

（以下简称《纲要》），在《纲要》中将贫困标准确定为收入达标和满足"两不愁三保障"的要求。此标准突破了单一收入标准，实为多维贫困标准，只是收入达标标准采用了绝对贫困标准。在新发展阶段推进共同富裕的进程中，我国农户相对贫困标准可借鉴多维贫困理论，构建能推进共同富裕目标实现的多维相对贫困标准。

3.2.3 人力资本理论

"人力资本"这一概念最早由美国经济学家费雪明确提出，但由于提出的概念受到种种质疑，一直未得到主流经济学家的推广。直至舒尔茨系统阐述了人力资本的理论体系和贝克尔将人力资本理论应用于微观领域研究，人力资本理论才逐渐成熟。舒尔茨将人力资本的概念引入新古典增长模型，将增长的"黑箱"解释为人力资本的增长。他在《教育的经济价值》中重新定义了资本，认为资本包括物质资本和人力资本，人力资本是与物质资本相对的概念，体现在人的身上且能够给未来提供收益的资本，是劳动力的健康、知识、技能、迁移和数量等价值的总和（舒尔茨，1961，1963；钟宇平、侯玉娜、陆根书，2014）。他在 1979 年发表的题为"穷国的经济学"的演讲中指出，贫困的根本原因是人力资本的缺乏，改变穷人福利的关键是要提高贫困人口质量和指数水平（舒尔茨，1990；刘纯阳，2005）。舒尔茨的人力资本理论包含四方面的内容：一是人力资本增长是经济增长的动力源泉，二是人力资本缺乏是贫困的根本原因，三是教育通过提高人们对资源分配的能力来促进经济增长，四是教育让个人收入实现更为平等的社会分配（舒尔茨，1961、1963、1990）。贝克尔将人力资本的理论引入"投入—产出"的分析框架，强调人本身的资本积累有利于推动经济发展，从微观视角揭示了人力资本投资的一般规律。贝克尔（1964）在《人力资本》中指出，人力资本的形成依赖于学校教育、在职培训、健康医疗、人口迁移等方面的投入，个人或社会花费金钱及时间对人力资本进行投资，不仅能提高劳动力的生产率和个人收入，带来个人收益，还能促进经济社会的全面进步，带来社会收益。明瑟（1974，2001）沿用"投入—产出"的分析框架，在《教育、经历和收入》中提出了收入决定方程（明瑟方程），指出劳动力的收入水平主要由教育和工作经验决定。新人力资本理论认为，人力资本是以能力为核心，个体的收入水平主要由个体的能力决定（Hogan & Holland，2003；Cunha & Heckman，2009；

李晓曼、曾湘泉，2012）。在新发展阶段推进共同富裕的进程中，可借鉴人力资本理论分析相对贫困的主要影响因素及生成机理。

3.2.4 机会不平等理论

机会不平等起源于哲学概念，以罗尔斯和德沃金（Ronald Dworkin）为代表。罗尔斯（1971）提出了正义两原则：第一原则是每个人的基本权利和义务应平等分配，第二原则是社会和经济的不平等应补偿最不利成员的利益。德沃金（1981a，1981b）提出了"资源平等理论"，在自由与平等的关系上主张平等优于自由，在分配正义上主张资源平等，在平等理论上主张自然权利理论。随着罗默将机会不平等引入规范的经济学分析框架中，机会不平等理论才逐渐成熟。罗默的机会不平等理论以"环境—努力"二因素为分析框架，推导出了一个促进社会机会平等的政策 ρ^* 应满足的条件，这个条件表明一个政策若想促进机会平等，则应最大化各个类型中处于最不利地位的个人"优势"（Roemer，1993，2002；潘春阳，2011）。在这个分析框架下，罗默将个人的"优势"定义为结果变量，如收入、消费、社会地位等；个人不可控制的因素为环境变量，如地理区位、家庭背景、种族、性别等；个人可以控制的因素为努力变量，如教育、工作经验、技能等。由可以控制的努力因素引致的结果差异，为努力不平等；由不可控制的环境因素引致的结果差异，则为机会不平等（Roemer，1993，2002）。雅各布（Lesley A. Jacobs）认为之前的机会平等关注的是程序公平，而这种机会平等往往流于形式，由此提出了机会平等的"三个维度论"，即机会平等不仅要关注程序公平，还应关注背景公平和风险公平（Jacobs，2004；雅各布、刘宏斌、方秋明，2013）。在新发展阶段推进共同富裕的进程中，可借鉴机会不平等理论分析相对贫困的主要影响因素及生成机理。

3.3 机理分析

3.3.1 人力资本水平影响农户相对贫困的机理分析

按照人力资本理论，人力资本水平会直接影响收入水平，而收入水平是相对贫困的核心，因而人力资本水平也会影响相对贫困，它是相对贫困形成的内部因素。农户人力资本水平是农户家庭劳动力数量和质量的价值总和，由数量水平、健康水平、知识水平、技能水平和迁移水平五个方面组成，他们通过相应的作用机制影响收入水平，进而影响相对贫困（见图3-4）。

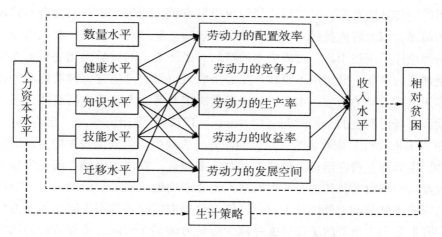

图3-4　人力资本水平对相对贫困的影响机制

一是数量水平之于相对贫困。数量水平强调的是劳动力人口，是人力资本体现的基础，以家庭劳动力数量占比来表达。假设农户家庭的总人口为 N，其中未成年人口（年龄<16岁）为 M、老年人口（年龄>60岁）为 A，家庭劳动力人口的占比为 p，家庭劳动力人口的年人均收入为 Y，家庭成员的年人均收入为 y，则

$$y = \frac{Y(N - M - A)}{N} = p \cdot Y \qquad (3-1)$$

式3-1中，假设 Y 不变，y 与 p 成正比例关系，当 $M+A=0$ 时，p 达到最大值，此时 y 也达到最大值。换句话说，如果家庭劳动力获得的收入是相同的，无负担家庭（不养育未成年人和不照顾老年人）的经济状况要优于有负担的家庭。当农户家庭有负担时，往往是1人外出务工、1人留守照顾家庭，此时家庭的劳动力不能满负荷地获得收入，使得家庭的总收入往往低于无负担的家庭。贺雪峰（2019）经调研发现，农户家庭的收入水平与家庭劳动力的配置策略直接相关。如果家庭劳动力不能外出务工就业，就很难从全国劳动力市场获利，这就很容易陷入贫困。可见，家庭人力资本中的数量水平越高，其家庭的负担水平越低，其劳动力的配置效率就越

高，就越容易获得高收入，即家庭人力资本中的数量水平通过劳动力配置效率的作用机制去影响家庭的收入水平，进而影响相对贫困。

二是健康水平之于相对贫困。《辞海》中将健康定义为情况正常或没有缺陷，指一个人在身体、精神和社会等方面都处于良好的状态，既与先天的遗传基因有关，又与后天的健康投资有关。健康水平是人力资本体现的前提，以家庭成员的人均健康状况来表达。舒尔茨（1961）在人力资本的理论体系阐述中称，健康资本的增加对经济增长的贡献远比物质资本的增加更为重要。健康虽不直接产生经济收入，但它可通过保健功能和间接作用影响劳动力的收入水平。健康存量决定着劳动力花费在所有非市场活动和市场活动上的全部时间（Grossman，1972）。健康资本对"当前收益"和"未来收益"均有影响：对当前而言，表现为因生病而丧失的劳动时间和因生病而花费在治疗上的成本；对未来而言，表现为因早亡而丧失未来收益的净现值。具体而言，当家庭人力资本的健康水平很低时，这一方面会影响家庭劳动力外出务工就业，使得劳动力的配置效率下降，另一方面会降低劳动力承受的工作强度并减少劳动力的工作时间，使得劳动力的生产率和收益率下降。当劳动力的配置效率、生产率和收益率都下降时，其家庭就很难获得较高收入，很容易陷入贫困，甚至陷入"低健康水平→低收入水平→相对贫困→健康支出减少→低健康水平"的恶性循环。可见，家庭人力资本中的健康水平越高，其劳动力的配置效率、劳动力的生产率和劳动力的收益率就越高，就越容易获得高收入，即家庭人力资本中的健康水平通过劳动力的配置效率、生产率和收益率的作用机制去影响家庭的收入水平，进而影响相对贫困。

三是知识水平之于相对贫困。《辞海》中将知识定义为人类认识的成果或结晶，主要通过教育方式获得，从反映对象的深刻性上分为生活常识和科学知识，从反映层次的系统性上分为经验知识和理论知识。知识水平是人力资本体现的核心，以家庭成员的人均受教育年限来表达。舒尔茨（1961）在人力资本的理论体系阐述中称，知识资本的增加对经济增长的贡献远比物质资本的增加更为重要。知识水平不仅直接产生经济收入，还可以通过改善健康资本和社会资本方式间接产生经济收入。首先，按照要素分配理论，劳动力的知识水平是一种特殊的生产要素，自然而然要参与生产分配，且知识水平这一种特殊的生产要素不遵循边际收益递减规律，而是遵循边际收益递增原理（Romer，1986）。按照边际收益递增原理，劳动力的知识水平越高，就越容易获得高额报酬。其次，劳动力通过知识水平的"结构效应"来影响收入水平，劳动力的知识水平越高，能够选择的就业岗位就越多，加之拥有强大的获取信息的能力，很容易实现人力资源的优化配置，在市场竞争中处于优势地位，其参与复杂劳动的可能性也越大，就越容易获得高额报酬（Knight & Sabot，1983）。最后，劳动力在参与复杂劳动中，通过"干中学"又能提高知识水平，形成"高知识水平→参与复杂劳动力→干中学→提高知识水平"的良性循环，不仅能提升劳动力的生产率，还能提升劳动力的收益率（Lucas，1988）。此外，知识水平还可以通过间接方式产生经济收入，如人们可以通过教育了解健康知识，加强身体锻炼，注重饮食习惯，提升生活质量，不断改善健康状况，进而获得高额收入（Fuchs，1998）；人们还可以通过教育开发社会资本，进而获得高额收入。可见，家庭人力资本中的知识水平越高，其劳动力的竞争力越强，劳动力的生产率和劳动力的收益率越高，劳动力的发展空间就越大，就越容易获得高额收入，即家庭人力资本中的知识水平通过劳动力的竞争力、生产率、收益率和发展空间的作用机制去影响家庭的收入水平，进而影响相对贫困。

四是技能水平之于相对贫困。《辞海》中将技能定义为个体通过反复练习形成的合乎法则的活动方式，主要通过模仿和练习获得，从主要成分上分为动作技能和智力技能，从复杂程度上分为初级技能和高级技能。技能水平是人力资本体现的根本，以家庭成员的人均技能状况来表达。舒尔茨（1961）在人力资本的理论体系阐述中称，技能水平的增加对经济增长的贡献远比物质资本的增加更为重要。技能与知识既有区别又有联系，学习知识是掌握技能的基础，技能的掌握又影响知识的学习。技能水平对收入的影响有着类似于知识水平的作用机制。首先，技能水平也是一种特殊的生产要素，它也不遵循边际收益递减规律，而是遵循边际收益递增原理（Romer，1986）。按照边际收益递增原理，劳动力的技能水平越高，就越容易获得高额报酬。其次，劳动力通过技能水平的"技能溢价"来影响收入水平，劳动力的技能水平越高，能够选择的就业岗位就越多，加之拥有强大的获取信息的能力，很容易实现人力资源的优化配置，在市场竞争中处于优势地位，其参与复杂劳动的可能性就越大，就越容易获得高额报酬（Berry & Glaeser，2005）。最后，劳动力在参与复杂劳动中，通过"干中学"又能提高技能水平，形成"高技能水平→参与复杂劳动力→干中学→

提高技能水平"的良性循环，不仅能提升劳动力的生产率，还能提升劳动力的收益率。可见，家庭人力资本中的技能水平越高，其劳动力的竞争力越强，劳动力的生产率和劳动力的收益率越高，劳动力的发展空间就越大，就越容易获得高额收入，即家庭人力资本中的技能水平通过劳动力的竞争力、生产率、收益率和发展空间的作用机制去影响家庭的收入水平，进而影响相对贫困。

五是迁移水平之于相对贫困。《辞海》中将迁移定义为进行一定距离的移动或迁居，这种行为与生存条件变化有关。迁移水平是人力资本体现的关键，以家庭劳动力外出就业数量占比来表达。多数文献已证实，外出务工就业是农民增收的最好方式（王庶、岳希明，2017；杨穗、吴彬彬，2019）。劳动力的迁移主要从两个方面影响收入水平：一方面是提高劳动力的配置效率，由于劳动力市场信息不对称，加之散户农业种植的低收益化，劳动力的选择很难实现经济效益最大化，当农户外出务工就业时，可以从全国劳动力市场中获利，进而获得较高收入；另一方面是提升劳动力的发展空间，当农户外出务工就业时，可通过"干中学"来提高知识和技能水平，可通过与外界交流来增加社会资本，进而提升发展空间，形成"迁移→较高收入→增加生计资本→拓宽发展空间→迁移"的良性循环。可见，家庭人力资本中的迁移水平越高，其劳动力的配置效率越高，发展空间就越大，就越容易获得高额收入，即家庭人力资本中的迁移水平通过劳动力的配置效率和发展空间的作用机制去影响家庭的收入水平，进而影响相对贫困。

此外，按照可持续生计理论，生计策略既受生计资本的约束，又是生计结果的直接影响因素（DIFD，2000）。一方面，人力资本是五大生计资本的核心，它会影响生计策略的选择（宋嘉豪、吴海涛、程威特，2022），农户的人力资本水平越高，其选择的机会越多，就更会倾向于选择报酬更高的兼业生计或非农就业生计（张莎莎、郑循刚，2021）。另一方面，多元化的生计策略有利于缓解农户相对贫困，主要通过增长效应和稳定效应来实现。劳动力倾向于选择报酬更高的兼业生计或非农就业生计，一是可以从全国劳动力市场中获利，通过提升劳动力的配置效率来实现家庭总收入的增长，二是可以降低农户对自然环境的依赖，提升抵抗风险的能力，降低生计的脆弱性。可见，生计策略影响着农户相对贫困，同时又受农户人力资本水平的影响。

由以上分析可以看出，农户家庭人力资本水平中的数量水平、健康水平、知识水平、技能水平和迁移水平五个方面与农户相对贫困有着密切联系，其中数量水平通过劳动力配置效率的作用机制去影响相对贫困，健康水平通过劳动力的配置效率、生产率和收益率的作用机制去影响相对贫困，知识水平通过劳动力的竞争力、生产率、收益率和发展空间的作用机制去影响相对贫困，技能水平通过劳动力的竞争力、生产率、收益率和发展空间的作用机制去影响相对贫困，迁移水平通过劳动力的配置效率和发展空间的作用机制去影响相对贫困。此外，农户家庭的人力资本水平不仅直接影响着相对贫困，还通过生计策略的间接作用影响着相对贫困。

3.3.2 机会不平等影响农户相对贫困的机理分析

按照机会不平等理论，机会不平等会直接影响收入水平，而收入水平是相对贫困的核心，因而机会不平等也会影响相对贫困，它是相对贫困形成的外部因素。农户机会不平等是农户家庭不可控制的环境因素差异的总和，由户籍机会不平等、教育机会不平等、医疗机会不平等和就业机会不平等四个方面组成，他们通过"基本活动能力""相对剥夺效应"和"负向隧道效应"的作用机制影响收入水平，进而影响相对贫困（见图3-5）。

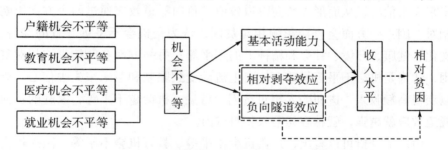

图 3-5　机会不平等对相对贫困的影响机制

一是基本活动能力的作用机制。森（1981，2003）将"可行能力"理念引入贫困分析，认为判断社会是否公平的标准要看每个个体是否赋予了完成基本活动的能力，即能否公平地获得足够的营养、基本的医疗条件、受教育的机会、安全的饮用水、基本的住房保障等多个方面。而这种基本活动能力受环境因素的影响（Chetty, Hendren, & Katz, 2016；Storrs, 2017）。按照新人力资本理论，人力资本的核心是能力，而能力是决定收入水平的关键因素。可见，机会越不平等，其家庭的基本活动能力就越缺失，就越难获得较高收入，这就很容易陷入贫困，形成"机会不平等→基本活动能力缺失→收入水平差→陷入相对贫困"的传导机制。

二是相对剥夺效应的作用机制。相对剥夺理论认为，当自己与参照群体进行比较时，如果发现自己处于劣势，就会产生一种被其他群体剥夺的负面心理体验，这种负面心理体检即为相对剥夺感（Dynan & Ravina，2007）。当机会成为比较对象时，机会不平等程度的提高将导致相对剥夺感的上升，这种相对剥夺感即"相对剥夺效应"。相对剥夺效应通过两个方面影响相对贫困：一方面会直接影响相对贫困，认为是机会不平等导致的经济、文化、健康、环境、社会和精神上的不平等；另一方面会间接影响相对贫困，认为是机会不平等导致个体的竞争力下降、向上流动受到限制和精神动力不足，难以获得高额收入，进而陷入相对贫困。可见，机会越不平等，家庭的相对剥夺效应越强，就越容易陷入相对贫困。

三是负向隧道效应的作用机制。隧道效应理论认为，一个人的生活状态不仅取决于当前的满意程度，还取决于未来的满意程度，隧道效应取决于对预期的判断（Hirschman，1973）。如果认为周边人生活状态的改善是个人努力导致的，就会对自己的未来有更好的预期，从而形成正向隧道效应；如果认为周边人生活状态的改善是机会不平等导致的，就会对自己的未来失去信心，从而形成负向隧道效应。负向隧道效应通过两个方面影响相对贫困：一方面会直接影响相对贫困，认为是机会不平等导致的经济、文化、健康、环境、社会和精神上的不平等；另一方面会间接影响相对贫困，认为是机会不平等导致个体向上流动受到限制和对未来失去信心，难以获得高额收入，进而陷入相对贫困。可见，机会越不平等，家庭的负向隧道效应就越强，就越容易陷入相对贫困。

由以上分析可以看出，户籍机会不平等、教育机会不平等、医疗机会不平等和就业机会不平等四个方面共同组成农户家庭的机会不平等。机会不平等与相对贫困有着密切联系，是相对贫困形成的外部因素，机会不平等通过"基本活动能力""相对剥夺效应"和"负向隧道效应"的作用机制去影响相对贫困。

3.3.3 机会不平等、人力资本水平影响农户相对贫困的机理分析

前面的理论分析表明，人力资本水平这一内因对农户相对贫困具有负向影响，机会不平等这一外因对农户相对贫困具有正向影响。两类因素对

相对贫困的影响呈现相反作用，这意味着最终的结果取决于各个因素的影响大小，即两类因素对不同人群的影响可能存在差异。按照森（1981）的"可行能力"观点，贫困的本质原因是可行能力的不足，可行能力的不足将导致人力资本匮乏，自然就陷入相对贫困。而可行能力的形成是一个动态过程，在这个动态过程中，它受环境因素的直接和间接的影响（Chetty, Hendren, & Katz, 2016；Storrs, 2017；刘波、胡宗义、龚志民, 2020）。它对个人的环境因素越不利，即机会不平等程度越高，个人的可行能力就越不足，个人自然就陷入相对贫困。可行能力形成的过程表明，机会不平等和人力资本水平对穷人不利，但对富人有利。机会不平等和人力资本水平对农户相对贫困的影响存在着复杂的作用机制，有可能是一种非线性关系，即机会不平等和人力资本水平存在某个阈值——当低于阈值时，机会不平等和人力资本水平对相对贫困的影响呈现一种关系；当高于阈值时，机会不平等和人力资本水平对相对贫困的影响呈现另一种关系。可见，人力资本水平这一内因和机会不平等这一外因均会对相对贫困产生影响，且对相对贫困的影响存在门槛效应（见图3-6）。

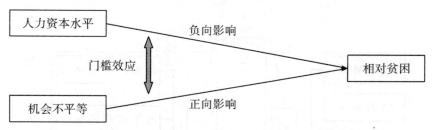

图3-6　机会不平等、人力资本水平对相对贫困的影响机制

3.4　分析框架

本研究立足于农户微观主体视角，基于共同富裕思想和多维贫困理论阐述农户相对贫困的内涵，基于人力资本理论和机会不平等理论分析农户相对贫困的成因及生成机理，构建起农户相对贫困研究的分析框架（见图3-7）；在理论上解释相对贫困形成的原因，在实践上指导相对贫困的治理，助力乡村振兴战略的实施和共同富裕目标的实现。

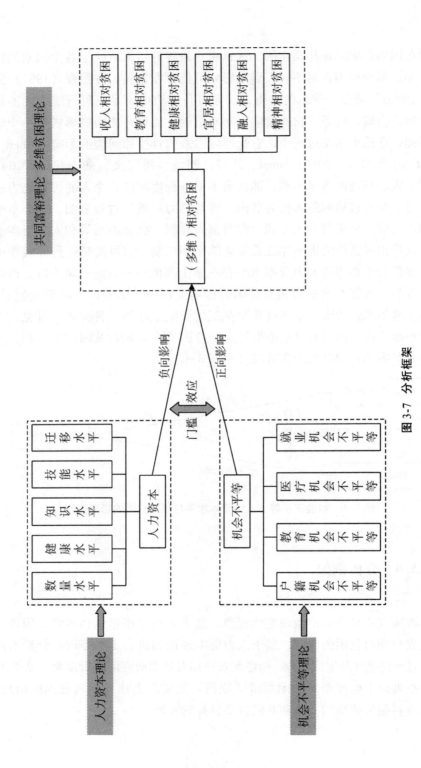

图 3-7　分析框架

4　样本数据说明与农户相对贫困测度

第 2 章和第 3 章对相对贫困的理论问题进行了分析，为后文研究奠定了坚实基础。通过前面的文献回顾、概念解析和机理分析，笔者发现人力资本水平和机会不平等与相对贫困有着密切联系，人力资本水平可能对相对贫困有着负向影响，机会不平等可能对相对贫困有着正向影响。显然，理论上的假设需要用实践数据进行验证，而验证的前提条件是对农户相对贫困进行测度。因此，本章在介绍样本数据后，将结合样本数据分别对农户的主观相对贫困、客观相对贫困和多维相对贫困进行测度与分析，这有助于更加全面和系统地了解四川省农户相对贫困的真实状况，为后文进行实证研究、提出路径解析和政策启示提供依据。

4.1　样本数据说明

4.1.1　调研设计

4.1.1.1　资料来源

本研究的资料源自 2021 年四川省社科规划重点项目"后全面小康社会新发展阶段农村相对贫困治理机制研究"（SC21A020），笔者作为该项目组的核心成员，全程参与了课题资料的设计、搜集及整理工作。资料搜集的时间为 2022 年春节前后（2022 年 1 月 12 日—2 月 17 日），搜集的数据为 2021 年农户家庭数据，调查人员全部为在校大学生，均经过严格筛选、全面培训和模拟调研。

4.1.1.2　问卷设计

本研究设计的调查问卷参考了已有研究成果，设计的具体问题及选项主要基于核心概念解析和机理分析，并在试调研基础上进行了拓展和修订。调查问卷共邀请了 10 位专家进行指导，进行了 5 次集体讨论和 7 次全面修改，最终形成了"农户发展调查问卷"。最终形成的"农户发展调查问卷"包含受访人及其家庭的基本信息、农户家庭的生计资本情况、农户家庭的态度评价、受访人对平等的看法、农户家庭的环境情况和农户家庭的可支配收入情况 6 个方面，采用"一对一"入户深度访谈的方式来实现数据的搜集。

4.1.1.3　调研区域

考虑到调研实际，选择四川省的农村为调研区域。由于四川省各个地区在地形地貌、资源禀赋、交通便利、基础设施、经济发展水平、产业结构、城镇化率、公共服务水平等方面存在显著差异，为确保调查样本具有更好的代表性，以四川省 2020 年 21 个市（州）农村居民家庭人均可支配收入为依据，采用 K 均值聚类算法（K-Means Clustering Algorithm）（MacQueen，1967）对 21 个市（州）进行分类。

四川省 21 个市（州）分为三类地区：一类地区是指农村居民家庭人均可支配收入较好的地区，包含成都市、德阳市、绵阳市、眉山市、资阳市、自贡市、宜宾市和攀枝花市 8 个地区；二类地区是指农村居民家庭人均可支配收入处于中等的地区，包含乐山市、泸州市、内江市、遂宁市、广安市、南充市和达州市 7 个地区；三类地区是指农村居民家庭人均可支配收入较差的地区，包含广元市、巴中市、雅安市、甘孜州、阿坝州和凉山州 6 个地区。

4.1.1.4　样本规模

根据 Scheaffer 抽样公式（Scheaffer, et al., 2011），其抽样样本总数为：

$$n = \frac{N}{(N-1) \cdot g^2} + 1 \tag{4-1}$$

式 4-1 中，n 为抽样样本总数，N 为全体样本总数，g 为抽样误差。由于《四川统计年鉴（2021）》未公开年末农村人口户籍总数，因而采用城乡人口比例估算农村人口户籍总数。四川省 2020 年末户籍共 3 075.6 万户，农村人口占全部人口的比例为 61.7%，以此估算出四川省 2020 年年末农村人口户籍总数为 18 976 452 户。因此，$N = 18 976 452$。假定抽样误差为 5%，依据式 4-1，抽样样本总数 $n = 401$。为进一步降低抽样误差，基于人力、财力和物力因素的考虑，最终确定 1 050 份农户样本量。

4.1.1.5 抽样方法

为确保 21 个市（州）均有调查样本，先按照每个市（州）1 个村、每个村 35 份调研问卷作为初始分配，合计 735 份。扣除初始分配后，剩余的 315 份调查问卷再按照三类地区进行平均分配，每类地区各 105 份。各类地区的 105 份调查问卷采用如下分配方式：

第一步，计算各市（州）年末农村人口占全省的比重。

第二步，计算各市（州）按比重分配的问卷数量。

第三步，将计算出的问卷数量减去 35。若得到的结果为负数，则该地区不再增加问卷数量。若得到的结果为正数，则将此结果与 35 进行比较，若接近此结果，则增加 1~2 个村；反之，则不再增加。

第四步，根据该类地区增加乡村数量平均分配剩余的 105 份问卷。以一类地区为例，该类地区共需增加 5 个村，则平均每个村为 21 份问卷。

第五步，将初始分配问卷和再次分配问卷加总，所得和就是该市（州）的计划调查问卷数量（详情见表 4-1）。

表 4-1　调查问卷的分布情况

序号	地区分类	市（州）	调查村庄数量/个	调查问卷数量/份
1		成都市	3	77
2		德阳市	1	35
3		绵阳市	2	56
4	一类地区	眉山市	1	35
5		资阳市	2	56
6		宜宾市	2	56
7		自贡市	1	35
8		攀枝花市	1	35

（表中"一类地区"合计：调查村庄数量 13，调查问卷数量 385）

表4-1(续)

序号	地区分类	市（州）	调查村庄数量/个		调查问卷数量/份	
9		乐山市	1		35	
10		泸州市	2		50	
11		内江市	2		50	
12	二类地区	遂宁市	1	14	35	350
13		广安市	2		50	
14		南充市	3		65	
15		达州市	3		65	
16		广元市	1		35	
17		巴中市	2		56	
18	三类地区	雅安市	1	11	35	315
19		甘孜州	1		35	
20		阿坝州	1		35	
21		凉山州	5		119	
合计			38	38	1 050	1 050

当该市（州）调查村庄数量等于 1 时，该市（州）计划调查问卷为 35 份；当该市（州）调查村庄数量大于 1 时，该市（州）每个行政村的调查问卷数量采用平均分配。当确定好调查村庄数量和调查问卷数量后，按市（州）调查村庄数量随机抽取计划调查的乡村，再随机选择该村的 1~2 个小组进行"一对一"入户深度访谈方式调查，从而完成本研究的所有问卷调查。

4.1.2 问卷回收情况

此次调研中共发放调查问卷 1 050 份，涉及四川省 21 个市（州）38 个行政村。调查问卷回收后，对每份问卷都进行了认真复核。经过复核后，剔除漏项、异常值、逻辑冲突等无效问卷 137 份，最终形成有效问卷 913 份，有效问卷率约为 86.95%。从有效问卷的空间分布上看，四川省 21 个市（州）均有有效问卷，数量最多的凉山州有 115 份，数量最少的攀枝花市有 15 份。

从各类地区的有效问卷情况看：一类地区共有有效问卷 326 份，有效问卷率约为 84.68%；二类地区共有有效问卷 314 份，有效问卷率约为

89.71%；三类地区共有有效问卷273份，有效问卷率约为86.67%（见表4-2）。

表4-2　各类地区的有效问卷情况

序号	地区分类	发放问卷数量/份	有效问卷数量/份	有效问卷率/%
1	全部地区	1 050	913	86.95
2	一类地区	385	326	84.68
3	二类地区	350	314	89.71
4	三类地区	315	273	86.67

4.1.3　量表数据的信度与效度检验

采用SPSS 22.0软件对本研究中的26项量表数据进行信度检验。计算结果显示，26项综合的Cronbach's α 值为0.801，所有项的Cronbach's α 值均大于0.7（见表4-3），表明量表数据信度较好。

表4-3　量表数据的信度检验结果

序号	问卷代码	题目内容	Cronbach's α
1	AT61	农户家庭生活状态与亲戚相比	0.790
2	AT62	农户家庭生活状态与朋友相比	0.792
3	AT63	农户家庭生活状态与邻居相比	0.793
4	AT64	农户家庭生活状态与普通人相比	0.792
5	SC8	农户家庭与亲戚朋友的关系情况	0.794
6	SC9	农户家庭与邻居的关系情况	0.797
7	AT1	农户家庭在过去遇到较大困难时的心态	0.794
8	AT2	农户家庭对现有生活的满意程度	0.789
9	AT3	农户家庭对未来生活的自信水平	0.789
10	AT4	农户家庭能力提升意愿（自费参加技能培训情况）	0.803
11	FC4	农户家庭从银行贷款的难易程度	0.801
12	FC5	农户家庭从经常联系的亲戚朋友借钱的难易程度	0.795
13	EQ24	收入机会不平等（收入是否公平）	0.796
14	EQ25	教育机会不平等（升学机会的评价）	0.793
15	EQ26	地位机会不平等（社会地位获取的评价）	0.796

表4-3(续)

序号	问卷代码	题目内容	Cronbach's α
16	EQ1	农户常联系的亲戚的经济状况	0.793
17	EQ2	农户常联系的朋友的经济状况	0.792
18	EQ3	农户邻居的经济状况	0.796
19	EQ4	农户家庭所在村的经济状况	0.793
20	EQ5	农户家庭所在乡(镇)的经济状况	0.795
21	EQ6	农户家庭所在县(区)的经济状况	0.796
22	PS2	农户家庭可以入读小学的整体水平	0.794
23	PS4	农户家庭可以入读初中的整体水平	0.796
24	PS6	农户家庭距离最近高中的整体水平	0.799
25	PS8	农户家庭所在乡(镇)卫生院的整体水平	0.792
26	PS10	农户家庭所在县(区)人民医院的整体水平	0.800

注:表中的 Cronbach's α 值为项已删除的阿尔法系数。

采用 SPSS 22.0 软件对本研究中的 26 项量表数据进行效度检验。计算结果显示,KMO(Kaiser-Meyer-Olkin)值为 0.788,大于 0.7,表明量表数据效度较好。

4.1.4 受访者及受访者家庭的基本特征

4.1.4.1 受访者的基本特征

从受访对象的性别组成看,男性占据比较优势,男性共有 565 人,占比约为 61.88%;女性共有 348 人,占比约为 38.12%。从受访对象的年龄结构看,集中在 40~59 岁,占比超过 50%。具体而言,20 岁以下的 65 人,占比约为 7.12%;20~29 岁的 137 人,占比约为 15.01%;30~39 岁的 141 人,占比约为 15.44%;40~49 岁的 270 人,占比约为 29.57%;50~59 岁的 223 人,占比约为 24.43%;60 岁及以上的 77 人,占比约为 8.43%。从受访对象的民族特征看,汉族占据绝对优势,汉族共有 861 人,占比约为 94.30%,接近四川省第七次人口普查中的汉族人口占比(93.20%)[①];少数民族共有 52 人,占比约为 5.70%,包含了彝族、藏族、苗族、羌族等。具体见表 4-4。

---

① 数据来源于《四川省第七次全国人口普查公报》。

表 4-4 受访者的基本情况描述

序号	项目		频数/人	比例/%
1	性别	男	565	61.88
		女	348	38.12
2	年龄	20 岁以下	65	7.12
		20~29 岁	137	15.01
		30~39 岁	141	15.44
		40~49 岁	270	29.57
		50~59 岁	223	24.43
		60 岁及以上	77	8.43
3	民族	汉族	861	94.30
		少数民族	52	5.70

4.1.4.2 受访家庭的基本特征

从受访家庭人口数量看，共有 3 550 人，平均每家 3.89 人，家庭人口数量集中在 3 人或 4 人户，占比接近 60%。具体而言，1 人户 20 户，占比约为 2.19%；2 人户 93 户，占比约为 10.19%；3 人户 224 户，占比约为 24.53%；4 人户 314 户，占比约为 34.39%；5 人户 176 户，占比约为 19.28%；6 人及以上户 86 户，占比约为 9.42%。

从受访家庭在 2020 年前是否为建档立卡贫困户看，建档立卡贫困户共有 77 户 302 人，其中户数占比约为 8.43%，人数占比约为 8.51%，人数占比略低于四川省的贫困发生率（9.60%）[①]。

从 77 户建档立卡贫困户脱贫时间看，集中在 2017—2019 年，共 67 户，占比高达 87.01%。

从受访家庭在 2021 年时是否纳入贫困动态监测看，仅 14 户纳入了贫困动态监测，占比约为 1.53%。

从 14 户贫困动态监测户来源情况看，仅有 2 户为非贫困转入户，表明四川省守住了不发生规模性返贫的底线。

从受访家庭的可支配收入变化情况看，多数家庭 2021 年可支配收入与 2020 年相比没有变化或增加不多，占比超过 2/3。具体而言，减少很多的有 57 户，占比约为 6.24%；减少不多的有 210 户，占比约为 23.01%；没

---

① 数据来源于《光明日报》2020 年 9 月 10 日第 10 版《四川 6 年减贫 650 万人》。

有变化的有 292 户，占比约为 31.98%；增加不多的有 319 户，占比约为 34.94%；增加很多的有 35 户，占比约为 3.83%。

具体见表 4-5。

表 4-5　受访者家庭的基本情况描述

序号	项目		频数/户	比例/%
1	家庭人口数量/人	1	20	2.19
		2	93	10.19
		3	224	24.53
		4	314	34.39
		5	176	19.28
		6 及以上	86	9.42
2	2020 年前是否为建档立卡贫困户	是	77	8.43
		否	836	91.57
3	77 户建档立卡贫困户脱贫时间/年	2015	3	3.90
		2016	1	1.30
		2017	28	36.36
		2018	23	29.87
		2019	16	20.78
		2020	6	7.79
4	2021 年是否纳入贫困动态监测	是	14	1.53
		否	899	98.47
5	14 户贫困动态监测户来源情况	原建档立卡贫困户	12	85.71
		非贫困转入户	2	14.29
6	2021 年可支配收入与 2020 年对比情况	减少很多	57	6.24
		减少不多	210	23.01
		没有变化	292	31.98
		增加不多	319	34.94
		增加很多	35	3.83

4.2 农户相对贫困测度

相对贫困的特征表明，基于视角与看法的不同，相对贫困的分类及内涵具有一定差异。结合研究需要，本研究测度农户主观相对贫困、农户客观相对贫困和农户多维相对贫困三种类型，其中重点研究农户多维相对贫困。

4.2.1 农户主观相对贫困的测度与分析

主观相对贫困（Subjective Relative Poverty，记为 Srp）是一种心理上的贫困，是心理感知上的相对剥夺感。农户主观相对贫困的状态通过农户家庭的生活状态与亲戚、朋友、邻居及普通人相比较而确定：当差距大于确定的标准时，认为存在主观相对贫困；反之，认为不存在主观相对贫困。

4.2.1.1 农户主观相对贫困的测度方法

主观相对贫困的测度采用"自我评价量表"——被调查人通过与亲戚、朋友、邻居及普通人的比较，评价自己家庭的生活状态（Rojas，2008；田雅娟、刘强、冯亮，2019；罗必良 等，2021）。答题选项包含"低很多""低一些""差不多""高一些""高很多"五个等级，按照 1~5 分进行赋值。四个方面赋值后采用均权法计算主观相对贫困指数（Subjective Relative Poverty Index，记为 Srpi），计算公式如下：

$$Srpi = \frac{1}{4}(cvr + cvf + cvn + cvop) \qquad (4-2)$$

式 4-2 中，cvr 为与亲戚的比较，cvf 为与朋友的比较，cvn 为与邻居的比较，cvop 为与普通人的比较。计算后的值越小，其相对剥夺感越强，定义 Srpi 小于或等于 2 的为主观相对贫困。

4.2.1.2 农户主观相对贫困的测度结果分析

利用四川省 21 个市（州）38 个村 2021 年的农户调研数据测度四川农户的主观相对贫困。测度结果如表 4-6 所示。

表 4-6　农户主观相对贫困的测度结果

样本类型	项目	cvr	cvf	cvn	cvop	Srpi
全部地区	主观相对贫困数/户	102	112	96	87	73
	主观相对贫困发生率/%	11.17	12.27	10.51	9.53	8.00
一类地区	主观相对贫困数/户	27	30	26	22	19
	主观相对贫困发生率/%	8.28	9.20	7.98	6.75	5.83
二类地区	主观相对贫困数/户	33	34	28	24	20
	主观相对贫困发生率/%	10.51	10.83	8.92	7.64	6.37
三类地区	主观相对贫困数/户	42	48	42	41	34
	主观相对贫困发生率/%	15.38	17.58	15.38	15.02	12.45

从综合指标（Srpi）看，有 73 户陷入主观相对贫困，主观相对贫困发生率为 8.00%。其中，一类地区 19 户，主观相对贫困发生率为 5.83%；二类地区 20 户，主观相对贫困发生率为 6.37%；三类地区 34 户，主观相对贫困发生率为 12.45%。从主观相对贫困发生率看，一类地区<二类地区<三类地区，其中一、二类地区相比差异较小，但一、二类地区与三类地区相比差异较大，三类地区的主观相对贫困发生率约为一类地区的 2.14 倍。

从分项指标看，分项指标的主观相对贫困发生率均高于综合指标的主观相对贫困发生率，指标 cvr 的主观相对贫困发生率为 11.17%，指标 cvf 的主观相对贫困发生率为 12.27%，指标 cvn 的主观相对贫困发生率为 10.51%，指标 cvop 的主观相对贫困发生率为 9.53%。从分项指标的主观相对贫困发生率看，分项指标主观相对贫困发生率的大小具有类似综合指标的特征，均是一类地区<二类地区<三类地区，其中一、二类地区相比差异较小，但一、二类地区与三类地区相比差异较大，三类地区的主观相对贫困发生率约为一、二类地区的 1.5~2.2 倍。

上述数据表明，四川省农户的主观相对贫困发生率不高，主观相对贫困在部分地区之间具有显著差异，呈现"一、二类地区<三类地区"的特征。

4.2.2　农户客观相对贫困的测度与分析

客观相对贫困（Objective Relative Poverty，记为 Orp）是一种经济上的贫困，是收入或消费水平上的相对剥夺感。农户客观相对贫困的状态通过农户家庭的人均可支配收入与判断标准相比较而确定：当人均可支配收入低于确定的标准时，认为存在客观相对贫困；反之，认为不存在客观相对贫困。

4.2.2.1 农户客观相对贫困的测度方法

客观相对贫困的测度采用 FGT 法（Foster, Greer, & Thorbecke, 1984），测度的指标有相对贫困发生率（P_0）、相对贫困距指数（P_1）、相对贫困距平方指数（P_2）及 Sen 指数（P_{Sen}）。具体测量方法及步骤如下：

第一步，计算相对贫困发生率（P_0）。相对贫困发生率是指相对贫困人口占总人口的比例，称为相对贫困的广度。计算公式如下：

$$P_0 = \frac{1}{N} \sum_{i=1}^{N} I(y_i < z) \tag{4-3}$$

式 4-3 中，P_0 为相对贫困发生率，N 为总人数，y_i 为收入，z 为相对贫困线。当 $y_i < z$ 时，被定义为相对贫困，此时 $I = 1$。

第二步，计算相对贫困距指数（P_1）。相对贫困距指数是指相对贫困人口收入低于相对贫困线的量占相对贫困线的比例，表示全体人口的平均贫困程度，称为相对贫困的深度。计算公式如下：

$$P_1 = \frac{1}{N} \sum_{i=1}^{N} \frac{G_i}{z} \tag{4-4}$$

式 4-4 中，P_1 为相对贫困距指数，N 为总人数，z 为相对贫困线，G_i 为相对贫困缺口，$G_i = I(z - y_i)(y_i < z)$，$y_i$ 为收入。当 $y_i < z$ 时，此时 $I = 1$；否则，$I = 0$。

第三步，计算相对贫困距平方指数（P_2）。相对贫困距平方指数是指赋予相对贫困人口更大的权重，反映相对贫困人口中穷人的贫困状况，称为相对贫困的强度。计算公式如下：

$$P_2 = \frac{1}{N} \sum_{i=1}^{N} \left(\frac{G_i}{z}\right)^2 \tag{4-5}$$

式 4-5 中，P_2 为相对贫困距平方指数，其余字母代表含义与式 4-4 相同。

第四步，计算 Sen 指数（P_{Sen}）。Sen 指数由森（1976）在修正传统贫困指数缺陷基础上提出的，既强调了相对贫困人口数量，又强调了相对贫困人口的贫困深度，还强调了相对贫困的组内分布。计算公式如下：

$$P_{\mathrm{Sen}} = P_0 \left[1 - \frac{(1 - G^P)\mu^P}{z} \right] \tag{4-6}$$

式 4-6 中，P_{Sen} 为 Sen 指数，P_0 为相对贫困发生率，z 为相对贫困线，G^P 为相对贫困人口的基尼系数，μ^P 为相对贫困人口的收入平均值。

4.2.2.2 农户客观相对贫困测度指标的基本特征

（1）农户人均可支配收入的结构。从农户人均可支配收入结构（图4-1）看，其基本呈现"金字塔"结构，离理想中的"橄榄"结构相差甚远。从可支配收入区间占比来看，占比最大的是人均可支配收入 1.5 万元以下的，有 202 户，占比超过 1/5，达到 22.12%；其次是 1.5 万~2.0 万元的，有 125 户，占比为 13.69%；接着是 2.0 万~2.5 万元的，有 123 户，占比为 13.47%。这三部分占据了约 50%，意味着一半的农户人均可支配收入不足 2.5 万元（相当于人均月可支配收入 2 000 元）。另外 50% 的农户中，有接近 60% 的农户人均可支配收入不足 4 万元（相当于人均月可支配收入 3 333 元）。若以 2021 年全国居民人均可支配收入 35 128 元做比较，超过 70% 的农户未达此收入水平。上述数据表明，四川省农户的收入结构不太合理，低收入人口占比较大，中等收入人口占比较小。

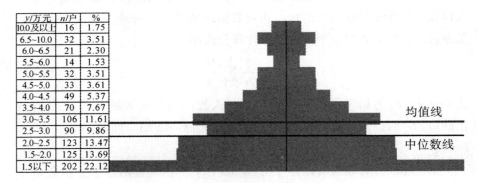

图 4-1 农户人均可支配收入的结构

（2）农户人均可支配收入的描述性统计。从农户人均可支配收入的中位数看，一类地区>二类地区>三类地区，其中一、二类地区相比差异较小，但一、二类地区与三类地区相比差异较大，三类地区的中位数约为一类地区的 75.9%。从农户人均可支配收入的平均值看，二类地区>一类地区>三类地区，其中一、二类地区相比差异较小，但一、二类地区与三类地区相比差异较大，三类地区的平均值约为二类地区的 69.8%。从基尼系数看，二类地区>一类地区>三类地区，其中一、二类地区接近"0.4"的警戒线。上述数据表明，四川省农户的收入水平呈现"一、二类地区>三类地区"的特征。具体见表 4-7。

表 4-7　农户人均可支配收入的基本情况描述

序号	样本类型	中位数/元	平均值/元	标准差	最小值	最大值	基尼系数
1	全部地区	25 000	30 738	30 302.04	1 950	435 667	0.369
2	一类地区	27 000	33 642	26 853.52	1 950	270 000	0.372
3	二类地区	26 709	33 876	41 206.17	2 500	435 667	0.380
4	三类地区	20 500	23 660	13 836.36	3 750	79 250	0.318

注：基尼系数采用 Stata 15.0 软件计算而得。

（3）农户人均可支配收入的差异性分析。从独立样本 T 检验（表 4-8）看，一类地区与二类地区相比，方差方程的 Sig 值（0.985）>0.05，即方差齐性一致，以"方差相等"行的结果为依据，均值方程 T 检验的 Sig 值（0.932）>0.05，表明一、二类地区的人均可支配收入没有显著差异；一、二类地区与三类地区相比，方差方程的 Sig 值（0.000）<0.05，即方差齐性不一致，以"方差不相等"行的结果为依据，均值方程 T 检验的 Sig 值（0.000）<0.05，表明一、二类地区与三类地区的人均可支配收入具有显著差异。从单样本 T 检验看，一、二类地区与全部地区相比，单样本 T 检验的 Sig 值（0.028）<0.05，表明一、二类地区与全部地区的人均可支配收入具有显著差异；三类地区与全部地区相比，单样本 T 检验的 Sig 值（0.000）<0.05，表明三类地区与全部地区的人均可支配收入之间具有显著差异。上述数据表明，四川省农户的收入水平在部分地区之间具有显著差异。

表 4-8　比较均值的检验结果（农户人均可支配收入）

组别	假设	方差方程的 Levene 检验		均值方程的 t 检验（单样本 t 检验）		选用结果
		F	Sig.	t	Sig.（双侧）	
一类地区 VS 二类地区	方差相等	0.000	0.985	-0.085	0.932	√
	方差不相等			-0.085	0.932	×
一、二类地区VS 三类地区	方差相等	13.828	0.000	-4.662	0.000	×
	方差不相等			-6.294	0.000	√
一、二类地区VS 全部地区	检验值=30 738			2.206	0.028	
三类地区 VS 全部地区	检验值=30 738			-8.452	0.000	

注：独立样本 T 检验和单样本 T 检验设置的置信区间为 95%。

4.2.2.3　农户客观相对贫困的测度结果分析

利用四川省21个市（州）38个村2021年的农户调研数据，采用FGT法测度四川农户的客观相对贫困。测度结果包含客观相对贫困的发生率（相对贫困的广度）、贫困距指数（相对贫困的深度）、贫困距平方指数（相对贫困的强度）和Sen指数。具体结果见表4-9。

表4-9　农户客观相对贫困的测度结果

序号	样本类型	客观相对贫困数/户	P_0 /%	P_1 /%	P_2 /%	P_{Sen} /%
测度标准1（$z=10\,000$）						
1	全部地区	75	8.21	2.58	1.12	3.47
2	一类地区	20	6.13	2.43	1.34	3.31
3	二类地区	21	6.69	2.05	0.77	2.57
4	三类地区	34	12.45	3.39	1.24	4.51
测度标准2（$z=12\,500$）						
5	全部地区	131	14.35	4.40	1.97	6.09
6	一类地区	36	11.04	3.73	1.96	5.28
7	二类地区	34	10.83	3.36	1.47	4.58
8	三类地区	61	22.34	6.40	2.56	8.68
测度标准3（$z=15\,000$）						
9	全部地区	202	22.12	6.84	3.08	9.44
10	一类地区	64	19.63	5.86	2.82	8.33
11	二类地区	54	17.20	5.11	2.31	7.20
12	三类地区	84	30.77	10.00	4.29	13.23

注：①对客观相对贫困采用了三种测度标准，其中测度标准1为农户人均可支配收入中位数的40%，测度标准2为农户人均可支配收入中位数的50%，测度标准3为农户人均可支配收入中位数的60%。

②Sen指数中的基尼系数采用Stata 15.0软件计算而得。

从客观相对贫困的发生率（P_0）看，三种标准的相对贫困发生率分别为8.21%、14.35%、22.12%。随着测度标准的逐步提高，相对贫困发生率逐步上升。测度标准2的相对贫困发生率约为测度标准1的1.75倍，测度标准3的相对贫困发生率约为测度标准1的2.69倍。从分类地区看，一、二类地区相比差异较小，但一、二类地区与三类地区相比差异较大，呈现"一、二类地区<三类地区"的特征。

从客观相对贫困的贫困距指数（P_1）看，三种标准的贫困距指数分别为 2.58%、4.40%、6.84%。随着测度标准的逐步提高，相对贫困的贫困距指数逐步增加。测度标准 2 的贫困距指数约为测度标准 1 的 1.71 倍，测度标准 3 的贫困距指数约为测度标准 1 的 2.65 倍。从分类地区看，一、二类地区相比差异较小，但一、二类地区与三类地区相比差异较大，呈现"一、二类地区<三类地区"的特征。

从客观相对贫困的贫困距平方指数（P_2）看，三种标准的贫困距平方指数分别为 1.12%、1.97%、3.08%。随着测度标准的逐步提高，贫困距平方指数逐步增加。测度标准 2 的贫困距平方指数为测度标准 1 的 1.76 倍，测度标准 3 的贫困距平方指数约为测度标准 1 的 2.75 倍。从分类地区看，三类地区差异不是很大，最大的差异为 1.98，呈现"二类地区<一类地区<三类地区"的特征。

从客观相对贫困的 Sen 指数（P_{Sen}）看，三种标准的 Sen 指数分别为 3.47%、6.09%、9.44%。随着测度标准的逐步提高，Sen 指数逐步增加。测度标准 2 的 Sen 指数约为测度标准 1 的 1.76 倍，测度标准 3 的 Sen 指数为测度标准 1 的 2.72 倍。从分类地区看，一、二类地区相比差异较小，但一、二类地区与三类地区相比差异较大，呈现"一、二类地区<三类地区"的特征。

上述数据表明，随着测度标准的不断提高，农户客观相对贫困的广度、深度、强度及 Sen 指数将逐步上升，其中测度标准 2 约为测度标准 1 的 1.7~1.8 倍，测度标准 3 约为测度标准 1 的 2.7~2.8 倍；客观相对贫困的广度、深度、强度及 Sen 指数在部分地区之间具有显著差异，呈现"一、二类地区<三类地区"的特征。

4.2.3 农户多维相对贫困的测度与分析

多维相对贫困（Multi-dimensional Relative Poverty，记为 Mrp）是一种多维的贫困，是多个维度上的相对剥夺感。农户多维相对贫困的状态通过农户家庭的多维相对贫困剥夺指数（Multi-dimensional Relative Poverty Deprivation Index，记为 Mrpdi）与临界值相比较而确定：当多维相对贫困剥夺指数高于临界值时，认为存在多维相对贫困；反之，认为不存在多维相对贫困。

4.2.3.1　农户多维相对贫困的测度方法

多维相对贫困的测度采用 A-F 双临界值法（z 临界值和 k 临界值）（Alkire & Foster，2007，2010），测量的指标有多维相对贫困发生率（H）、多维相对贫困指数（M_0）、多维相对贫困深度指数（M_1）及多维相对贫困强度指数（M_2）。具体测量方法及步骤如下：

第一步，构建农户数据矩阵（$Y^{n,d}$）。将入户调查中各农户所对应的数据导入数据矩阵，形成农户数据矩阵（$Y^{n,d}$）。$Y^{n,d}$ 为 $n \times d$ 维矩阵，其中 n 代表农户个体数量，d 代表指标数量。令矩阵的元素 $y_{ij} \in Y^{n,d}$，y_{ij} 表示农户 i 在维度 j 上的取值，其中 $i = 1, 2, \cdots, n$，$j = 1, 2, \cdots, d$。行向量 $y_i = (y_{i1}, y_{i2}, \cdots, y_{id})$ 表示农户 i 在各维度上的取值，列向量 $y_j = (y_{1j}, y_{2j}, \cdots, y_{nj})$ 表示在维度 j 上所有农户的取值。

第二步，使用 z 临界值确定单维度的相对贫困识别。定义剥夺矩阵 $g^\alpha = [g_{ij}^\alpha]$，$g_{ij}^\alpha$ 的表达式如下：

$$g_{ij}^\alpha = \begin{cases} \left(\dfrac{z_j - y_{ij}}{z_j}\right)^\alpha & y_{ij} < z_j \\ 0 & y_{ij} \geqslant z_j \end{cases} \tag{4-7}$$

式 4-7 中，$z_j(z_j > 0)$ 为第 j 维度被剥夺的临界值（单维相对贫困线）。当 $\alpha = 0$、$y_{ij} < z_j$ 时，$g_{ij}^0 = 1$，表示农户 i 在 j 维度上是相对贫困的；当 $\alpha = 0$、$y_{ij} \geqslant z_j$ 时，$g_{ij}^0 = 0$，表示农户 i 在 j 维度上是非相对贫困的。

第三步，考虑权重，计算多维相对贫困剥夺指数。假设维度 j 的权重为 w_j，农户 i 在 j 维度上被剥夺总和为多维相对贫困剥夺指数。计算公式如下：

$$\mathrm{Mrpdi}_i = \sum_{j=1}^{d} w_j g_{ij}^0 \tag{4-8}$$

第四步，使用 k 临界值确定多维度的相对贫困识别。$k(k > 0)$ 为多维相对贫困剥夺的临界值（也称为多维相对贫困线）。将 k 临界值与 Mrpdi_i 进行比较，当 $\mathrm{Mrpdi}_i \geqslant k$ 时，表示农户 i 是多维相对贫困的，取值为 1；当 $\mathrm{Mrpdi}_i < k$ 时，表示农户 i 不是多维相对贫困的，取值为 0。

第五步，计算剥夺矩阵 $g^\alpha(k) = [g_{ij}^\alpha(k)]$。令 $\rho_k(Y_i, M)$ 为多维贫困识别函数，当农户 i 是多维相对贫困时，即 $\mathrm{Mrpdi}_i \geqslant k$ 时，$\rho_k(Y_i, M) = 1$；否则，$\rho_k(Y_i, M) = 0$。根据多维相对贫困识别函数对剥夺矩阵 g^α 进行删减，可以得到剥夺矩阵 $g^\alpha(k)$。$g_{ij}^\alpha(k)$ 的表达式如下：

$$g_{ij}^a(k) = g_{ij}^a \times \rho_k(Y_i, M) \tag{4-9}$$

第六步，计算多维相对贫困发生率（H）。相对贫困加总最简单的方法是 FGT 法（Foster, Greer, & Thorbecke, 1984），即以农户多维相对贫困的数量来计算多维相对贫困发生率。计算公式如下：

$$H = \frac{q}{n} \tag{4-10}$$

式 4-10 中，H 为多维相对贫困发生率，q 为 $\mathrm{Mrpdi}_i \geq k$ 时的多维相对贫困个体数，n 为农户个体数量。

第七步，计算多维相对贫困指数（M_0）。FGT 法简单明了，但对相对贫困的分布和剥夺深度不敏感，阿尔基尔和福斯特（2007）提出了一种修正 FGT 法，加入了平均剥夺份额（A）。计算公式如下：

$$A = \frac{1}{q} \sum_{i=1}^{n} \sum_{j=1}^{d} w_j g_{ij}^0(k) \tag{4-11}$$

$$M_0 = HA = \frac{1}{n} \sum_{i=1}^{n} \sum_{j=1}^{d} w_j g_{ij}^0(k) \tag{4-12}$$

式 4-11 中，A 为平均剥夺份额，表示在多维状态下相对贫困人群平均被剥夺程度；q 为多维相对贫困人口数。式 4-12 中，M_0 为多维相对贫困指数。

第八步，计算多维相对贫困深度指数（M_1）。在多维相对贫困指数基础上加入平均贫困距（G），就可以得到多维相对贫困深度指数。计算公式如下：

$$G = |g^1(k)| / |g^0(k)| \tag{4-13}$$

$$M_1 = HAG = \frac{1}{n} \sum_{i=1}^{n} \sum_{j=1}^{d} w_j g_{ij}^1(k) \tag{4-14}$$

式 4-13 中，G 为平均贫困距，表示多维相对贫困农户在指标上的实际值与临界值之间的差距。式 4-14 中，M_1 为多维相对贫困深度指数，衡量多维相对贫困农户的福利缺失程度。

第九步，计算多维相对贫困强度指数（M_2）。在多维相对贫困指数基础上赋予更高权重 S，就可以得到多维相对贫困强度指数。计算公式如下：

$$S = |g^2(k)| / |g^0(k)| \tag{4-15}$$

$$M_2 = HAS = \frac{1}{n} \sum_{i=1}^{n} \sum_{j=1}^{d} w_j g_{ij}^2(k) \tag{4-16}$$

式 4-15 中，S 为赋予的更高的权重。式 4-16 中，M_2 为多维相对贫困强度指数，衡量多维相对贫困农户的福利不平等程度。

第十步，多维相对贫困指数（M_0）的分解。可以按照地区或维度进行分解。以地区为例，假设 A 代表一类地区矩阵，B 代表二类地区矩阵，分解计算公式如下：

$$M(A, B; Z) = \frac{n(A)}{n(A, B)} M(A; Z) + \frac{n(B)}{n(A, B)} M(B; Z) \quad (4\text{-}17)$$

4.2.3.2 农户多维相对贫困测度指标的选取

按照农户多维相对贫困的内涵，多维相对贫困包含经济、文化、健康、环境、社会和精神 6 个维度。其中，经济维度上是收入相对贫困，文化维度上是教育相对贫困，健康维度上是健康相对贫困，环境维度上是宜居相对贫困，社会维度上是融入相对贫困，精神维度上是精神相对贫困。6 个维度具有辩证统一的关系，共同构成多维相对贫困的全部内容。因此，本研究中采用均权法确定 6 个维度和具体指标的权重，即每个维度的权重为 1/6，每个指标的权重在相应维度下再次平均分配。6 个维度的具体指标参考了王小林等（2009，2020）、庄天慧等（2018）、孙久文等（2019）、汪三贵等（2021）、王卓（2022）等学者的研究成果，共设定了 13 个具体指标（见表 4-10）。具体而言，收入相对贫困以"人均可支配收入"来表达，当农户家庭人均可支配收入低于中位数的 50% 时，该指标视为相对贫困。教育相对贫困以"人均教育年限"来表达，当农户家庭人均受教育年限低于 6 年时，该指标视为相对贫困。健康相对贫困以"人均健康水平"来表达，当农户家庭人均健康水平低于 3 时，该指标视为相对贫困。宜居相对贫困以"家庭住房水平""家庭交通工具水平"和"家庭生活设施水平"来表达，其中当农户家庭在城镇未购买商品房，且家庭人均住房面积低于平均值的 60% 时，该指标视为相对贫困；当农户家庭交通工具水平低于 2 时，该指标视为相对贫困；当农户家庭生活设施低于平均值的 60% 时，该指标视为相对贫困。融入相对贫困以"与亲戚朋友的关系情况"和"与邻居的关系情况"来表达，两项指标值低于 3 时，该指标视为相对贫困。精神相对贫困以"家庭压力水平""积极乐观心态""生活满意程度""生活自信水平"和"能力提升意愿"来表达，其中当农户家庭压力水平低于平均值的 60% 时，该指标视为相对贫困；其余 4 项指标值低于 3 时，该指标视为相对贫困。

表 4-10　农户多维相对贫困的指标体系及权重

维度1	维度2	指标	指标定义	z_j	w_j
经济	收入相对贫困	人均可支配收入	描述农户家庭的收入情况，人均可支配收入=家庭可支配收入/家庭总人口。农户家庭人均可支配收入低于中位数50%的视为相对贫困，取值为1；否则为0	12 500	1/6
文化	教育相对贫困	人均教育年限	描述农户家庭成员接受教育情况，人均教育年限=家庭受教育水平之和/家庭总人口。农户家庭人均受教育年限低于6年的视为相对贫困，取值为1；否则为0	6	1/6
健康	健康相对贫困	人均健康水平	描述农户家庭成员的健康情况，其中不健康为1，一般为2，比较健康为3，很健康为4，非常健康为5。农户家庭人均健康水平低于3的视为相对贫困，取值为1；否则为0	3	1/6
环境	宜居相对贫困	家庭住房水平	描述农户家庭的住房情况，家庭住房水平=家庭住房总面积/家庭总人口。农户家庭在城镇未购买商品房，且家庭人均住房面积低于平均值的60%的视为相对贫困，取值为1；否则为0	28.66	1/18
		家庭交通工具水平	描述农户家庭拥有交通工具情况，其中无交通工具为1，两轮/三轮电动车为2，油用摩托车为3，汽车为4。农户家庭交通工具水平低于2的视为相对贫困，取值为1；否则为0	2	1/18
		家庭生活设施水平	描述农户家庭拥有生活设施情况，询问农户家庭在7样生活设施（天然气、自来水、热水器、宽带、空调、洗衣机、电冰箱）中实际拥有的数量。农户家庭生活设施低于平均值的60%的视为相对贫困，取值为1；否则为0	3.22	1/18
社会	融入相对贫困	与亲戚朋友的关系情况	描述农户家庭与亲戚朋友的关系情况，其中非常差为1，比较差为2，一般为3，比较好为4，非常好为5。农户家庭与亲戚朋友的关系情况低于3的视为相对贫困，取值为1；否则为0	3	1/12
		与邻居的关系情况	描述农户家庭与邻居的关系情况，其中非常差为1，比较差为2，一般为3，比较好为4，非常好为5。农户家庭与邻居的关系情况低于3的视为相对贫困，取值为1；否则为0	3	1/12

表4-10(续)

维度1	维度2	指标	指标定义	z_j	w_j
精神	精神相对贫困	家庭压力水平	描述农户家庭的压力情况,家庭压力水平=劳动力人口/家庭总人口。农户家庭压力水平低于平均值的60%的视为相对贫困,取值为1;否则为0	0.45	1/30
		积极乐观心态	描述农户家庭的心态情况,询问农户家庭在过去遇到较大困难时的态度,其中非常悲观为1,比较悲观为2,一般为3,比较乐观为4,非常乐观为5。农户家庭积极乐观心态低于3的视为相对贫困,取值为1;否则为0	3	1/30
		生活满意程度	描述农户家庭的生活满意度情况,询问农户家庭对现有生活的满意程度,其中非常不满意为1,比较不满意为2,一般为3,比较满意为4,非常满意为5。农户家庭生活满意程度低于3的视为相对贫困,取值为1;否则为0	3	1/30
		生活自信水平	描述农户家庭的自信水平情况,询问农户家庭对未来生活有没有信心,其中非常缺信心为1,比较缺信心为2,一般为3,比较有信心为4,非常有信心为5。农户家庭生活自信水平低于3的视为相对贫困,取值为1;否则为0	3	1/30
		能力提升意愿	描述农户家庭提升能力意愿情况,询问农户家庭是否愿意自费参加技能提升培训,其中非常不愿为1,比较不愿意为2,一般为3,比较愿意为4,非常愿意为5。农户家庭能力提升意愿低于3的视为相对贫困,取值为1;否则为0	3	1/30

注:表中权重之和为1。

4.2.3.3 农户多维相对贫困测度指标的基本特征

(1)农户多维度指标的描述性统计(见表4-11)。从收入相对贫困维度看,人均可支配收入的最大值与最小值之间差异较大,相应的标准差也较大,表明人均可支配收入之间有较大差距。从教育相对贫困维度看,人均接受教育的中位数为8年,平均值为8.03年,表明大多数农户的教育水平不高。从健康相对贫困维度看,中位数与平均值接近,均大于3,表明大多数农户的健康状况较好。从宜居相对贫困维度看，大多数农户的宜居环境较好，其中农户人均住房面积为 47.83 m²，略低于四川省 2020 年农村人均住房面积（48.70 m²）[1]；农户人均交通工具水平为 3.14，表明出行较为方便；农户人均生活设施水平为 5.36，表明如宽带、空调、洗衣机、电冰箱等生活设施进入了寻常百姓家。从融入相对贫困维度看，2 项指标的平均值接近 4，表明大多数农户与亲戚朋友和邻居相处较为融洽。从精神相对贫困维度看，5 项指标的平均值接近最大值，表明大多数农户压力水平低、生活满意程度高、生活自信水平高，且拥有积极乐观心态和很强的能力提升意愿。

表 4-11　农户多维度指标的基本情况描述

序号	维度	指标	中位数	平均值	标准差	最小值	最大值
1	收入相对贫困	人均可支配收入	25 000	30 738	30 302.04	1 950	435 667
2	教育相对贫困	人均教育年限	8.00	8.03	2.69	0	19
3	健康相对贫困	人均健康水平	3.75	3.71	0.72	1	5
4		家庭住房水平	40	47.83	28.63	0	260
5	宜居相对贫困	家庭交通工具水平	3	3.14	1.03	1	4
6		家庭生活设施水平	5	5.36	1.48	1	7
7	融入相对贫困	与亲戚朋友的关系情况	4	3.89	0.62	1	5
8		与邻居的关系情况	4	3.82	0.62	1	5
9		家庭压力水平	0.75	0.75	0.23	0	1
10		积极乐观心态	4	3.68	0.78	1	5
11	精神相对贫困	生活满意程度	4	3.71	0.74	1	5
12		生活自信水平	4	3.92	0.76	1	5
13		能力提升意愿	3	3.35	1.03	1	5

（2）农户多维相对贫困剥夺指数的描述性统计（见表 4-12）。从农户多维相对贫困剥夺指数的中位数看，一类地区＝二类地区＜三类地区，三类地区的中位数约为一、二类地区的 2 倍。从农户多维相对贫困剥夺指数的平均值看，二类地区＜一类地区＜三类地区，其中一、二类地区相比差异较小，但一、二类地区与三类地区相比差异较大，三类地区的平均值约为一、二类地区的 1.4 倍。上述数据表明，四川省农户的多维相对贫困剥夺指数呈现"一、二类地区＜三类地区"的特征。

---

① 数据来源于《四川统计年鉴（2021）》。

表 4-12　农户多维相对贫困剥夺指数的基本情况描述

序号	样本类型	中位数	平均值	标准差	最小值	最大值
1	全部地区	0.056	0.108	0.14	0.000	0.700
2	一类地区	0.033	0.099	0.16	0.000	0.700
3	二类地区	0.033	0.094	0.12	0.000	0.589
4	三类地区	0.067	0.135	0.15	0.000	0.678

（3）农户多维相对贫困剥夺指数的差异性分析（见表 4-13）。从独立样本 T 检验看，一类地区与二类地区相比，方差方程的 Sig 值（0.479）>0.05，即方差齐性一致，以"方差相等"行的结果为依据，均值方程 T 检验的 Sig 值（0.570）>0.05，表明一、二类地区的多维相对贫困剥夺指数没有显著差异；一、二类地区与三类地区相比，方差方程的 Sig 值（0.009）<0.05，即方差齐性不一致，以"方差不相等"行的结果为依据，均值方程 T 检验的 Sig 值（0.000）<0.05，表明一、二类地区与三类地区的多维相对贫困剥夺指数具有显著差异。从单样本 T 检验看，一、二类地区与全部地区相比，单样本 T 检验的 Sig 值（0.026）<0.05，表明一、二类地区与全部地区的多维相对贫困剥夺指数具有显著差异；三类地区与全部地区相比，单样本 T 检验的 Sig 值（0.003）<0.05，表明三类地区与全部地区的多维相对贫困剥夺指数具有显著差异。上述数据表明，四川省农户的多维相对贫困剥夺指数在部分地区之间具有显著差异。

表 4-13　比较均值的检验结果（农户多维相对贫困剥夺指数）

组别	假设	方差方程的 Levene 检验		均值方程的 t 检验（单样本 t 检验）		选用结果
		F	Sig.	t	Sig.（双侧）	
一类地区 VS 二类地区	方差相等	0.502	0.479	0.568	0.570	√
	方差不相等			0.569	0.570	×
一、二类地区VS 三类地区	方差相等	6.849	0.009	3.916	0.000	×
	方差不相等			3.746	0.000	√
一、二类地区VS 全部地区	检验值=0.108			−2.237	0.026	
三类地区 VS 全部地区	检验值=0.108			3.031	0.003	

注：独立样本 T 检验和单样本 T 检验设置的置信区间为95%。

4.2.3.4 农户多维相对贫困的测度结果分析

（1）全部地区的测度结果分析

利用四川省 21 个市（州）38 个村 2021 年的农户调研数据，采用 A-F 双临界值法测度四川农户的多维相对贫困。测度结果包含多维相对贫困发生率（H）、平均剥夺份额（A）、多维相对贫困指数（M_0）、多维相对贫困深度指数（M_1）和多维相对贫困强度指数（M_2）。具体结果见表 4-14。

表 4-14　农户多维相对贫困的测度结果

序号	k	多维相对贫困数/户	H /%	A /%	M_0	M_1	M_2
1	0.1	346	37.90	24.99	0.094 7	0.029 1	0.012 9
2	0.2	219	23.99	30.65	0.073 5	0.022 8	0.010 2
3	0.3	78	8.54	44.01	0.037 6	0.012 8	0.006 3
4	0.4	44	4.82	51.10	0.024 6	0.009 0	0.004 7
5	0.5	19	2.08	60.03	0.012 5	0.005 0	0.002 7
6	0.6	9	0.99	64.51	0.006 4	0.002 8	0.001 6

当临界值 $k=0.1$ 时，有 346 户陷入多维相对贫困，多维相对贫困发生率为 37.90%，平均剥夺份额为 24.99%，多维相对贫困指数为 0.094 7，多维相对贫困深度指数为 0.029 1，多维相对贫困强度指数为 0.012 9。当临界值 $k=0.2$ 时，有 219 户陷入多维相对贫困，多维相对贫困发生率为 23.99%，与客观相对贫困中测度标准 3 的结果（22.12%）相近，平均剥夺份额为 30.65%，多维相对贫困指数为 0.073 5，多维相对贫困深度指数为 0.022 8，多维相对贫困强度指数为 0.010 2。当临界值 $k=0.3$ 时，有 78 户陷入多维相对贫困，多维相对贫困发生率为 8.54%，与主观相对贫困的结果（8.00%）和客观相对贫困中测度标准 1 的结果（8.21%）相近，平均剥夺份额为 44.01%，多维相对贫困指数为 0.037 6，多维相对贫困深度指数为 0.012 8，多维相对贫困强度指数为 0.006 3。当临界值 $k=0.4$ 时，有 44 户陷入多维相对贫困，多维相对贫困发生率为 4.82%，平均剥夺份额为 51.10%，多维相对贫困指数为 0.024 6，多维相对贫困深度指数为 0.009 0，多维相对贫困强度指数为 0.004 7。从多维相对贫困的发生率看，临界值为 0.1 时，其相对贫困发生率过大，但临界值为 0.4 时，其相对贫困发生率过低，而临界值为 0.2 或 0.3 时，其相对贫困发生率接近主观相对贫困发生率和客观相对贫困发生率，因而多维相对贫困的临界值取 0.2

或 0.3 更合适。

上述数据表明，农户多维相对贫困的临界值取 0.2 或 0.3 较为合适，且随着临界值的不断扩大，多维相对贫困发生率、多维相对贫困指数、多维相对贫困深度指数和多维相对贫困强度指数将逐步下降，但平均剥夺份额将逐步上升。

（2）按地区分解结果分析

通过对多维相对贫困发生率和多维相对贫困指数按照一、二、三类地区户数比例进行加权处理，然后进行分解，得到不同临界值下的一、二、三类地区相应的贡献率。具体结果见表 4-15。

表 4-15 农户多维相对贫困发生率和多维相对贫困指数按地区分解结果

序号	k	样本类型	多维相对 贫困数/户	H /%	H 贡献率 /%	M_0	M_0 贡献率 /%
1		一类地区	110	33.74	31.79	0.085 2	32.12
2	0.1	二类地区	105	33.44	30.34	0.080 6	29.28
3		三类地区	131	47.99	37.87	0.122 3	38.60
4		一类地区	67	20.55	30.59	0.065 3	31.72
5	0.2	二类地区	67	21.34	30.59	0.062 7	29.33
6		三类地区	85	31.14	38.82	0.095 8	38.95
7		一类地区	26	7.98	33.36	0.035 9	34.10
8	0.3	二类地区	22	7.01	28.23	0.029 2	26.74
9		三类地区	30	10.99	38.41	0.049 2	39.16
10		一类地区	15	4.60	34.08	0.024 5	35.44
11	0.4	二类地区	12	3.82	27.26	0.018 3	25.63
12		三类地区	17	6.23	38.66	0.032 0	38.93

当临界值 $k=0.2$ 时，一类地区有 67 户陷入多维相对贫困，多维相对贫困发生率为 20.55%，贡献率为 30.59%，多维相对贫困指数为 0.065 3，贡献率为 31.72%；二类地区有 67 户陷入多维相对贫困，多维相对贫困发生率为 21.34%，贡献率为 30.59%，多维相对贫困指数为 0.062 7，贡献率为 29.33%；三类地区有 85 户陷入多维相对贫困，多维相对贫困发生率为 31.14%，贡献率为 38.82%，多维相对贫困指数为 0.095 8，贡献率为 38.95%。通过对比一、二、三类地区的数据发现，一、二类地区相比差异较小，但一、二类地区与三类地区相比差异较大，三类地区的相应值约为

一、二类地区的 1.2~1.5 倍。当临界值 $k=0.3$ 时，一类地区有 26 户陷入多维相对贫困，多维相对贫困发生率为 7.98，贡献率为 33.36%，多维相对贫困指数为 0.035 9，贡献率为 34.10%；二类地区有 22 户陷入多维相对贫困，多维相对贫困发生率为 7.01%，贡献率为 28.23%，多维相对贫困指数为 0.029 2，贡献率为 26.74%；三类地区有 30 户陷入多维相对贫困，多维相对贫困发生率为 10.99%，贡献率为 38.41%，多维相对贫困指数为 0.049 2，贡献率为 39.16%。通过对比一、二、三类地区的数据发现，一、二类地区相比差异较小，但一、二类地区与三类地区相比差异较大，三类地区的相应值约为一、二类地区的 1.2~1.6 倍。对比一、二、三类地区的贡献率发现，一、二、三类地区在临界值 $k=0.2$ 和临界值 $k=0.3$ 时的贡献率接近。

上述数据表明，农户多维相对贫困发生率及贡献率、多维相对贫困指数及贡献率在部分地区之间具有显著差异，呈现"一、二类地区<三类地区"的特征。

（3）按指标分解结果分析

通过对多维相对贫困指数按照指标权重进行加权处理，然后进行分解，得到不同临界值下的各指标相应的贡献率。具体结果见表4-16。

表4-16　农户多维相对贫困指数按指标分解结果

序号	维度	指标	k（%）			
			0.1	0.2	0.3	0.4
1	收入相对贫困	人均可支配收入	25.25	25.57	22.81	22.98
2	教育相对贫困	人均教育年限	28.53	28.31	29.13	28.91
3	健康相对贫困	人均健康水平	18.89	19.87	24.76	24.46
			15.55	14.65	12.46	12.60
4	宜居相对贫困	家庭住房水平	5.85	6.04	3.72	3.71
5		家庭交通工具水平	4.69	4.14	4.21	3.95
6		家庭生活设施水平	5.01	4.47	4.53	4.94
			1.64	1.12	1.22	1.85
7	融入相对贫困	与亲戚朋友的关系情况	0.77	0.50	0.73	1.11
8		与邻居的关系情况	0.87	0.62	0.49	0.74

表4-16(续)

序号	维度	指标	k (%)			
			0.1	0.2	0.3	0.4
			10.14	10.48	9.62	9.20
9		家庭压力水平	2.35	2.88	3.01	3.56
10	精神相对贫困	积极乐观心态	1.73	1.59	1.75	1.63
11		生活满意程度	1.39	1.39	1.26	0.74
12		生活自信水平	0.96	0.99	0.78	0.44
13		能力提升意愿	3.71	3.63	2.82	2.83
	全部地区 M_0		0.094 7	0.073 5	0.037 6	2.46

当临界值 $k=0.2$ 时，各维度贡献率从大到小依次是教育相对贫困、收入相对贫困、健康相对贫困、宜居相对贫困、精神相对贫困和融入相对贫困，其值分别为28.31%、25.57%、19.87%、14.65%、10.48%和1.12%，教育相对贫困、收入相对贫困、健康相对贫困和宜居相对贫困的合计贡献率接近90%。当临界值 $k=0.3$ 时，各维度贡献率的大小与临界值 $k=0.2$ 时的排序基本一致，仅收入相对贫困和健康相对贫困互换了位置，教育相对贫困、收入相对贫困、健康相对贫困和宜居相对贫困的合计贡献率接近90%。

上述数据表明，各维度贡献率大小存在差异，政策目标应重点关注农户的教育相对贫困、健康相对贫困、收入相对贫困和宜居相对贫困。

4.2.4 各种类型相对贫困的相关性分析

表4-17显示了8种农户相对贫困的相关性分析。其中，Srp 为农户主观相对贫困，Orp 为农户客观相对贫困，Mrpdi 为农户多维相对贫困剥夺指数，Mrp 为农户多维相对贫困。8种相对贫困之间的相关性系数均为正数且显著性检验的 P 值均小于0.01，表明8种相对贫困之间在1%的置信水平上是显著正相关的，其中最大相关系数为0.853 0，最小相关系数为0.336 7。具体而言，主观相对贫困与客观相对贫困的最大相关系数为0.853 0，主观相对贫困与多维相对贫困的最大相关系数为0.373 5，主观相对贫困与多维相对贫困剥夺指数的相关系数为0.491 5；客观相对贫困与多维相对贫困的最大相关系数为0.523 9，客观相对贫困与多维相对贫困剥夺指数的最大相关系数为0.594 9；多维相对贫困剥夺指数与多维相对贫困

的最大相关系数为0.823 2。上述数据表明，各种相对贫困之间是显著正相关的，农户主观相对贫困、农户客观相对贫困和农户多维相对贫困剥夺指数均可作为农户多维相对贫困进行稳健性检验时的替换变量。

表 4-17　农户各种类型相对贫困的相关性分析结果

变量	Srp	Orp1	Orp2	Orp3	Mrpdi	Mrp1	Mrp2
Orp1	0.853 0 (0.000 0)						
Orp2	0.662 7 (0.000 0)	0.730 9 (0.000 0)					
Orp3	0.533 6 (0.000 0)	0.561 3 (0.000 0)	0.767 9 (0.000 0)				
Mrpdi	0.491 5 (0.000 0)	0.482 6 (0.000 0)	0.594 9 (0.000 0)	0.504 1 (0.000 0)			
Mrp1	0.352 4 (0.000 0)	0.383 0 (0.000 0)	0.523 9 (0.000 0)	0.443 0 (0.000 0)	0.819 0 (0.000 0)		
Mrp2	0.373 5 (0.000 0)	0.383 1 (0.000 0)	0.523 7 (0.000 0)	0.429 8 (0.000 0)	0.823 2 (0.000 0)	0.719 1 (0.000 0)	
Mrp3	0.372 2 (0.000 0)	0.336 7 (0.000 0)	0.400 2 (0.000 0)	0.337 4 (0.000 0)	0.749 4 (0.000 0)	0.391 3 (0.000 0)	0.544 1 (0.000 0)

注：①括号内为 t 检验的 P 值。

②Orp1 是以中位数的 40% 为临界值的客观相对贫困，Orp2 是以中位数的 50% 为临界值的客观相对贫困，Orp3 是以中位数的 60% 为临界值的客观相对贫困；Mrp1 是以 $k=0.1$ 为临界值的多维相对贫困，Mrp2 是以 $k=0.2$ 为临界值的多维相对贫困，Mrp3 是以 $k=0.3$ 为临界值的多维相对贫困。

4.3　本章小结

本章包含两部分内容：第一部分从调研设计、问卷回收情况、信度与效度检验、受访者及受访家庭的基本特征 4 个方面介绍了样本数据，第二部分从农户主观相对贫困的测度与分析、农户客观相对贫困的测度与分析、农户多维相对贫困的测度与分析、各种类型相对贫困的相关性分析 4 个方面分析了农户相对贫困。概括如下：

（1）此次调研数据为农户家庭 2021 年数据，共发放调查问卷 1 050

份，涉及四川省 21 个市（州）38 个行政村，调查问卷回收后经过核查筛选，最终形成有效问卷 913 份，有效问卷率约为 86.95%。

（2）采用 SPSS 22.0 软件对调查问卷中的 26 项量表数据进行了信度和效度检验，26 项量表数据的 Cronbach's α 值为 0.801，表明量表数据信度较好；26 项量表数据的 KMO 值为 0.788，表明量表数据效度较好。

（3）受访家庭中有 77 户（302 人）为 2020 年前的建档立卡贫困户，占比约为 8.43%；77 户中有 67 户脱贫时间集中在 2017—2019 年，占比约为 87.01%；2021 年时有 14 户（52 人）在 2021 年时被纳入了贫困动态监测，占比约为 1.53%，表明四川省守住了不发生规模性返贫的底线。

（4）采用"自我评价量表"测度了四川省农户的主观相对贫困，当测度标准为 2 时，共有 73 户陷入主观相对贫困，主观相对贫困发生率为 8.00%。研究发现：四川省农户主观相对贫困发生率不高，主观相对贫困在部分地区之间具有显著差异，呈现"一、二类地区<三类地区"的特征。

（5）采用 FGT 法测度了四川省农户的客观相对贫困，测度内容包含客观相对贫困的发生率、贫困距指数、贫困距平方指数和 Sen 指数。研究发现：农户人均可支配收入基本呈现"金字塔"结构，农村低收入人口占比较大；当测度标准为人均可支配收入中位数的 40%、50%、60% 时，对应的客观相对贫困发生率分别为 8.21%、14.35%、22.12%；随着测度标准（人均可支配收入中位数的比例）的不断提高，农户客观相对贫困的发生率、贫困距指数、贫困距平方指数和 Sen 指数将逐步上升；客观相对贫困的发生率、贫困距指数、贫困距平方指数和 Sen 指数在部分地区之间具有显著差异，呈现"一、二类地区<三类地区"的特征。

（6）采用 A-F 双临界值法测度了四川农户的多维相对贫困，测度内容包含多维相对贫困发生率、平均剥夺份额、多维相对贫困指数、多维相对贫困深度指数和多维相对贫困强度指数。研究发现：农户多维相对贫困剥夺指数、农户多维相对贫困发生率和多维相对贫困指数在部分地区之间具有显著差异，呈现"一、二类地区<三类地区"的特征；当临界值 k 为 0.1、0.2、0.3、04 时，对应的多维相对贫困发生率分别为 37.90%、23.99%、8.54%、4.82%；农户多维相对贫困的临界值取 0.2 或 0.3 较为合适；随着临界值的不断扩大，多维相对贫困发生率、多维相对贫困指数、多维相对贫困深度指数和多维相对贫困强度指数将逐步下降，但平均剥夺份额将逐步上升；收入相对贫困、教育相对贫困、健康相对贫困、宜

居相对贫困、融入相对贫困和精神相对贫困 6 个维度的贡献率大小存在差异，其中教育相对贫困、健康相对贫困、收入相对贫困和宜居相对贫困 4 个维度的贡献率排名前四，贡献率合计接近 90%。

（7）对 8 种相对贫困进行了相关性分析。研究发现：8 种相对贫困之间是显著正相关的，主观相对贫困、客观相对贫困和多维相对贫困剥夺指数可作为多维相对贫困进行稳健性检验时的替换变量。

5 人力资本水平影响农户相对贫困的实证分析

第 4 章介绍了样本数据情况，并对 3 种类型的农户相对贫困进行了测度，系统分析了总体样本、不同区域和不同维度的相对贫困程度，为后文研究奠定了坚实基础。通过前面的文献回顾和机理分析，发现人力资本水平通过劳动力的配置效率、劳动力的生产率、劳动力的收益率、劳动力的竞争力、劳动力的发展空间等作用机制影响农户的收入，进而影响农户相对贫困。因此，本章在农户相对贫困测度与分析的基础上，将系统探讨人力资本水平与农户相对贫困的关系，为后文提出路径解析和政策启示提供依据。

5.1 人力资本水平的测度与分析

人力资本（Human Capital，记为 Huc）是与物质资本相对的概念，与物质资本有着本质区别，是体现在人的身上且能够给未来提供收益的资本。农户人力资本水平是农户家庭劳动力数量和质量的价值总和，包含家庭劳动力数量水平、家庭成员健康水平、家庭成员知识水平、家庭成员技能水平和家庭劳动力迁移水平 5 个方面。

5.1.1 人力资本水平的测度方法

现有测度人力资本水平的 3 种方法中，支出法需要面板数据，且对数据量要求大，此方法不适合本研究；收入法主要用于测量宏观领域的人力资本水平，而本研究需要测度的是微观的人力资本水平，此方法也不适合本研究。而特征法对数据量要求小，计算方法相对简单，在宏微观领域均能使用。因此，本研究中选用特征法测度农户的人力资本水平。

5.1.1.1　数据处理

由于构成人力资本水平的变量存在量纲差异，如果不加以处理，可能出现"大吃小"问题，甚至导致估计值与真实值之间出现较大误差（高晓红、李兴奇，2022）。变量数据无量纲化常用的方法有极小值平移法、极大值平移法、均值平移法、归一化、最小值化、最大值化、均值化、max-min 标准化、z-score 标准化、极值化（詹敏、廖志高、徐玖平，2016；李玲玉、郭亚军、易平涛，2016；陈鹏宇，2021）。学者通过模拟数据检验，认为极值化法不仅能消除变量之间的量纲差异，还能保留变量之间的差异信息，在多元线性回归模型中拟合效果与原始数据相同（高晓红、李兴奇，2022），且在采用熵值法求权重时的处理效果最佳（朱喜安、魏国栋，2015；刘云菲、李红梅、马宏阳，2021）。因此，本研究采用极值化法对人力资本水平的变量数据进行无量纲化处理，计算公式如下：

$$x'_{ij} = \frac{x_{ij} - x_j^{\min}}{x_j^{\max} - x_j^{\min}} \quad （x_{ij} 为 "+" 指标）$$

$$x'_{ij} = \frac{x_j^{\max} - x_{ij}}{x_j^{\max} - x_j^{\min}} \quad （x_{ij} 为 "-" 指标） \quad （5-1）$$

式 5-1 中，x'_{ij} 为变量无量纲化结果，x_{ij} 为农户 i 在指标 j 上的取值，其中 $i =$ 1，2，…，n，$j = 1$，2，…，d。

5.1.1.2　权重确定

由于人力资本水平（Human Capital Level，记为 Hucl）是一个综合指数，计算其值的前提条件是要确定各变量的权重。确定变量权重的常用方法有专家调查法（Delphi 法）、层次分析法（AHP）、主成分分析法（PCA）、变异系数法、熵值法、均方差法（王淑佳、孙九霞，2021；俞立平、郑昆，2021；张霞、何南，2022）。熵值法是学者在确定权重时选用最多的方法，加之具有避免人为因素带来权重偏差的优点，因此，本研究采用熵值法确定人力资本变量的权重。具体计算步骤如下：

第一步，对极值化法数据进行非负数据化处理。计算公式如下：

$$h_{ij} = x'_{ij} + 1 \quad （5-2）$$

第二步，计算第 j 个指标在第 i 个方案中所占比重 f_{ij}，其中 i 表示农户个体，j 表示具体指标。计算公式如下：

$$f_{ij} = \frac{h_{ij}}{\sum_{i=1}^{n} h_{ij}} \tag{5-3}$$

第三步，计算指标 j 的信息熵 e_j。计算公式如下：

$$e_j = -k \times \sum_{i=1}^{n} f_{ij}\ln(f_{ij}) \tag{5-4}$$

式 5-4 中，$k = \frac{1}{\ln(n)}$。

第四步，计算指标 j 的信息熵冗余度 d_j。计算公式如下：

$$d_j = 1 - e_j \tag{5-5}$$

第五步，计算指标 j 的权重 w_j（权重之和为 100）。计算公式如下：

$$w_j = \frac{100d_j}{\sum_{j=1}^{d} d_j} \tag{5-6}$$

5.1.1.3　数据汇总

将指标权重与该指标的无量纲化结果相乘，就得到该指标的得分指数。将农户 i 的得分指数汇总，就得到农户 i 的人力资本水平（Hucl）。计算公式如下：

$$\text{Hucl}_i = \sum_{j=1}^{d} x'_{ij}w_j \tag{5-7}$$

5.1.2　人力资本水平测度指标的选取

按照农户人力资本水平的内涵，人力资本水平包含数量水平、健康水平、知识水平、技能水平和迁移水平 5 个维度。5 个维度的具体指标参考了程名望等（2016）、程虹（2018）、贺雪峰（2019）、彭惠梅等（2020）、袁冬梅等（2021）等学者的研究成果，共设定了 5 个具体指标（见表 5-1）。具体而言，数量水平指数（Quantity Level Index，记为 Quli）描述农户家庭劳动力情况，其值等于劳动力数量除以家庭总人口数；健康水平指数（Health Level Index，记为 Heli）描述农户家庭的健康水平，其值等于健康水平之和除以家庭总人口数；知识水平指数（Knowledge Level Index，记为 Knli）描述农户家庭的教育水平，其值等于受教育水平之和除以家庭总人口数；技能水平指数（Skill Level Index，记为 Skli）描述农户家庭的技能水平，其值等于技能水平之和除以家庭总人口数；迁移水平指数

（Migration Level Index，记为 Mili）描述农户家庭劳动力外出就业水平，其值等于外出务工人口数量除以家庭总人口数。按照熵值法的特性，该指标的离散程度越大，对综合评价的影响（即权重）就越大。5 个维度的权重从大到小依次是迁移水平指数（38.7）、数量水平指数（23.5）、技能水平指数（14.0）、知识水平指数（12.6）、健康水平指数（11.2），表明迁移水平的离散程度最大，健康水平的离散程度最小。

表 5-1　农户人力资本水平的指标体系及权重

指标	指标定义	计算公式	指标方向	w_j
数量水平指数（Quli）	描述农户家庭劳动力情况。劳动力为不含家庭未成年人口（年龄<16 岁）和家庭老年人口（年龄>60 岁）	劳动力数量÷家庭总人口数	+	23.5
健康水平指数（Heli）	描述农户家庭的健康水平。非常健康为 5，是指近两三年都没有生过病；很健康为 4，是指近两三年仅偶尔有感冒发烧，无其他病种；比较健康为 3，是指近两三年没有得过大病，经常有感冒发烧或小病；一般为 2，是指近两三年得过大病，经常有感冒发烧或小病；不健康为 1，是指身体长期不舒服，随时需要药品	健康水平之和÷家庭总人口数	+	11.2
知识水平指数（Knli）	描述农户家庭的教育水平。根据家庭人口受教育情况进行填写。文盲或半文盲为 0，小学为 6，初中为 9，高中（中职）为 12，专科为 15，本科为 16，硕士为 19，博士为 22	受教育水平之和÷家庭总人口数	+	12.6
技能水平指数（Skli）	描述农户家庭的技能水平。技能劳动力为 5，是指有一技之长或拥有职业资格证书，或专科学历及以上的劳动力；普通劳动力为 4，是指未有一技之长或专科学历以下的劳动力；半劳动力为 3，是指 60 岁<年龄≤70 岁且健康水平较高；丧失劳动力为 2，是指 60 岁<年龄≤70 岁且健康水平较差；无劳动力为 1，是指年龄<16 岁或年龄>70 岁	技能水平之和÷家庭总人口数	+	14.0
迁移水平指数（Mili）	描述农户家庭劳动力外出就业水平。根据农户家庭 2021 年外出务工人数进行填写	外出务工人口数量÷家庭总人口数	+	38.7

注：表中权重之和为 100。

5.1.3 人力资本水平的测度结果分析

5.1.3.1 全部地区的测度结果分析

农户人力资本水平的结构（见图5-1），基本呈现"橄榄"状，离理想中的"倒金字塔"结构相差甚远。从人力资本水平的区间占比来看，占比最大的是50~60的，有225户，占比接近1/4，达到24.64%；其次是40~50的，有206户，占比为22.56%；接着是60~70的，有199户，占比为21.80%。这三部分占据了近70%，意味着大部分农户家庭的人力资本水平集中在40~70。70及以上的有178户，占比为19.49%；40以下的有105户，占比为11.51%。上述数据表明，四川省农户的人力资本水平结构不太合理，高人力资本水平的农户家庭占比较小，低人力资本水平的农户家庭占比较大。

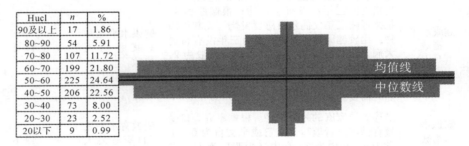

Hucl	n	%
90及以上	17	1.86
80~90	54	5.91
70~80	107	11.72
60~70	199	21.80
50~60	225	24.64
40~50	206	22.56
30~40	73	8.00
20~30	23	2.52
20以下	9	0.99

图5-1 农户人力资本水平的结构

5.1.3.2 分类地区的测度结果分析

（1）农户人力资本水平的描述性统计（见表5-2）。从农户人力资本水平的中位数看，二类地区>一类地区>三类地区，其中一、二类地区相比差异较小，但一、二类地区与三类地区相比差异较大，三类地区的中位数约为二类地区的88.4%。从农户人力资本水平的平均值看，一类地区>二类地区>三类地区，其中一、二类地区相比差异较小，但一、二类地区与三类地区相比差异较大，三类地区的平均值约为一类地区的90.9%。上述数据表明，四川省农户的人力资本水平呈现"一、二类地区>三类地区"的特征。

表 5-2 农户人力资本水平的测度结果

序号	地区类型	中位数	平均值	标准差	最小值	最大值
1	一类地区	57.71	58.86	16.72	6.22	97.51
2	二类地区	58.46	58.31	14.33	19.96	96.26
3	三类地区	51.67	53.48	14.42	5.72	88.77
4	全部地区	56.46	57.06	15.42	5.72	97.51

（2）农户人力资本水平的差异性分析（见表 5-3）。从独立样本 T 检验看，一类地区与二类地区相比，方差方程的 Sig 值（0.035）<0.05，即方差齐性不一致，以"方差不相等"行的结果为依据，均值方程 T 检验的 Sig 值（0.447）>0.05，表明一、二类地区的人力资本水平没有显著差异；一、二类地区与三类地区相比，方差方程的 Sig 值（0.207）>0.05，即方差齐性一致，以"方差相等"行的结果为依据，均值方程 T 检验的 Sig 值（0.000）<0.05，表明一、二类地区与三类地区的人力资本水平具有显著差异。从单样本 T 检验看，一、二类地区与全部地区相比，单样本 T 检验的 Sig 值（0.013）<0.05，表明一、二类地区与全部地区的人力资本水平具有显著差异；三类地区与全部地区相比，单样本 T 检验的 Sig 值（0.000）< 0.05，表明三类地区与全部地区的人力资本水平具有显著差异。上述数据表明，四川省农户的人力资本水平在部分地区之间具有显著差异。

表 5-3 比较均值的检验结果（农户人力资本水平）

组别	假设	方差方程的 Levene 检验		均值方程的 t 检验（单样本 t 检验）		选用结果
		F	Sig.	t	Sig.（双侧）	
一类地区 VS 二类地区	方差相等	4.480	0.035	0.446	0.656	×
	方差不相等			0.447	0.655	√
一、二类地区 VS 三类地区	方差相等	1.597	0.207	-4.641	0.000	√
	方差不相等			-4.788	0.000	×
一、二类地区 VS 全部地区	检验值 = 57.06			2.488	0.013	
三类地区 VS 全部地区	检验值 = 57.06			-4.105	0.000	

注：独立样本 T 检验和单样本 T 检验设置的置信区间为95%。

5.2 研究假设、模型构建及变量说明

5.2.1 研究假设

根据前文的理论分析，农户家庭人力资本水平的数量水平、健康水平、知识水平、技能水平和迁移水平5个方面与农户相对贫困有着密切联系，是相对贫困形成的内部因素，它们通过劳动力的配置效率、劳动力的生产率、劳动力的收益率、劳动力的竞争力、劳动力的发展空间等作用机制影响着相对贫困。农户家庭的人力资本水平不仅直接影响着相对贫困，还通过生计策略的间接作用影响着相对贫困。据此，提出以下研究假设：

H1：人力资本水平对农户相对贫困具有负向影响，即农户的人力资本水平越高，农户陷入相对贫困的概率就越小。构成人力资本的5个方面也具有类似关系，即

H1（a）：数量水平对农户相对贫困具有负向影响。

H1（b）：健康水平对农户相对贫困具有负向影响。

H1（c）：知识水平对农户相对贫困具有负向影响。

H1（d）：技能水平对农户相对贫困具有负向影响。

H1（e）：迁移水平对农户相对贫困具有负向影响。

H2：生计策略在人力资本水平对农户相对贫困的影响中起到中介作用。

5.2.2 模型构建

5.2.2.1 二值选择模型构建

基于前文理论分析和4.2.3小节的分析结果，农户多维相对贫困的状态（y_i）有两种选择：$y_i = 1$（是多维相对贫困）或 $y_i = 0$（不是多维相对贫困）。这是一个典型的二值选择问题（陈强，2014）。因此，本研究中选用"二元 Logistic 回归模型"进行研究。用 P 表示农户处于多维相对贫困状态的概率，建立以下回归模型：

$$\begin{cases} Y = \beta_0 + \sum \beta_i x_i + \varepsilon \\[2mm] P = \dfrac{\exp(\beta_0 + \sum \beta_i x_i)}{1 + \exp(\beta_0 + \sum \beta_i x_i)} \\[4mm] 1 - P = \dfrac{1}{1 + \exp(\beta_0 + \sum \beta_i x_i)} \end{cases} \quad (5-8)$$

首先，计算概率比（or），or $= P/(1 - P)$；然后，对概率 P 进行非线性变化，将概率比转化到 Logistic 模型中，即 Logit(P) = ln（or）= ln$[P/(1-P)]$；最后，将式5-8带入 Logistic 模型中，即得到 Logistic 回归方程：

$$\text{Logit}(P) = \beta_0 + \sum \beta_i x_i = \beta_0 + \beta_1 x_1 + \beta_2 x_2 + \cdots + \beta_m x_m + \varepsilon \quad (5-9)$$

式 5-9 中，$x_i(i = 1, 2, \cdots, m)$ 表示可能影响农户多维相对贫困的第 i 种因素，β_0 是回归截距，β_i 为相应因素的回归系数，ε 为随机误差项。

5.2.2.2 中介效应模型构建

基于前文理论分析，农户人力资本水平可能直接和间接作用于农户多维相对贫困，其中生计策略（Livelihood Strategies，记为 Lis）在人力资本对多维相对贫困的影响中起到中介作用。因此，本研究通过构建中介效应模型（图 5-2）来检验农户生计策略的中介作用。

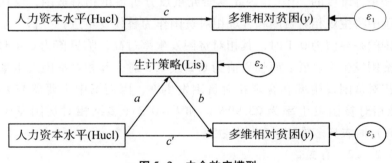

图 5-2　中介效应模型

具体模型如下：

$$y = \alpha_1 + c\text{Hucl} + \beta_1 \text{Control} + \varepsilon_1 \quad (5-10)$$

$$\text{Lis} = \alpha_2 + a\text{Hucl} + \beta_2 \text{Control} + \varepsilon_2 \quad (5-11)$$

$$y = \alpha_3 + c'\text{Hucl} + b\text{Lis} + \beta_3 \text{Control} + \varepsilon_3 \quad (5-12)$$

式中，y 为多维相对贫困，Hucl 为人力资本水平，Lis 为生计策略，Control 为控制变量，$\alpha_1 \sim \alpha_3$ 为常数项，$\varepsilon_1 \sim \varepsilon_3$ 为残差。其中，式 5-10 中的系数 c

为自变量 Hucl 对因变量 y 的总效应；式 5-11 中的系数 a 为自变量 Hucl 对中介变量 Lis 的效应；式 5-12 中的系数 b 是在控制了自变量 Hucl 后，中介变量 Lis 对因变量 y 的效应；式 5-12 中的系数 c' 是在控制了中介变量 Lis 后，自变量 Hucl 对因变量 y 的直接效应。此模型中，中介效应等于间接效应，即等于系数 a、b 的乘积 ab，它与总效应和直接效应有着如下的关系（Mackinnon，Warsi，& Dwyer，1995；温忠麟、叶宝娟，2014；张超正、杨钢桥、陈丹玲，2020）：

$$c = c' + ab \qquad\qquad (5-13)$$

5.2.3 变量说明

5.2.3.1 因变量

因变量为农户多维相对贫困的状态，以 4.2.3 小节的分析结果为依据。当农户是多维相对贫困时，其值为 1；当农户不是多维相对贫困时，其值为 0。第 4 章农户相对贫困的相关性分析表明，农户各种相对贫困具有显著的相关性。由于主观相对贫困和客观相对贫困只能重点反映相对贫困的某一个方面，并不能全面反映相对贫困的所有方面，而多维相对贫困既有反映经济维度的"贫"，又有反映文化维度、健康维度、环境维度、社会维度和精神维度的"困"，因此本研究重点分析多维相对贫困，仅在稳健性检验中将主观相对贫困和客观相对贫困作为替代变量进行分析。多维相对贫困的临界值为 0.1 时，其相对贫困发生率过高；临界值为 0.4 时，其相对贫困发生率过低。而临界值为 0.2 或 0.3 时，其相对贫困发生率接近主观相对贫困发生率和客观相对贫困发生率，因而书中主要研究 $k = 0.2$（多维相对贫困发生率为 23.99%）和 $k = 0.3$（多维相对贫困发生率为 8.54%）时农户多维相对贫困的状态。

5.2.3.2 自变量

自变量为农户人力资本水平（Hucl），以 5.1 节的分析结果为依据。由于人力资本水平是一个综合指数，本研究中还将分析构成人力资本水平的变量对农户相对贫困的影响，即将数量水平指数（Quli）、健康水平指数（Heli）、知识水平指数（Knli）、技能水平指数（Skli）和迁移水平指数（Mili）也作为自变量。

5.2.3.3 控制变量

控制变量分为两个类别：农户家庭特征变量和农户家庭生计资本变量

（不含人力资本变量）。

农户家庭特征变量包含 3 个控制变量：①建档立卡贫困户（Rph），若受访农户在 2020 年前为建档立卡贫困户，其值为 1，否则为 0。②动态监测户（Dmh），若受访农户在 2021 年纳入了动态监测，其值为 1，否则为 0。③民族（Nation），以受访家庭成员多数人的民族类型为依据，其中少数民族的值为 1，汉族的值为 0。

农户家庭生计资本变量（不含人力资本变量）包含 4 个控制变量：自然资本、物质资本、金融资本和社会资本。4 个控制变量的具体指标参考了 DIFD（2000）、苏芳等（2012）、李聪等（2019）、张旭锐（2020）、张宸嘉（2020）、黄志刚等（2021）等学者的研究成果，共设定了 17 个具体指标（见表 5-4）。考虑到农户家庭生计资本变量由众多变量组成，加之各变量存在量纲差异，若不加以处理，可能导致模型估计出现异常。因此，本研究中采用极值化法（参见式 5-1）对农户家庭生计资本变量数据进行无量纲化处理，再采用熵值法（参见式 5-2~式 5-6）确定各变量的权重，最后计算自然资本指数（Naci）、物质资本指数（Phci）、金融资本指数（Fici）和社会资本指数（Soci）。

表 5-4　农户家庭生计资本控制变量的指标体系及权重

维度	指标	指标定义	平均值	标准差	指标方向	w_j
自然资本指数（Naci）	人均耕地面积	描述农户家庭的耕地情况。计算公式：家庭耕地总面积÷家庭总人口数	1.24	1.51	+	66.6
	人均林地面积	描述农户家庭的林地情况。计算公式：家庭林地总面积÷家庭总人口数	0.62	1.60	+	33.4
物质资本指数（Phci）	人均房屋面积	描述农户家庭农村住房情况。当房屋为多层时，总面积为每层面积之和。计算公式：家庭农村房屋总面积÷家庭总人口数	47.83	28.63	+	3.5
	农村房屋结构	描述农户家庭农村住房结构。采用房屋修建成本定义房屋结构；草房结构为 1，土木结构为 2，砖瓦或砖木结构为 3，混凝土结构为 4	3.40	0.68	+	6.4
	购商品房情况	描述农户家庭城市住房情况。农户家庭在县城及以上区域购买商品房为 1，否则为 0	0.36	0.48	+	45.8

表5-4(续)

维度	指标	指标定义	平均值	标准差	指标方向	w_j
物质资本指数（Phci）	生产工具情况	描述农户家庭生产工具情况。询问农户在5样生产工具（耕田机、打米机、抽水泵、收割机、脱粒机）中实际拥有的数量	1.87	1.56	+	19.6
	交通工具情况	描述农户家庭交通工具情况。无任何交通工具为1，两轮或三轮电动车为2，油用摩托车为3，汽车为4	3.14	1.03	+	16.6
	生活设施情况	描述农户家庭生活设施情况。询问农户在7样生活设施（天然气、自来水、热水器、宽带、空调、洗衣机、电冰箱）中实际拥有的数量	5.36	1.48	+	8.1
金融资本指数（Fici）	存款变化情况	描述农户家庭存款情况。通过比较农户家庭2021年存款与2018—2020年存款的变化情况，定义减少很多为1，减少不多为2，没有变化为3，增加不多为4，增加很多为5	3.10	0.97	+	20.8
	贷款情况	描述农户家庭贷款情况。定义农户家庭有贷款为1，否则为0	0.23	0.42	-	51.9
	向银行申请贷款难易程度	描述农户家庭向银行申请贷款的难易情况。定义非常困难为1，比较困难为2，一般为3，比较容易为4，非常容易为5	3.35	0.89	+	16.2
	向亲戚朋友借钱难易程度	描述农户家庭向亲戚朋友借钱的难易情况。定义非常困难为1，比较困难为2，一般为3，比较容易为4，非常容易为5	3.58	0.77	+	11.1
社会资本指数（Soci）	2018—2020年外出务工情况	描述农户家庭外出务工情况。定义农户家庭成员在2018—2020年期间有外出务工的为1，否则为0	0.78	0.42	+	26.5
	2021年外出务工情况	描述农户家庭外出务工情况。询问农户家庭2021年外出务工的实际人数	1.64	0.89	+	7.6
	工作单位情况	描述农户家庭成员工作单位情况。定义农户家庭成员中有在公立单位（公务员、事业单位或国有企业）工作或担任村干部的为1，否则为0	0.10	0.30	+	25.9
	政治面貌情况	描述农户家庭成员政治面貌情况。定义农户家庭成员中有共产党员的为1，否则为0	0.15	0.36	+	34.9
	人均电话费	描述农户家庭成员通信使用情况。计算公式：家庭2021年电话总费用÷家庭总人口数	550.83	269.11	+	5.1

注：①平均值和标准差结果为未无量纲化数据计算而得。

②表中各个资本指数的权重之和均为100。

（1）自然资本指数（Naci）。自然资本指数由人均耕地面积和人均林地面积2个指标构成，从熵值法确定的权重看，人均耕地面积的权重占大头，达到2/3的比重，这与现实情况基本相符。全部样本人均耕地面积平均值为1.24亩（1亩≈666.667平方米，下同），比四川省2020年农村人均耕地面积少0.56亩[①]，其中35户无耕地（耕地已征用或自愿退出），占比为3.83%；全部样本人均林地面积平均值为0.62亩，其中462户无林地面积，占比为50.60%。人均耕地面积和人均林地面积的数据表明，农户的自然资本水平较低。

（2）物质资本指数（Phci）。物质资本指数由人均房屋面积、农村房屋结构、购商品房情况、生产工具情况、交通工具情况和生活设施情况6个指标构成。从熵值法确定的权重大小看，购商品房情况的权重最大，占比为45.8%，接近一半的水平；其次是生产工具情况和交通工具情况，占比分别为19.6%、16.6%；而生活设施情况、人均房屋面积和农村房屋结构所占的权重较小，合计为18.0%。从6个指标的内容看，购商品房情况是最能体现农户家庭物质资本的指标，因为农户家庭往往是举全家之力在县城及以上区域购买商品房，这与现实情况基本相符。从人均房屋面积看，全部样本平均值为47.83m²，基本接近四川省2020年的农村家庭人均房屋面积（48.70m²）[②]，表明调研数据可靠性较好。从农村房屋结构看，以砖瓦（砖木）和混凝土结构为主，分别有349户、465户，占比分别为38.23%、50.93%，表明农户住房质量有了较大改善。从购买商品房情况看，全部样本中有326户在县城及以上区域购买商品房，占比超过1/3，达到35.71%，表明部分农户具备"从农民变市民"的条件。从生产工具情况看，户均家庭生产工具仅为1.87，且标准差较小，表明从事农业生产的农户较少。从交通工具看，汽车进入了寻常百姓家，全部样本中有449户拥有汽车，占比接近一般，达到49.18%。从生活设施情况看，天然气、自来水、白色家电、宽带等进入了寻常百姓家，全部样本生活设施平均值为5.36，拥有6样生活设施及以上的有452户，占比达49.51%，基本达到一半的水平，表明农村居民生活设施与城市居民生活设施的差距在缩小。物质资本6个变量的数据表明，农户的物质资本水平较高。

---

① 四川统计年鉴数据显示：四川省2020年末实有耕地10 084.2万亩，农村户籍人口5 606.1万人，以此计算出的四川省2020年农村人均耕地面积为1.80亩。

② 数据来源于《四川统计年鉴（2021）》。

（3）金融资本指数（Fici）。金融资本指数由存款变化情况、贷款情况、贷款难易程度和借钱难易程度 4 个指标构成。从熵值法确定的权重大小看，贷款情况的权重最大，达到 51.9%，略超过一半的水平；其次是存款变化情况，占比达 20.8%；而贷款难易程度和借钱难易程度占的权重较小，合计为 27.3%。从 4 个指标的内容看，贷款情况和存款变化情况是最能体现农户金融资本的指标，因为农户家庭倾向于存款而不是贷款，这与现实情况基本相符。从存款变化情况看，存款减少（含减少很多和减少不多）的占 23.00%，存款没有变化的占 38.23%，存款增加（含增加不多和增加很多）的占 38.77%，基本呈现"244"的结构。从贷款情况看，没有贷款的农户占绝大多数，有 699 户，占比超过 3/4，达到 76.56%。从借钱的难易程度看，533 户容易（含比较容易和非常容易）向亲戚朋友借钱，436 户容易（含比较容易和非常容易）向银行申请贷款，向亲戚朋友借钱难易程度的平均值大于向银行申请贷款难易程度的平均值，而两个指标的标准差正好相反，表明总体上农户向亲戚朋友借钱的难易程度低于向银行申请贷款的难易程度。金融资本 4 个变量的数据表明，农户的金融资本水平较高。

（4）社会资本指数（Soci）。社会资本指数由 2018—2020 年外出务工情况、2021 年外出务工情况、工作单位情况、政治面貌情况和人均电话费 5 个指标组成。从熵值法确定的权重大小看，政治面貌情况和工作单位情况 2 个指标的权重之和超过一半，达到 60.8%，这是最能体现农户社会资本的指标，因为凭借党员身份和公立单位（含村干部）工作最容易了解国家政策和经济社会发展方向，也是农村居民的最大期盼，这与现实情况基本相符。从 2018—2020 年外出务工情况看，711 户家庭有外出务工经历，占比接近 4/5，达到 77.88%。从 2021 年外出务工情况看，未外出务工家庭仅有 85 户，占比为 9.31%；1 人外出务工家庭有 304 户，占比为 33.30%；2 人及以上外出务工家庭有 524 户，占比为 57.39%。2018—2021 年外出务工数据表明，外出务工不仅是增加农户收入的主要方式，也是增加农户社会资本的主要方式。从工作单位情况看，有 90 户家庭的成员在公立单位工作（含村干部），占比较低，仅为 9.86%。从政治面貌看，有 136 户家庭的成员中有中共党员，占比较低，仅为 14.90%。从人均电话费看，农户家庭人均月话费平均值为 45.90 元，略低于全国 2020 年的平均水平①。社会资本 5 个变量的数据表明，农户的社会资本水平一般。

----

① 中国信息通信研究院发布的《中国宽带资费水平报告》（2020 年第四季度）显示，2020 年全国移动通信用户月支出为 46.40 元。

5.2.3.4 中介变量

中介变量为农户生计策略（Lis）。不同学者对生计策略使用不同的定义方法。本研究借鉴已有研究结果（阎建忠等，2010；李文辉、宋宇，2015；段小红、杨岩岩，2022），按照收入结构类型将农户生计策略分为四种类型：纯务农户、一兼业户、二兼业户和纯务工户。当农户家庭非农收入占比 < 5% 时，定义该农户为纯务农户，其值为1；当 5% ≤ 农户家庭非农收入占比 < 50%，定义该农户为一兼业户，其值为2；当 50% ≤ 农户家庭非农收入占比 < 95%，定义该农户为二兼业户，其值为3；当农户家庭非农收入占比 ≥ 95% 时，定义该农户为纯务工户，其值为4。按此分类标准，913 份样本中，纯务农户 33 户，占比约为 3.61%；一兼业户 51 户，占比约为 5.59%；二兼业户 369 户，占比约为 40.42%；纯务工户 460 户，占比约为 50.38%。农户生计策略数据表明，绝大多数农户选择了外出务工的生计策略。

综上，本章实证研究中包含因变量、自变量、控制变量和中介变量四类变量，变量的描述性统计见表5-5。

表 5-5 变量的描述性统计

变量类型	变量名称	代码	观测值	平均值	标准差	最小值	最大值
因变量	农户多维相对贫困的状态	Mrp2	913	0.240	0.427	0	1
		Mrp3	913	0.085	0.280	0	1
自变量	人力资本水平	Hucl	913	57.06	15.42	5.72	97.51
	数量水平指数	Quli	913	17.69	5.52	0.00	23.50
	健康水平指数	Heli	913	7.98	1.80	0.00	11.20
	知识水平指数	Knli	913	5.33	1.79	0.00	12.60
	技能水平指数	Skli	913	8.98	2.41	0.00	14.00
	迁移水平指数	Mili	913	17.08	9.84	0.00	38.70
控制变量	建档立卡贫困户	Rph	913	0.084	0.278	0	1
	动态监测户	Dmh	913	0.015	0.123	0	1
	民族	Nation	913	0.057	0.232	0	1
	自然资本指数	Naci	913	6.39	8.14	0.00	80.92
	物质资本指数	Phci	913	47.06	24.95	7.80	96.91
	金融资本指数	Fici	913	67.32	23.61	5.55	100.00
	社会资本指数	Soci	913	32.17	19.64	0.00	94.33
中介变量	农户生计策略	Lis	913	3.376	0.751	1	4

5.3 人力资本水平对农户相对贫困的影响分析

5.3.1 多重共线性检验

考虑到农户各变量之间可能存在多重共线性，需要对各变量进行多重共线性检验。通常认为，最大的方差膨胀因子（VIF）不超过 10，即可认为不存在多重共线性（陈强，2014）。本研究中采用 Stata 15.0 软件计算方差膨胀因子。表 5-6 显示，最大的方差膨胀因子为 1.89，远小于 10，说明各变量之间的共线程度在合理范围之内，可以进行回归分析。

表 5-6 变量多重共线性检验结果

序号	变量	VIF	序号	变量	VIF
1	Hucl	1.19	8	Dmh	1.19
2	Quli	1.89	9	Nation	1.09
3	Heli	1.16	10	Naci	1.16
4	Knli	1.50	11	Phci	1.11
5	Skli	1.73	12	Fici	1.05
6	Mili	1.27	13	Soci	1.11
7	Rph	1.20			

5.3.2 人力资本水平对农户相对贫困的影响

表 5-7 为临界值 $k=0.2$ 时的回归结果，表 5-8 为临界值 $k=0.3$ 时的回归结果。模型（1）～（4）和（6）～（9）为 Logit 回归模型，其中模型（1）和（6）未加入任何控制变量，模型（2）和（7）中加入了家庭特征控制变量，模型（3）和（8）中加入了家庭生计资本控制变量，模型（4）和（9）中加入了全部控制变量；模型（5）和（10）为 Probit 回归模型。10个模型方程对应的 P 值为 0.0000，表明模型方程所有系数的联合显著性很高；模型方程（1）～（5）的正确预测比例超过了 80%，模型方程（6）～（10）的正确预测比例超过了 92%，表明模型方程拟合优度较好；10 个模型使用稳健标准误后的结果与普通标准误非常接近，表明模型设定正确。

表5-7 人力资本水平对农户相对贫困的回归结果 (Mrp2)

| | Logit | | | | | | | | Probit |
| | (1) | | (2) | | (3) | | (4) | | (5) |
	B	Exp(B)	B	Exp(B)	B	Exp(B)	B	Exp(B)	B
Hucl	-0.081 3 *** (0.007)	0.921 8 ***	-0.076 0 *** (0.007)	0.926 8 ***	-0.076 1 *** (0.008)	0.926 7 ***	-0.071 9 *** (0.008)	0.930 6 ***	-0.040 7 *** (0.004)
Rph			0.641 7 ** (0.291)	1.899 8 **			0.549 3 * (0.302)	1.732 1 *	0.337 9 * (0.179)
Dmh			2.419 6 ** (1.090)	11.242 **			2.228 4 ** (1.131)	9.284 9 **	1.351 3 *** (0.647)
Nation			1.002 9 *** (0.330)	2.726 0 ***			0.683 5 ** (0.340)	1.980 8 **	0.401 3 ** (0.198)
Naci					-0.009 5 (0.011)	0.990 6	-0.009 9 (0.011)	0.990 2	-0.003 9 (0.006)
Phci					-0.025 0 *** (0.004)	0.975 3 ***	-0.022 8 *** (0.004)	0.977 5 ***	-0.012 6 *** (0.002)
Fici					-0.012 0 *** (0.004)	0.988 1 ***	-0.010 6 *** (0.004)	0.989 5 ***	-0.006 3 *** (0.002)
Soci					-0.004 3 (0.005)	0.995 8	-0.004 3 (0.005)	0.995 7	-0.002 9 (0.003)
C	3.159 5 *** (0.381)	23.558 ***	2.715 3 *** (0.393)	15.109 ***	4.941 9 *** (0.526)	140.04 ***	4.413 0 *** (0.541)	82.521 ***	2.486 3 *** (0.305)
N	913		913		913		913		913
LR χ²	174.73		201.66		224.01		240.34		239.45
Prob>χ²	0.000 0		0.000 0		0.000 0		0.000 0		0.000 0
Pseudo R²	0.173 7		0.200 5		0.222 7		0.238 9		0.238 0
Correctly classified	80.50%		80.50%		81.82%		81.16%		81.16%

注: *、**、***分别表示在10%、5%和1%置信水平上显著，括号内数字为系数的标准误。

表 5-8　人力资本水平对农户相对贫困的回归结果 (Mrp3)

| | Logit | | | | | | | | Probit |
| | (6) | | (7) | | (8) | | (9) | | (10) |
	B	Exp(B)	B	Exp(B)	B	Exp(B)	B	Exp(B)	B
Hucl	-0.124 1***	0.883 3***	-0.118 4***	0.888 4***	-0.119 9***	0.887 0***	-0.116 4***	0.890 1***	-0.055 9***
	(0.013)		(0.013)		(0.014)		(0.014)		(0.006)
Rph			0.454 7	1.575 7			0.338 0	1.402 2	0.156 9
			(0.390)				(0.398)		(0.225)
Dmh			0.654 8	1.924 8			0.357 2	1.429 4	0.315 1
			(0.730)				(0.753)		(0.430)
Nation			0.719 6	2.503 6			0.366 4	1.442 5	0.284 3
			(0.454)				(0.459)		(0.243)
Naci					-0.012 2	0.987 9	-0.010 6	0.989 5	-0.002 9
					(0.019)		(0.018)		(0.009)
Phci					-0.030 7***	0.969 8	-0.028 6***	0.971 8	-0.013 9***
					(0.008)		(0.008)		(0.004)
Fici					-0.014 9***	0.985 2	-0.014 2**	0.985 9	-0.007 1**
					(0.006)		(0.006)		(0.003)
Soci					0.002 3	1.002 4	0.002 3	1.002 4	-0.000 7
					(0.007)		(0.007)		(0.004)
C	3.576 0***	35.730***	3.159 1***	23.549***	5.528 6***	251.80***	5.140 5***	170.80***	2.344 0***
	(0.559)		(0.580)		(0.797)		(0.834)		(0.414)
N	913		913		913		913		913
LR χ^2	66.69		80.11		77.42		85.92		176.32
Prob>χ^2	0.000 0		0.000 0		0.000 0		0.000 0		0.000 0
Pseudo R^2	0.296 6		0.308 0		0.341 7		0.345 7		0.330 9
Correctly classified	92.99%		92.99%		93.54%		92.88%		92.88%

注：**、***分别表示在 5% 和 1% 置信水平上显著，括号内数字为系数的标准误。

5.3.2.1 人力资本水平对农户相对贫困的影响

从人力资本水平看，模型（1）～（10）中的人力资本水平的系数均为负数，且在1%置信水平上显著，表明人力资本水平对农户相对贫困具有显著的负向影响，假设H1通过验证，即农户人力资本水平越高，农户陷入相对贫困的概率就越小。模型（1）～（4）中的人力资本水平的系数分别为-0.081 3、-0.076 0、-0.076 1、-0.071 9，模型（6）～（9）中的人力资本水平的系数分别为-0.124 1、-0.118 4、-0.119 9、-0.116 4，两个表中的人力资本水平的系数差异极小，表明Logit回归结果具有稳健性。从模型（4）和（9）的概率比看，假设其他条件不变，人力资本水平每增加一个单位，模型（4）中农户陷入相对贫困的概率比将下降6.94%（1-0.930 6），模型（9）中农户陷入相对贫困的概率比将下降10.99%（1-0.890 1），这意味着对于剥夺份额越深的人群，提升其人力资本对缓解相对贫困的作用越明显。

5.3.2.2 模型控制变量对农户相对贫困的影响

从家庭特征控制变量看，建档立卡贫困户、动态监测户和民族3个变量通过显著性检验（10%置信水平）的系数均为正数，未通过显著性检验（10%置信水平）的系数有正有负，表明家庭特征变量对农户相对贫困的影响在不同条件下具有差异性，但主要为正向影响，即建档立卡贫困户、动态监测户或少数民族户陷入相对贫困的概率大于其他人群。

从家庭生计资本控制变量看，自然资本指数、物质资本指数、金融资本指数和社会资本指数对相对贫困的影响各有差异。具体而言，物质资本指数的系数在6个模型中均通过了1%置信水平上的显著性检验，所有系数的符号为负，即物质资本对相对贫困具有显著的负向影响；系数的概率比为0.97～0.98，即在其他条件不变的情况下，物质资本指数每增加一个单位，农户陷入相对贫困的概率比将下降2～3个百分点。金融资本指数的系数在6个模型中均通过了5%置信水平上的显著性检验，所有系数的符号为负，即金融资本对相对贫困具有显著的负向影响；系数的概率比为0.985～0.99，即在其他条件不变的情况下，金融资本指数每增加一个单位，农户陷入相对贫困的概率比将下降1～1.5个百分点。自然资本指数和社会资本指数的系数在6个模型中没有通过显著性检验，自然资本指数的系数符号均为负，社会资本指数的系数符号有正有负，表明自然资本和社会资本对相对贫困的影响存在不确定性。

5.3.3　人力资本各变量对农户相对贫困的影响

表 5-9 为临界值 $k=0.2$ 时的回归结果，表 5-10 为临界值 $k=0.3$ 时的回归结果。模型（11）~（20）为了 Logit 回归模型，10 个模型中均加入了家庭特征控制变量和家庭生计资本控制变量，其中模型（11）和（16）考察数量水平指数对相对贫困的影响，模型（12）和（17）考察健康水平指数对相对贫困的影响，模型（13）和（18）考察知识水平指数对相对贫困的影响，模型（14）和（19）考察技能水平指数对相对贫困的影响，模型（15）和（20）考察迁移水平指数对相对贫困的影响。10 个模型方程对应的 P 值为 0.000 0，表明模型方程所有系数的联合显著性很高；模型方程（11）~（15）的正确预测比例超过了 79%，模型方程（16）~（20）的正确预测比例超过了 91%，表明模型方程拟合优度较好；10 个模型使用稳健标准误后的结果与普通标准误非常接近，表明模型设定正确。

5.3.3.1　数量水平指数对农户相对贫困的影响

从数量水平指数看，模型（11）和（16）的数量水平指数的系数均为负数，且在 1%置信水平上显著，表明人力资本中的数量水平对农户相对贫困具有显著的负向影响，假设 H1（a）通过验证，即农户人力资本中的数量水平越高，农户陷入相对贫困的概率就越小。从模型（11）和（16）的概率比看，假设其他条件不变，数量水平指数每增加一个单位，模型（11）中农户陷入相对贫困的概率比将下降 13.82%（1-0.861 8），模型（16）中农户陷入相对贫困的概率比将下降 16.71%（1-0.832 9），这意味着对于剥夺份额越深的人群，提升其数量水平对缓解相对贫困的作用越明显。

5.3.3.2　健康水平指数对农户相对贫困的影响

从健康水平指数看，模型（12）和（17）的健康水平指数的系数均为负数，且在 1%置信水平上显著，表明人力资本中的健康水平对农户相对贫困具有显著的负向影响，假设 H1（b）通过验证，即农户人力资本中的健康水平越高，农户陷入相对贫困的概率就越小。从模型（12）和（17）的概率比看，假设其他条件不变，健康水平指数每增加一个单位，模型（12）中农户陷入相对贫困的概率比将下降 41.34%（1-0.586 6），模型（17）中农户陷入相对贫困的概率比将下降 54.46%（1-0.455 4），这意味着对于剥夺份额越深的人群，提升其健康水平对缓解相对贫困的作用越明显。

5.3.3.3 知识水平指数对农户相对贫困的影响

从知识水平指数看，模型（13）和（18）的知识水平指数的系数均为负数，且在1%置信水平上显著，表明人力资本中的知识水平对农户相对贫困具有显著的负向影响，假设H1（c）通过验证，即农户人力资本中的知识水平越高，农户陷入相对贫困的概率就越小。从模型（13）和（18）的概率比看，假设其他条件不变，知识水平指数每增加一个单位，模型（13）中农户陷入相对贫困的概率比将下降55.72%（1-0.442 8），模型（18）中农户陷入相对贫困的概率比将下降67.35%（1-0.326 5），这意味着对于剥夺份额越深的人群，提升其知识水平对缓解相对贫困的作用越明显。

5.3.3.4 技能水平指数对农户相对贫困的影响

从技能水平指数看，模型（14）和（19）的技能水平指数的系数均为负数，且在1%置信水平上显著，表明人力资本中的技能水平对农户相对贫困具有显著的负向影响，假设H1（d）通过验证，即农户人力资本中的技能水平越高，农户陷入相对贫困的概率就越小。从模型（14）和（19）的概率比看，假设其他条件不变，技能水平指数每增加一个单位，模型（14）中农户陷入相对贫困的概率比将下降17.80%（1-0.822 0），模型（19）中农户陷入相对贫困的概率比将下降27.95%（1-0.720 5），这意味着对于剥夺份额越深的人群，提升其技能水平对缓解相对贫困的作用越明显。

5.3.3.5 迁移水平指数对农户相对贫困的影响

从迁移水平指数看，模型（15）和（20）的迁移水平指数的系数均为负数，且在1%置信水平上显著，表明人力资本中的迁移水平对农户相对贫困具有显著的负向影响，假设H1（e）通过验证，即农户人力资本中的迁移水平越高，农户陷入相对贫困的概率就越小。从模型（15）和（20）的概率比看，假设其他条件不变，迁移水平指数每增加一个单位，模型（15）中农户陷入相对贫困的概率比将下降4.46%（1-0.955 4），模型（20）中农户陷入相对贫困的概率比将下降6.83%（1-0.931 7），这意味着对于剥夺份额越深的人群，提升其迁移水平对缓解相对贫困的作用越明显。

5.3.3.6 各变量对农户相对贫困影响的比较分析

对比5组模型可以发现，从陷入相对贫困概率比的下降比例看，知识水平指数>健康水平指数>技能水平指数>数量水平指数>迁移水平指数，这也从另一角度论证了人力资本水平的内涵特征，即知识水平是人力资本体现的核心，健康水平是人力资本体现的前提，技能水平是人力资本体现的根本，也表明提升人力资本水平的关键是要提升其知识水平、健康水平和技能水平。

5.3.3.7 模型控制变量对农户相对贫困的影响

从家庭特征控制变量看，具有类似表5-7和表5-8的特征。建档立卡贫困户、动态监测户和民族三个变量通过显著性检验（10%置信水平）的系数均为正数，未通过显著性检验（10%置信水平）的系数有正有负，表明家庭特征变量对农户相对贫困的影响在不同条件下具有差异性，但主要为正向影响，即建档立卡贫困户、动态监测户或少数民族户陷入相对贫困的概率大于其他人群。

从家庭生计资本控制变量看，自然资本指数、物质资本指数、金融资本指数和社会资本指数也具有类似表5-7和表5-8的特征。物质资本指数的系数在10个模型中通过了1%置信水平上的显著性检验，所有系数的符号为负，即物质资本对相对贫困具有显著的负向影响；系数的概率比为0.97~0.98，即在其他条件不变的情况下，物质资本指数每增加一个单位，农户陷入相对贫困的概率比将下降2~3个百分点。金融资本指数的系数在10个模型中通过了5%置信水平上的显著性检验，所有系数的符号为负，即金融资本对相对贫困具有显著的负向影响；系数的概率比为0.98~0.99，即在其他条件不变的情况下，金融资本指数每增加一个单位，农户陷入相对贫困的概率比将下降1~2个百分点。自然资本指数和社会资本指数通过显著性检验（10%置信水平）的系数均为负数，自然资本指数未通过显著性检验的系数有正有负，社会资本指数未通过显著性检验的系数均为负数，表明自然资本和社会资本对相对贫困的影响存在不确定性，在一定条件下具有显著的负向影响。

表 5-9 人力资本各变量对农户相对贫困的回归结果 (Mrp2)

Logit: (Mrp2)

	(11) B	(11) Exp(B)	(12) B	(12) Exp(B)	(13) B	(13) Exp(B)	(14) B	(14) Exp(B)	(15) B	(15) Exp(B)
Quli	−0.148 7*** (0.017)	0.861 8***								
Heli			−0.543 3*** (0.059)	0.586 6***						
Knli					−0.814 7*** (0.073)	0.442 8***				
Skli							−0.196 0*** (0.037)	0.822 0***		
Mili									−0.045 7*** (0.010)	0.955 4***
Rph	0.869 9*** (0.297)	2.386 6***	0.625 0** (0.302)	1.868 2**	0.995 1*** (0.325)	2.704 9***	0.891 2*** (0.286)	2.438 2***	0.868 3*** (0.284)	2.383 0***
Dmh	3.261 1*** (1.156)	26.077***	2.721 3** (1.183)	15.200**	3.210 1*** (1.151)	24.782***	2.814 0** (1.152)	16.676**	2.040 3* (1.091)	7.693 0*
Nation	1.053 0*** (0.333)	2.866 3***	0.400 0 (0.329)	1.491 8	0.509 1 (0.342)	1.663 7	0.778 2** (0.322)	2.177 5**	0.601 6* (0.322)	1.825 1*
Naci	0.002 0 (0.012)	1.002 0	−0.010 4 (0.012)	0.989 6	−0.043 3* (0.013)	0.957 6***	−0.002 1 (0.011)	0.997 9	−0.013 2 (0.011)	0.986 8

表5-9（续）

	Logit: （Mrp2）									
	(11)		(12)		(13)		(14)		(15)	
	B	Exp(B)	B	Exp(B)	B	Exp(B)	B	Exp(B)	B	Exp(B)
Phci	-0.025 1***	0.975 2***	-0.025 2***	0.975 1***	-0.026 5***	0.973 8***	-0.023 8***	0.976 4***	-0.024 8***	0.975 5***
	(0.004)		(0.004)		(0.004)		(0.004)		(0.004)	
Fici	-0.012 9***	0.987 2***	-0.011 1***	0.988 9***	-0.017 9***	0.982 2***	-0.010 6***	0.989 5***	-0.009 9***	0.990 1***
	(0.004)		(0.004)		(0.004)		(0.004)		(0.004)	
Soci	-0.007 5	0.992 5	-0.016 0***	0.984 2***	-0.009 2*	0.990 8*	-0.012 7***	0.987 4***	-0.009 2*	0.990 9*
	(0.005)		(0.005)		(0.005)		(0.005)		(0.005)	
C	3.279 6***	26.565***	5.153 9***	173.11***	5.501 3***	245.02***	2.489 9***	12.060***	1.486 2***	4.420 1***
	(0.467)		(0.610)		(0.602)		(0.465)		(0.380)	
N	913		913		913		913		913	
LR χ^2	214.93		231.23		308.08		157.58		150.22	
Prob>χ^2	0.000 0		0.000 0		0.000 0		0.000 0		0.000 0	
Pseudo R^2	0.213 6		0.229 9		0.306 2		0.156 6		0.149 3	
Correctly classified	81.49%		83.13%		83.24%		79.19%		79.30%	

注：*、**、***分别表示在10%、5%和1%置信水平上显著，括号内数字为系数的标准误。

表 5-10 人力资本各变量对农户相对贫困的回归结果（Mrp3）

Logit：（Mrp3）

	(16)		(17)		(18)		(19)		(20)	
	B	Exp(B)	B	Exp(B)	B	Exp(B)	B	Exp(B)	B	Exp(B)
Quli	-0.182 8*** (0.024)	0.832 9***								
Heli			-0.786 6*** (0.096)	0.455 4***						
Knli					-1.119 5*** (0.119)	0.326 5***				
Skli							-0.327 8*** (0.057)	0.720 5***		
Mili									-0.070 8*** (0.017)	0.931 7***
Rph	0.792 3** (0.381)	2.208 6**	0.520 1 (0.379)	1.682 2	0.704 0 (0.452)	2.021 8	0.807 0** (0.366)	2.241 1**	0.802 9** (0.358)	2.232 1**
Dmh	1.509 5** (0.750)	4.524 3**	0.577 2 (0.759)	1.781 0	1.518 8 (0.940)	4.566 7	0.859 8 (0.724)	2.362 7	0.278 7 (0.665)	1.321 5
Nation	0.890 0** (0.450)	2.435 1**	0.160 1 (0.449)	1.173 6	0.462 3 (0.493)	1.587 8	0.566 7 (0.435)	1.762 5	0.220 3 (0.431)	1.246 4
Naci	0.005 0 (0.018)	1.005 0	-0.003 0 (0.019)	0.997 1	-0.053 1*** (0.020)	0.948 3***	0.011 9 (0.015)	1.012 0	-0.011 4 (0.015)	0.988 6

表5-10（续）

Logit：（Mrp3）

	(16)		(17)		(18)		(19)		(20)	
	B	Exp(B)	B	Exp(B)	B	Exp(B)	B	Exp(B)	B	Exp(B)
Phci	-0.031 4***	0.969 1***	-0.032 2***	0.968 4***	-0.031 9***	0.968 6***	-0.030 1***	0.970 4***	-0.033 0***	0.967 6***
	(0.008)		(0.008)		(0.008)		(0.007)		(0.007)	
Fici	-0.015 8***	0.984 3***	-0.011 7**	0.988 4**	-0.022 3***	0.977 9***	-0.012 1**	0.988 0**	-0.010 9*	0.989 1*
	(0.006)		(0.006)		(0.007)		(0.005)		(0.005)	
Soci	-0.006 4	0.993 7	-0.018 4**	0.981 7**	-0.001 7	0.998 3	-0.015 8**	0.984 4**	-0.009 3	0.990 7
	(0.008)		(0.008)		(0.009)		(0.008)		(0.008)	
C	2.605 6***	13.540***	5.613 5***	274.10***	5.240 8***	188.83***	2.440 4***	11.478***	0.797 5***	2.219 9***
	(0.638)		(0.867)		(0.824)		(0.655)		(0.542)	
N	913		913		913		913		913	
LR χ^2	143.12		173.34		224.73		112.57		95.30	
Prob>χ^2	0.000 0		0.000 0		0.000 0		0.000 0		0.000 0	
Pseudo R^2	0.268 6		0.325 3		0.421 7		0.211 2		0.178 8	
Correctly clasified	92.33%		92.33%		93.87%		92.00%		91.89%	

注：**、***分别表示在5%和1%置信水平上显著，括号内数字为系数的标准误。

5.3.4 内生性检验分析

5.3.4.1 工具变量

内生性问题是计量研究中的难题,通常解决内生性问题的方法有工具变量法、双重差分法(DID)、倾向匹配法(PSM)、断点回归法(RD)等,然而这些方法对数据要求极高,调研数据尤其是截面调研数据难以满足其要求。按照周晔馨(2 012)、刘彬彬等(2014)、车四方等(2018)等学者的研究,综合指数在一定程度上可减轻内生性影响,其研究结论是可以接受的。本研究中的人力资本水平是一个综合指数,相对贫困是一种状态,因而其内生性问题有所缓解。为进一步缓解内生性问题,本研究中尝试引入工具变量。在借鉴陈云松(2012)和袁微(2018)研究的基础上,选择来自"生理现象"的年龄(Age)和性别(Gender)作为人力资本的工具变量。年龄和性别均以受访者的实际值为准,其中性别变量中男性的值为1,女性的值为0。受访者的年龄和性别变量与农户家庭的人力资本水平相关,这满足工具变量的相关性条件;受访者的年龄和性别变量不直接影响农户家庭的相对贫困状态,这又满足工具变量的外生性条件。

5.3.4.2 估计方法

由于被解释变量的值为0或1,显然不适合选用两阶段最小二乘法(2SLS)和广义矩估计法(GMM),而应选用含内生变量的Probit模型。含内生变量的Probit模型有两种估计方法:工具变量Probit(Instrumental Variable Probit)和两步法(Two-Step Method)。

(1)工具变量Probit。采用联合概率密度函数分解方式构建似然函数,再采用最有效率的MLE估计,在Stata软件中可以通过ivprobit命令实现。工具变量Probit的估计最有效,但在数值计算时不易收敛(陈强,2014)。

(2)两步法。两步法由Newey(1987)、Rivers和Vuong(1988)提出,在后续应用中被概括为三个步骤。第一步,进行初始工具变量检验。初始工具变量检验主要判断内生解释变量是否为内生变量和考察工具变量是否有效。判断内生解释变量是否为内生变量的原假设为"H0:内生解释变量为外生"。如果P值低于临界值,则在临界值水平上拒绝原假设,即选择的内生解释变量为内生。考察工具变量是否有效,主要判断工具变量系数的显著性。如果在临界值水平上显著,即该工具变量有效。第二步,进行过度识别检验。如果模型中的工具变量个数小于或等于内生变量个数，则无须进行过度识别检验；反之，则需进行过度识别检验（Wooldridge，2008）。过度识别检验的原假设为"H0：所有工具变量均为外生"。如果 P 值低于临界值，则在临界值水平上拒绝原假设，即选择的工具变量不合格；否则，选择的工具变量满足均外生的条件。第三步，进行弱工具变量检验。弱工具变量检验主要考察工具变量的相关性，即检验内生变量和工具变量的相关性（Pflueger & Wang，2015）。工具变量检验的原假设为"H0：内生变量与工具变量不相关"。如果 P 值低于临界值，则在临界值水平上拒绝原假设，即内生变量与工具变量相关，不是弱工具变量；否则，选择的工具变量无效。

5.3.4.3 估计结果

（1）工具变量 Probit 的估计结果。表 5-11 中的模型（21）和（22）为临界值 $k=0.2$ 时的回归结果，模型（23）和（24）为临界值 $k=0.3$ 时的回归结果，其中模型（22）和（24）为"IV-Probit"的估计结果。从模型（22）和（24）的估计结果看，两个模型的人力资本水平的系数均为负数，且在1%置信水平上显著，表明"人力资本水平对农户相对贫困具有显著的负向影响"这一结论成立。

表 5-11　采用工具变量 Probit 的估计结果

	Mrp2		Mrp3	
	Probit	IV Probit	Probit	IV Probit
	（21）	（22）	（23）	（24）
Hucl	-0.040 7 ***	-0.078 9 ***	-0.055 9 ***	-0.086 3 ***
	（0.004）	（0.003）	（0.006）	（0.006）
C	2.486 3 ***	4.122 5 ***	2.344 0 ***	3.888 7 ***
	（0.305）	（0.225）	（0.414）	（0.422）
家庭特征变量	Yes	Yes	Yes	Yes
家庭生计资本变量	Yes	Yes	Yes	Yes
N	913	913	913	913
LR χ^2	239.45		176.32	
Wald χ^2		782.26		311.83
Prob > χ^2	0.000 0	0.000 0	0.000 0	0.000 0
corr（e.x, e.y）		0.804 6		0.667 9

表5-11(续)

	Mrp2		Mrp3	
	Probit (21)	IV Probit (22)	Probit (23)	IV Probit (24)
Wald test of exogeneity		14.80 0.000 1		3.75 0.052 8

注：***表示在1%置信水平上显著，括号内数字为系数的标准误。

（2）两步法的估计结果。表5-12中的模型（25）和（26）为临界值 $k=0.2$ 时的回归结果，模型（27）和（28）为临界值 $k=0.3$ 时的回归结果，其中模型（26）和（28）为"Two-Step"的估计结果。两个模型的沃尔德检验（Wald test of exogeneity）结果分别为 0.000 4、0.085 5，表明模型（26）的人力资本水平在1%置信水平上是内生变量，模型（28）的人力资本水平在10%置信水平上是内生变量。工具变量 Age 和 Gender 的回归系数均在5%置信水平上显著，意味着两个工具变量均有效。第一步的初始工具变量检验表明，人力资本水平和两个工具变量均通过了检验，由于忽略了人力资本水平的内生性，如果使用一般的 Probit 模型进行估计，可能低估人力资本水平对相对贫困的负向作用。

由于模型中的工具变量个数大于内生变量个数，此时需要对工具变量进行过度识别检验。第二步的过度识别检验［见表5-12（b）］显示，模型（26）和（28）中过度识别检验的 P 值分别为 0.407 2、0.908 2，两个模型的 P 值均大于10%，意味着两个模型在1%置信水平上不拒绝原假设，即两个模型中选取的工具变量均是外生的。

第三步的弱工具变量检验［见表5-12（b）］，两个模型的 CLR、K-J、AR 及 Wald 的 P 值均小于 0.01，表明在1%置信水平上拒绝原假设，即两个模型中选取的工具变量均不是弱工具变量。

从模型（26）和（28）的估计结果看，两个模型的人力资本水平的系数均为负数，且在1%置信水平上显著，再次表明"人力资本水平对农户相对贫困具有显著的负向影响"这一结论成立。

表 5-12 采用两步法的估计结果

（a）第一阶段回归结果

自变量	统计值	自变量	统计值
Age	−0.133 1 *** (0.035)	Gender	−1.521 8 ** (1.009)
	$F = 14.64$	$R^2 = 0.127\ 4$	$N = 913$

（b）第二阶段回归结果及相关检验

	Mrp2		Mrp3	
	Probit （25）	Two-Step （26）	Probit （27）	Two-Step （28）
Hucl	−0.040 7 *** (0.004)	−0.129 6 *** (0.033)	−0.055 9 *** (0.006)	−0.115 9 *** (0.038)
C	2.486 3 *** (0.305)	6.779 7 *** (1.604)	2.344 0 *** (0.414)	5.222 9 *** (1.866)
家庭特征变量	Yes	Yes	Yes	Yes
家庭生计资本变量	Yes	Yes	Yes	Yes
N	913	913	913	913
LR χ^2	239.45		176.32	
Wald χ^2		80.26		62.45
Prob $>\chi^2$	0.000 0	0.000 0	0.000 0	0.000 0
Wald test of exogeneity		12.72 0.000 4		2.96 0.085 5
Overidentification test		0.407 2		0.908 2
CLR		0.000 0		0.002 9
K-J		0.000 0		0.002 6
AR		0.000 0		0.008 7
Wald		0.000 1		0.002 5

注：① ** 、 *** 分别表示在 5% 和 1% 置信水平上显著，括号内数字为系数的标准误。

②（a）中的因变量为人力资本水平（Hucl）。

③CLR、K-J、AR 和 Wald 为弱工具变量检验。

5.3.5　稳健性检验分析

常用的稳健性检验方法有：模型替换（蔡晓慧、茹玉骢，2016）、分样本回归（刘怡、耿纯、赵仲匡，2017）、变量替换（黎文靖、彭远怀、谭有超，2021）、改变样本容量（鞠雪楠、赵宣凯、孙宝文，2020）、补充变量（颉茂华 等，2021）、调整样本期（朱晓文、吕长江，2019）等。考虑到获取数据的实际情况，本章采用模型替换和因变量替换两种方法进行稳健性检验分析。

5.3.5.1　模型替换检验

表 5-13 中采用了 OLS 回归模型，模型（29）为临界值 $k = 0.2$ 时的回归结果，模型（30）为临界值 $k = 0.3$ 时的回归结果。从人力资本水平看，模型（29）和（30）中的人力资本水平的系数均为负数，且在 1% 置信水平上显著，表明"人力资本水平对农户相对贫困具有显著的负向影响"这一结论具有稳健性。

表 5-13　基于模型替换的稳健性检验结果（Hucl）

	OLS			
	(29)		(30)	
	Mrp2		Mrp3	
Hucl	−0.009 2 ***	(0.001)	−0.005 9 ***	(0.001)
C	1.010 0 ***	(0.068)	0.532 8 ***	(0.062)
家庭特征变量	Yes		Yes	
家庭生计资本变量	Yes		Yes	
N	913		913	
Prob>F	0.000 0		0.000 0	
R^2	0.236 5		0.188 2	

注：*** 表示在 1% 置信水平上显著，括号内数字为系数的稳健标准误。

5.3.5.2　因变量替换检验

表 5-14 采用因变量替换检验，模型（31）~（35）为 Logit 回归模型，模型（36）和（37）为 OLS 回归模型。模型（31）的因变量为主观相对贫困，模型（32）~（34）的因变量为客观相对贫困，模型（35）的因变量为临界值 $k = 0.1$ 时的多维相对贫困，模型（36）的因变量为多维相对贫困剥夺指数，模型（37）的因变量为人均收入的对数。

从模型（31）~（35）的结果看，5个模型方程对应的 P 值为 0.000 0，表明模型方程所有系数的联合显著性很高；5个模型方程的正确预测比例超过了 72%，表明模型方程拟合优度较好；5个模型中的人力资本水平的系数均为负数，且在 1% 置信水平上显著，再次表明"人力资本水平对农户相对贫困具有显著的负向影响"这一结论具有稳健性。

从模型（36）的结果看，人力资本水平的系数为负数，且在 1% 置信水平上显著，表明人力资本水平对多维相对贫困剥夺指数具有显著的负向影响，即农户人力资本水平越高，其多维相对贫困剥夺指数就越小，越不容易陷入相对贫困。从模型（37）的结果看，人力资本水平的系数为正数，且在 1% 置信水平上显著，表明人力资本水平对人均收入具有显著的正向影响，即农户人力资本水平越高，其人均收入水平就越高，越不容易陷入相对贫困。模型（36）和（37）的结果，从另外视角证明了"人力资本水平对农户相对贫困具有显著的负向影响"这一结论具有稳健性。

表 5-14　基于变量替换的稳健性检验结果（Hucl）

	Logit					OLS	
	(31)	(32)	(33)	(34)	(35)	(36)	(37)
	Srp	Orp1	Orp2	Orp3	Mrp1	Mrpdi	人均收入的对数
Hucl	−0.056 8***	−0.057 7***	−0.058 8***	−0.056 8***	−0.058 2***	−0.003 5***	0.018 6***
	(0.011)	(0.011)	(0.009)	(0.007)	(0.006)	(0.000)	(0.001)
C	1.985 0***	2.242 9***	3.070 7***	3.456 9***	4.031 2***	0.394 1***	8.635 7***
	(0.746)	(0.735)	(0.592)	(0.518)	(0.471)	(0.024)	(0.100)
家庭特征变量	Yes	Yes	Yes	Yes	Yes	Yes	Yes
家庭生计资本变量	Yes	Yes	Yes	Yes	Yes	Yes	Yes
N	899	899	899	899	899	913	913
LR χ^2	77.41	76.61	127.07	156.20	223.29		
Prob>F						0.000 0	0.000 0
Prob>χ^2	0.000 0	0.000 0	0.000 0	0.000 0	0.000 0		
R^2						0.350 5	0.408 5
Pseudo R^2	0.177 8	0.171 8	0.182 8	0.169 4	0.188 6		
Correctly classified	93.77%	93.33%	86.87%	79.98%	72.30%		

注：*** 表示在 1% 置信水平上显著，Logit 模型括号内数字为系数的标准误，OLS 模型括号内数字为系数的稳健标准误。

5.3.6 异质性分析

将不同样本类型（如男性样本或女性样本）的 Logit 模型系数进行比较，通常有两种方法。一是采用交互方式检验。将分类样本变量（如性别变量、地区变量等）与解释变量进行交互，再检验交互项系数是否显著：如果 P 值低于临界值，则认为样本之间存在显著差异。二是采用 Wald 卡方检验，将分类样本分别进行回归估计，再对解释变量系数进行 Wald 卡方检验，如果 P 值低于临界值，则认为样本之间存在显著差异。然而这两种方法都有缺陷——均未控制到不能观测到的异质性（洪岩璧，2015）。由于 Logit 模型中存在不能观测到的异质性，如果继续使用上述两种方法，可能导致样本差异比较失真（Allison，1999）。为此，不少学者提出了一些解决方法，如异质选择模型（Williams，2009，2010）、平均偏效应（Cramer，2007）、线性概率模型（Karlson，Holm，& Breen，2012；谢宇，2013）、似无相关回归模型（Smith & Kohn，2000；龙健颜、卢素、刘金山，2011；连玉君、廖俊平，2017）、费舍尔组合检验（Efron & Tibshirani，1993；Cleary，1999；连玉君、彭方平、苏治，2010）等。考虑到获取数据的实际情况，本研究采用似无相关回归模型（Seemingly Unrelated Regressions Model）和费舍尔组合检验（Fisher's Permutation Test）进行差异比较。

5.3.6.1 基于地区差异的组间系数比较分析

相对贫困的地区差异性分析表明，一、二类地区之间没有显著差异，但一、二类地区与三类地区相比具有显著差异；人力资本水平的地区差异性分析也表明，一、二类地区之间没有显著差异，但一、二类地区与三类地区相比具有显著差异。因此，本研究采用一、二类地区与三类地区进行组间系数比较分析的模式。

（1）基于似无相关回归模型的组间系数比较分析。表 5-15 中采用似无相关回归模型进行了地区差异比较，模型（38）和（39）的因变量为临界值 $k=0.2$ 时的多维相对贫困，模型（40）和（41）的因变量为临界值 $k=0.3$ 时的多维相对贫困。模型（38）和（39）中的人力资本水平均在 1% 置信水平上显著，两组的概率比差异不大，相比较的 $\chi^2（1）$ 值为 2.54，对应的 P 值（0.110 7）>0.1，表明在临界值 $k=0.2$ 时，人力资本水平的系数在一、二类地区和三类地区之间没有显著差异，即人力资本水平对缓解相对贫困的作用没有地区差异。模型（40）和（41）中的人力资本水平均在5%置信水平上显著，两组的概率比差异不大，相比较的 χ^2（1）值为 0.00，对应的 P 值（0.988 4）>0.1，表明在临界值 $k=0.3$ 时，人力资本水平的系数在一、二类地区和三类地区之间没有显著差异，即人力资本水平对缓解相对贫困的作用没有地区差异。两组差异对比表明，人力资本水平对缓解相对贫困的作用没有地区差异。

表 5-15　基于似无相关回归模型的估计结果（地区差异）

		Mrp2		Mrp3	
		（38）	（39）	（40）	（41）
		Region = 1 和 2	Region = 3	Region = 1 和 2	Region = 3
Hucl	B	-0.080 7***	-0.055 7***	-0.118 2**	-0.117 6***
	Exp(B)	0.922 5***	0.945 8***	0.888 5**	0.889 0***
	N	632	267	632	273
	SUR	1&2 vs 3		1&2 vs 3	
	χ^2（1）	2.54		0.00	
	Prob>χ^2	0.110 7		0.988 4	

注：① *** 表示在1%置信水平上显著。

②Region 表示地区类型，Region = 1 和 2 表示一、二类地区，Region = 3 表示三类地区。

③所有模型均控制了家庭特征变量和家庭生计资本变量，基准模型采用 Logit 回归。

（2）基于费舍尔组合检验的组间系数比较分析。表5-16中采用费舍尔组合检验进行了地区差异比较，模型（42）和（43）的因变量为临界值 $k=0.2$ 时的多维相对贫困，模型（44）和（45）的因变量为临界值 $k=0.3$ 时的多维相对贫困。模型（42）和（43）相比较的 Freq 值为 126，对应的 P 值（0.126）>0.1，与采用似无相关回归模型的结果一致，再次表明在临界值 $k=0.2$ 时，人力资本水平的系数在一、二类地区和三类地区之间没有显著差异，即人力资本水平对缓解相对贫困的作用没有地区差异。模型（44）和（45）相比较的 Freq 值为 400，对应的 P 值（0.400）>0.1，与采用似无相关回归模型的结果一致，再次表明在临界值 $k=0.3$ 时，人力资本水平的系数在一、二类地区和三类地区之间没有显著差异，即人力资本水平对缓解相对贫困的作用没有地区差异。两组差异对比再次表明，人力资本水平对缓解相对贫困的作用没有地区差异。

表 5-16　基于费舍尔组合检验的结果（地区差异）

		Mrp2		Mrp3	
		（42）	（43）	（44）	（45）
		Region=1 和 2	Region=3	Region=1 和 2	Region=3
Hucl	B	-0.080 7 ***	-0.055 7 ***	-0.118 2 **	-0.117 6 ***
	Exp(B)	0.922 5 ***	0.945 8 ***	0.888 5 **	0.889 0 ***
N		632	267	632	273
Permutation test		1 vs 0		1 vs 0	
Freq		126		400	
p-value		0.126		0.400	

注：① *** 表示在 1% 置信水平上显著。

②Region 表示地区类型，Region=1 和 2 表示一、二类地区，Region=3 表示三类地区。

③表中采用可重复抽样（Bootstrap Sample）1 000 次。

④所有模型均控制了家庭特征变量和家庭生计资本变量，基准模型采用 Logit 回归。

5.3.6.2　基于人力资本水平差异的组间系数比较分析

为了检验人力资本水平大小对缓解相对贫困的作用是否具有差异性，本研究采用虚拟变量方法进行人为分组，定义人力资本水平大于中位数时的 $D=1$，称为高人力资本水平组；否则 $D=0$，称为低人力资本水平组。

（1）基于似无相关回归模型的组间系数比较分析。表 5-17 中采用似无相关回归模型进行人力资本水平差异比较，模型（46）和（47）的因变量为临界值 $k=0.2$ 时的多维相对贫困，模型（48）和（49）的因变量为临界值 $k=0.3$ 时的多维相对贫困。模型（46）和（47）的人力资本水平均在 1% 置信水平上显著，低人力资本水平组的概率比（8.49%）大于高人力资本水平组的概率比（6.69%），相比较的 χ^2（1）值为 0.54，对应的 P 值（0.462 8）>0.1，表明在临界值 $k=0.2$ 时，人为分组的两组之间没有显著差异。模型（48）中的人力资本水平在 10% 置信水平上不显著，模型（49）中的人力资本水平在 1% 置信水平上显著，低人力资本水平组的概率比（14.66%）大于高人力资本水平组的概率比（3.46%），相比较的 χ^2（1）值为 7.80，对应的 P 值（0.005 2）<0.01，表明在临界值 $k=0.3$ 时，人为分组的两组之间有显著差异。对比差异表明，当平均剥夺份额较大时，提升"低人力资本水平组"中的人力资本水平对缓解相对贫困的作用大于"高人力资本水平组"。

表 5-17　基于似无相关回归模型的估计结果（人力资本水平差异）

		Mrp2		Mrp3	
		(46)	(47)	(48)	(49)
		$D=1$	$D=0$	$D=1$	$D=0$
Hucl	B	-0.069 2 ***	-0.088 8 ***	-0.035 2	-0.158 6 ***
	Exp(B)	0.933 1 ***	0.915 1 ***	0.965 4	0.853 4 ***
N		456	457	456	457
SUR		1 vs 0		1 vs 0	
χ^2 (1)		0.54		7.80	
Prob>χ^2		0.462 8		0.005 2	

注：① *** 表示在 1% 置信水平上显著。

②以人力资本水平的中位数定义虚拟变量（D），当人力资本水平大于中位数时，令 $D=1$；否则，$D=0$。

③所有模型均控制了家庭特征变量和家庭生计资本变量，基准模型采用 Logit 回归。

（2）基于费舍尔组合检验的组间系数比较分析。表 5-18 中采用费舍尔组合检验进行了人力资本水平差异比较，模型（50）和（51）的因变量为临界值 $k=0.2$ 时的多维相对贫困，模型（52）和（53）的因变量为临界值 $k=0.3$ 时的多维相对贫困。模型（50）和（51）相比较的 Freq 值为 897，对应的 P 值（0.103）>0.1，与采用似无相关回归模型的结果一致，再次表明在临界值 $k=0.2$ 时，人为分组的两组之间没有显著差异。模型（52）和（53）相比较的 Freq 值为 997，对应的 P 值（0.003）<0.01，与采用似无相关回归模型的结果一致，再次表明在临界值 $k=0.3$ 时，人为分组的两组之间有显著差异。对比差异再次表明，当平均剥夺份额较大时，提升"低人力资本水平组"中的人力资本水平对缓解相对贫困的作用大于"高人力资本水平组"。

表 5-18　基于费舍尔组合检验的结果（人力资本水平差异）

		Mrp2		Mrp3	
		(50)	(51)	(52)	(53)
		$D=1$	$D=0$	$D=1$	$D=0$
Hucl	B	-0.069 2 ***	-0.088 8 ***	-0.035 2	-0.158 6 ***
	Exp(B)	0.933 1 ***	0.915 1 ***	0.965 4	0.853 4 ***
N		456	457	456	457

表5-18(续)

	Mrp2		Mrp3	
	(50)	(51)	(52)	(53)
	$D=1$	$D=0$	$D=1$	$D=0$
Permutation test	1 vs 0		1 vs 0	
Freq	897		997	
p-value	0.103		0.003	

注：① *** 表示在1%置信水平上显著。

②以人力资本水平的中位数定义虚拟变量（D），当人力资本水平大于中位数时，令$D=1$；否则，$D=0$。

③表中采用可重复抽样（Bootstrap Sample）1 000 次。

④所有模型均控制了家庭特征变量和家庭生计资本变量，基准模型采用 Logit 回归。

5.4　人力资本水平通过生计策略影响农户相对贫困的中介作用检验

5.4.1　中介作用检验方法

中介作用的检验方法主要有四种：逐步因果法（Causal Steps Approach）、系数差异法（Difference of Coefficients Method）、系数乘积法（Product of Coefficients Method）和自助法（Bootstrap Method）。其中逐步因果法是使用最多的（温忠麟、叶宝娟，2014），自助法是当前最流行的（Zhao，Lynch，& Chen，2010；段博、邵传林、段博，2020；孟杰等，2021）。以上四种方法适用于线性回归模型，而本研究中的相对贫困是一种状态，其结果只有两种（是或否），显然是非线性回归模型。若继续采用以上四种方法，则不能采用 Logit 回归模型，只能采用 OLS 回归模型，但 KHB 法的提出解决了这一难题。KHB 法不仅可以使用线性回归模型，还可以使用非线性回归模型（Kohler，Karlson，& Holm，2011）。根据第4章的分析结果可知，多维相对贫困是一种状态，是离散变量，适合用 Logit 回归模型；多维相对贫困剥夺指数是综合指数，是连续变量，适合用 OLS 回归模型。临界值 $k=0.2$ 时的多维相对贫困与多维相对贫困剥夺指数的相关性最大，达到 0.823 2，且显著性检验的 P 值小于 0.01。因此，本章采用 KHB 法、逐步因果法和自助法对生计策略的中介效应进行检验，选用的因变量为临界值 $k = 0.2$ 时的多维相对贫困（Mrp2）和多维相对贫困剥夺指数（Mrpdi）。

5.4.1.1 KHB 检验法

KHB 法由 Kohler、Karlson 和 Holm（2011）提出，此方法可以分解离散变量和连续变量的影响，可以采用 Stata 命令计算，且计算简单直观。该方法提出后为众多学者所使用，如王伟同和陈琳（2019）、祝仲坤和冷晨昕（2020）、祝仲坤（2021）、宋林和何洋（2021）等。

5.4.1.2 逐步因果法

逐步因果法（Causal Steps Approach）。逐步因果法由 Baron 和 Kenny（1986）提出，分三个步骤逐步检验（见图 5-3）。

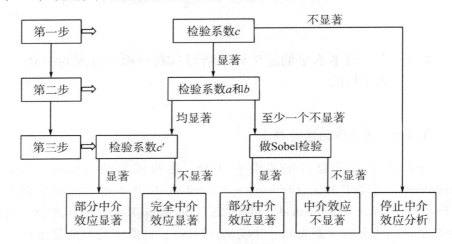

图 5-3 逐步因果法的检验

第一步，检验方程 5-10 中系数 c 的显著性，如果系数 c 显著，则进入第二步；否则，停止中介效应分析。

第二步，检验方程 5-11 中系数 a 和方程 5-12 中系数 b 的显著性，如果系数 a 和系数 b 均显著，则进入第三步；如果系数 a 和系数 b 中至少一个不显著，则需要做 Sobel 检验（Sobel，1982；钱雪松、杜立、马文涛，2015）。

第三步，分两个部分进行。第一部分，检验方程 5-12 中系数 c' 的显著性，如果系数 c' 不显著，则为完全中介效应显著；如果系数 c' 显著，且 $|c'| < |c|$，则为部分中介效应显著。第二部分，做 Sobel 检验，如果显著，则为部分中介效应显著；否则为中介效应不显著。

5.4.1.3 自助法

自助法（Bootstrap Method）是一种非参数检验法，是一种从样本中重复取样的方法，即将原始样本作为 Bootstrap 总体，采用重复取样方式从 Bootstrap 总体样本中得到一个类似于原始样本的 Bootstrap 样本（Wen, Marsh, & Hau, 2010; 温忠麟、叶宝娟, 2014; 赫国胜、耿丽平, 2021）。例如，把一个容量为 1 000 的样本作为 Bootstrap 总体，有放回地重复抽样，如果抽样 1 000 次，就可以得到一个容量为 1 000 的 Bootstrap 样本。以此类推，就可以得到很多个 Bootstrap 样本（比如 1 500 个）。如果对这 1 500 个 Bootstrap 样本进行回归估计，就可以得到 1 500 个系数 a 和系数 b 相乘的估计值，把全部乘积估计值记为 $\{\hat{a}\hat{b}\}$。然后将全部乘积估计值按升序进行排序，其中第 2.5 百分位点和第 97.5 百分位点就构成一个 ab 的置信区间（置信度为 95%）。如果置信区间不包含 0，则系数乘积显著；否则，系数乘积不显著（Preacher, Rucker, & Hayes, 2007; Preacher & Hayes, 2008; 温忠麟、叶宝娟, 2014; 陈鑫鑫、段博, 2022）。

5.4.2 中介作用检验结果分析

5.4.2.1 KHB 法的结果分析

表 5-19 采用 KHB 法检验了生计策略的中介作用。Model A 的因变量为 $k=0.2$ 时的多维相对贫困，基准模型为 Logit 模型；Model B 的因变量为多维相对贫困剥夺指数，基准模型为 OLS 模型。从 Model A 和 Model B 的结果看，所有效应均在 5% 置信水平上显著。其中生计策略在 Model A 中的中介效应为 $-0.006\ 21$，其占比为 8.0%；生计策略在 Model B 中的中介效应为 $-0.000\ 26$，其占比为 7.4%。检验结果表明，假设 H2 通过验证，即生计策略在人力资本水平对相对贫困的影响中起到中介作用。

表 5-19　KHB 法的检验结果（生计策略作为中介变量）

	Model A：Mrp2（Logit）		Model B：Mrpdi（OLS）	
总效应	$-0.077\ 04^{***}$	(0.008)	$-0.003\ 52^{***}$	(0.000)
直接效应	$-0.070\ 82^{***}$	(0.008)	$-0.003\ 26^{***}$	(0.000)
中介效应	$-0.006\ 21^{**}$	(0.003)	$-0.000\ 26^{***}$	(0.004)
中介效应占比/%	8.0		7.4	

注：①表中结果采用 KHB 命令输出。

②所有模型均控制了家庭特征变量和家庭生计资本变量。

③ ** 、*** 分别表示在 5% 和 1% 置信水平上显著，括号内数字为系数的标准误。

5.4.2.2 逐步因果法的结果分析

表 5-20 采用逐步因果法检验了生计策略的中介作用，基准模型均为 OLS 模型，Model C 的因变量为 $k=0.2$ 时的多维相对贫困，Model D 的因变量为多维相对贫困剥夺指数。按照逐步因果法的"三步检验法"，检验系数 c、a、b、c' 均在 5% 置信水平上显著，且 Sobel 检验也在 5% 置信水平上显著，表明部分中介效应显著。从中介效应的大小及占比看，生计策略在 Model C 中的中介效应为 $-0.000\,73$，其占比为 8.0%；生计策略在 Model D 中的中介效应为 $-0.000\,26$，其占比为 7.4%。逐步因果法的检验结果与 KHB 法的检验结果一致，表明"生计策略在人力资本水平对相对贫困的影响中起到中介作用"这一结论成立。

表 5-20 逐步因果法的检验结果（生计策略作为中介变量）

	Model C：Mrp2			Model D：Mrpdi		
	(54)	(55)	(56)	(57)	(58)	(59)
	y	Lis	y	y	Lis	y
Hucl	$-0.009\,18^{***}$	$0.014\,7^{***}$	$-0.008\,45^{***}$	$-0.003\,52^{***}$	$0.014\,7^{***}$	$-0.003\,26^{***}$
	(0.001)	(0.001)	(0.001)	(0.000)	(0.001)	(0.000)
Lis			$-0.049\,8^{**}$			$-0.017\,9^{***}$
			(0.019)			(0.006)
C	$1.010\,0^{***}$	$2.486\,2^{***}$	$1.133\,9^{***}$	$0.394\,1^{***}$	$2.486\,2^{***}$	$0.430\,5^{***}$
	(0.067)	(0.114)	(0.082)	(0.195)	(0.114)	(0.024)
家庭特征变量	Yes	Yes	Yes	Yes	Yes	Yes
家庭生计资本变量	Yes	Yes	Yes	Yes	Yes	Yes
N	913	913	913	913	913	913
Prob>F	0.000 0	0.000 0	0.000 0	0.000 0	0.000 0	0.000 0
Adj R^2	0.229 8	0.277 9	0.234 5	0.344 8	0.277 9	0.358 7
Sobel Test	$Z=2.478$，$P=0.013\,2$			$Z=3.005$，$P=0.002\,7$		
中介效应	中介效应 $=-0.000\,73$			中介效应 $=-0.000\,26$		
	中介效应/总效应 $=8.0\%$			中介效应/总效应 $=7.4\%$		

注：①表中结果采用 sgmediation 命令输出。

②*、**、*** 分别表示在 10%、5% 和 1% 置信水平上显著，括号内数字为系数的标准误。

5.4.2.3 自助法的结果分析

表 5-21 采用自助法检验了生计策略的中介作用，Model E 的因变量为 $k=0.2$ 时的多维相对贫困，Model F 的因变量为多维相对贫困剥夺指数。自助法有四种 95% 的置信区间结果：正态分布的置信区间（N）、百分位的

置信区间（P）、偏差校正的置信区间（BC）和偏差校正与加速的置信区间（BCa），其中偏差校正与加速的置信区间最可靠（Efron & Tibshirani，1993）。Model E 中的偏差校正与加速的置信区间−0.001 35～−0.000 09，Model F 中的偏差校正与加速的置信区间−0.000 50～−0.000 07，Model E 和 Model F 的偏差校正与加速的置信区间均未包含"0"值，这表明 Model E 和 Model F 中的中介效应显著。从中介效应大小看，与逐步因果法的检验结果一致，再次表明"生计策略在人力资本水平对相对贫困的影响中起到中介作用"这一结论成立。

表5-21　自助法的检验结果（生计策略作为中介变量）

Model E：Mrp2			Model F：Mrpdi		
Effect	Boot SE	95%的置信区间	Effect	Boot SE	95%的置信区间
−0.000 73	0.000 3	−0.001 36～−0.000 10(N)	−0.000 26	0.000 1	−0.000 47～−0.000 06(N)
		−0.001 36～−0.000 09(P)			−0.000 49～−0.000 07(P)
		−0.001 35～−0.000 09(BC)			−0.000 49～−0.000 06(BC)
		−0.001 35～−0.000 09(BCa)			−0.000 50～−0.000 07(BCa)

注：①表中结果采用 bootstrap 命令输出。

②表中原始数据采用重复抽样 1 000 次。

③（N）表示基于正态分布的置信区间，（P）表示基于百分位的置信区间，（BC）表示基于偏差校正的置信区间，（BCa）表示基于偏差校正与加速的置信区间。

5.5　本章小结

本章包含四部分内容：第一部分从测度方法、指标选取及测度结果三个方面分析了农户人力资本水平；第二部分提出研究假设，进行模型构建并做出变量说明；第三部分从多重共线性检验、二值选择模型回归结果分析、内生性检验分析、稳健性检验分析和异质性分析五个方面实证分析了人力资本水平对农户相对贫困的影响，第四部分采用 KHB 法、逐步因果法和自助法检验了生计策略的中介作用。概括如下：

（1）采用极值化法和熵权法测度了人力资本 5 个维度的权重，权重从大到小依次是迁移水平指数（38.7）、数量水平指数（23.5）、技能水平指数（14.0）、知识水平指数（12.6）、健康水平指数（11.2）。研究发现：农户人力资本水平的结构图呈"橄榄"形状，离理想中的"倒金字塔"结构相差甚远；农户人力资本水平在部分地区之间具有显著差异，呈现"一、二类地区>三类地区"的特征。

（2）采用极值化法和熵权法测度了农户家庭的生计资本（不含人力资本）。研究发现：农户自然资本指数均值为 6.39，自然资本水平较差；农户物质资本指数均值为 47.06，物质资本水平较高；农户金融资本指数均值为 67.32，金融资本水平较高；农户社会资本指数均值为 32.17，金融资本水平一般。

（3）按照收入结构类型将农户生计策略分为四种类型：纯务农户、一兼业户、二兼业户和纯务工户。其占比分别为 3.61%、5.59%、40.42%、50.38%，即绝大多数农户选择外出务工的生计策略。

（4）采用二值选择模型实证分析了人力资本水平对农户相对贫困的影响。研究发现：人力资本水平对农户相对贫困具有显著的负向影响，构成人力资本水平的数量水平、健康水平、知识水平、技能水平和迁移水平五个方面也对农户相对贫困具有显著的负向影响；家庭生计资本中的物质资本和金融资本对农户相对贫困具有显著的负向影响，自然资本和社会资本在一定条件下对农户相对贫困具有显著的负向影响；家庭特征中的建档立卡贫困户、动态监测户和民族变量在一定条件下对农户相对贫困具有显著的正向影响。

（5）选择来自"生理现象"的年龄和性别作为人力资本水平的工具变量，采用工具变量 Probit 和两步法进行了内生性检验。研究结果表明"人力资本水平对农户相对贫困具有显著的负向影响"这一结论成立。

（6）采用模型替换和因变量替换两种方法进行了稳健性检验。研究结果均表明"人力资本水平对农户相对贫困具有显著的负向影响"这一结论具有稳健性。

（7）采用似无相关回归模型和费舍尔组合检验两种方法进行了异质性分析。研究发现：人力资本水平对缓解相对贫困的作用没有地区差异；在临界值 $k=0.2$ 时，高、低人力资本水平组之间的系数没有显著差异，但临界值 $k=0.3$ 时，高、低人力资本水平组之间的系数有显著差异，即当平均剥夺份额较大时，提升"低人力资本水平组"中的人力资本水平对缓解相对贫困的作用大于"高人力资本水平组"。

（8）选择生计策略作为中介变量，采用 KHB 法、逐步因果法和自助法对生计策略的中介效应进行检验。研究结果表明"生计策略在人力资本水平对相对贫困的影响中起到中介作用"。

6 机会不平等影响农户相对贫困的实证分析

第 5 章从人力资本水平视角对农户相对贫困的影响因素进行了实证研究，结果表明人力资本水平对农户相对贫困具有显著的负向影响，即提升人力资本水平可以有效缓解农户相对贫困。除了人力资本水平这一内因影响农户相对贫困外，机会不平等这一外因也会影响农户相对贫困。因此，本章在农户相对贫困测度与分析的基础上，将系统探讨机会不平等与农户相对贫困的关系，为后面的研究提供依据。

6.1 机会不平等的测度与分析

机会不平等（opportunity inequality，记为 Opi）是与机会均等相对的概念。机会不平等与机会均等有着本质的区别，它是由家庭不可控制的环境因素导致的结果不平等。农户机会不平等是农户家庭不可控制的环境因素差异的总和，包括户籍机会不平等、教育机会不平等、医疗机会不平等和就业机会不平等四个方面。

6.1.1 机会不平等的测度方法

由于现有的客观测度法只能测度一个群体或一个地区的机会不平等程度，不能测度每一个个体的机会不平等程度，而现有的主观测度法虽能测度每一个个体的机会不平等程度，但不能很好地体现环境变量，而机会不平等本质上是由不可控制的环境变量所致，因而本研究中借用人力资本测度法中的特征法，通过度量环境变量的差异来测度机会不平等。环境变量的差异越大，对于处于好环境的人群，其机会不平等程度就越小；对于处于差环境的人群，其机会不平等程度就越大。按照特征法的原理，通过将构成机会不平等的环境变量采用权数进行加总，就能得到机会不平等指数（Opportunity Inequality Index，记为 Opii）。

6.1.1.1 数据处理

由于构成机会不平等的变量存在量纲差异，如果不加以处理，可能出现"大吃小"问题，甚至导致估计值与真实值之间出现较大误差（高晓红、李兴奇，2022）。根据 5.1.1.1 节的分析，采用极值化法不仅能消除变量之间的量纲差异，还能保留变量之间的差异信息，在多元线性回归模型中拟合效果与原始数据相同。因此，本研究采用极值化法对机会不平等的变量数据进行无量纲化处理。计算公式如下：

$$x'_{ij} = \frac{x_{ij} - x_j^{\min}}{x_j^{\max} - x_j^{\min}} \quad （x_{ij} \text{ 为 "+" 指标}）$$

$$x'_{ij} = \frac{x_j^{\max} - x_{ij}}{x_j^{\max} - x_j^{\min}} \quad （x_{ij} \text{ 为 "−" 指标}） \tag{6-1}$$

式 6-1 中，x'_{ij} 为变量无量纲化结果，x_{ij} 为农户 i 在指标 j 上的取值，其中 $i = 1, 2, \cdots, n$，$j = 1, 2, \cdots, d$。

6.1.1.2 权重确定

由于机会不平等指数是综合指数，计算其值的前提条件是确定各变量的权重。确定变量权重的常用方法有专家调查法（Delphi）、层次分析法（AHP）、主成分分析法（PCA）、变异系数法、熵值法、均方差法。考虑到构成机会不平等的四个方面都很重要，且又要能度量环境变量的差异，因此本研究中采用"主观赋权+客观赋权"相结合的方式确定权重。在户籍机会不平等、教育机会不平等、医疗机会不平等和就业机会不平等四个方面采用主观上的均权法，即每个方面的权重为 1/4。均方差法具有"突出变量数据局部差异"的优点，因而确定具体指标权重时在相应维度下采用均方差法。确定权重的步骤如下：

第一步，计算指标 j 的平均值。计算公式如下：

$$\overline{x_j} = \frac{1}{n} \sum_{i=1}^{n} x'_{ij} \tag{6-2}$$

第二步，计算指标 j 的均方差。计算公式如下：

$$\sigma_j = \sqrt{\sum_{i=1}^{n} (x'_{ij} - \overline{x_j})^2} \tag{6-3}$$

第三步，计算指标 j 的权重。计算公式如下：

$$w_j = \frac{\sigma_j}{\sum\limits_{j=1}^{d} \sigma_j} \qquad (6-4)$$

第四步，计算指标 j 的最终权重（权重之和为 100）。计算公式如下：

$$w_j' = 25w_j \qquad (6-5)$$

6.1.1.3 数据汇总

将指标最终权重与该指标的无量纲化结果相乘，就得到该指标的得分指数。将农户 i 的得分指数汇总，就得到农户 i 的机会不平等指数（Opii）。计算公式如下：

$$\text{Opii}_i = \sum\limits_{j=1}^{d} x'_{ij} w_j' \qquad (6-6)$$

6.1.2 机会不平等测度指标的选取

按照农户机会不平等的内涵，机会不平等包含户籍机会不平等、教育机会不平等、医疗机会不平等和就业机会不平等 4 个维度。4 个维度的具体指标参考了 Sen（1981，2003）、Roemer（1993，2002）、Bourguignon（2007）、Checchi（2010）、Aaberge 等（2010）、刘成奎等（2018）、靳永爱等（2020）等学者的研究成果，共设定了 30 个具体指标（见表 6-1）。

（1）户籍机会不平等指数（registered-residence opportunity inequality index，记为 Ropii）用以描述农户家庭所在地的区位条件、经济发展及基础设施环境。其中区位条件由农户住址到乡镇距离、农户住址到县城距离、农户住址到县城时间、农户住址到省城距离 4 个指标构成，经济发展由亲戚的经济状况、朋友的经济状况、邻居的经济状况、乡村的经济状况、乡镇的经济状况、县域的经济状况 6 个指标构成，基础设施环境由农户住址到火车站距离、农户住址到汽车站距离、乡村道路等级、自来水设施情况、天然气设施情况、乡村环境设施情况 6 个指标构成。

从区位条件各指标的权重来看，农户住址到省城距离的权重最大，为2.95；农户住址到乡镇距离权重最小，为 0.98。这 4 个指标中，农户住址到乡镇平均距离为 4.88 千米，标准差为 4.93，有 312 户大于平均值，占比约为 34.17%。农户住址到县城平均距离为 28.31 千米，标准差为20.46，有 379 户大于平均值，占比约为 41.51%。农户住址到县城平均时间为 50.95 分钟，标准差为 35.53，有 337 户大于平均值，占比约为36.91%。农户住址到省城平均距离为 311.42 千米，标准差为 193.57，有

379 户大于平均值，占比约为 41.51%。可见，农户区位条件有较大差异，部分农户所处的区位条件较差。

从经济发展各指标的权重来看，6 个指标差异不大，权重大小为 1.28~1.63。在 6 个指标中，亲戚经济状况的平均值为 3.16，认为亲戚经济状况一般的占比最大，有 593 户，占比约为 64.95%；其次是认为亲戚经济状况比较好的，有 230 户，占比约为 25.19%。朋友经济状况的平均值为 3.20，认为朋友经济状况一般的占比最大，有 592 户，占比约为 64.84%；其次是认为朋友经济状况比较好的，有 251 户，占比约为 27.49%。邻居经济状况的平均值为 3.09，认为邻居经济状况一般的占比最大，有 669 户，占比约为 73.27%；其次是认为邻居经济状况比较好的，有 167 户，占比约为 18.29%。乡村经济状况的平均值为 2.95，认为乡村经济状况一般的占比最大，有 653 户，占比约为 71.52%；其次是认为乡村经济状况比较好的，有 135 户，占比约为 14.79%。乡镇经济状况的平均值为 3.10，认为乡镇经济状况一般的占比最大，有 666 户，占比约为 72.95%；其次是认为乡镇经济状况比较好的，有 172 户，占比约为 18.84%。县域经济状况的平均值为 3.13，认为县域经济状况一般的占比最大，有 641 户，占比约为 70.21%；其次是认为县域经济状况比较好的，有 189 户，占比约为 20.70%。可见，绝大多数农户所处环境的经济状况一般。

从基础设施环境各指标的权重来看，天然气设施情况的权重最大，为 2.28；农户住址到汽车站距离的权重最小，为 0.70。这 6 个指标中，农户住址到火车站平均距离为 57.45 千米，标准差为 53.56，有 383 户大于平均值，占比约为 41.95%。农户住址到汽车站平均距离为 26.12 千米，标准差为 31.04，有 305 户大于平均值，占比约为 33.41%。乡村道路等级的平均值为 2.84，占比最大的是双车道水泥路，占比为 33.52%；其次是单车道水泥路，占比为 32.97%。自来水设施情况的平均值为 1.19，有 739 户已通自来水，占比约为 80.94%，略低于四川省 2021 年农村自来水普及率（84%）①。天然气设施情况的平均值为 1.51，有 449 户已通天然气，占比约为 49.18%，远低于四川省 2021 年城市天然气普及率（95%）②。乡村环境设施情况的平均值为 1.10，有 882 户认为环境变好，占比约为 96.60%。可见，乡村基础设施环境有所改善，但离城乡基础设施均等化目标仍有较大差距。

----

① 数据来源于 2022 年 2 月 28 日《四川日报》第 2 版《全省农村自来水普及率达 84%》。

② 数据来源于 2022 年 4 月 12 日《四川日报》第 6 版《气动川渝》。

（2）教育机会不平等指数（education opportunity inequality index，记为 Eopii）用以描述农户家庭所在地的教育环境，由农户住址到小学距离、该所小学的整体水平、农户住址到初中学校距离、该所初中学校的整体水平、农户住址到高中学校距离、该所高中学校的整体水平 6 个指标构成。从各指标的权重来看，6 个指标差异不大，权重大小为 3.58~4.53。这 6 个指标中，农户住址到小学的平均距离为 4.54 千米，标准差为 5.24，有 229 户大于平均值，占比约为 25.08%。该所小学整体水平的平均值为 2.78，认为整体水平一般的占比最大，有 516 户，占比约为 56.52%；其次是认为整体水平比较低的，有 261 户，占比约为 28.59%。农户住址到初中学校的平均距离为 8.65 千米，标准差为 13.35，有 218 户大于平均值，占比约为 23.88%。该所初中学校整体水平的平均值为 2.91，认为整体水平一般的占比最大，有 512 户，占比约为 56.08%；其次是认为整体水平比较低的，有 212 户，占比约为 23.22%。农户住址到高中学校的平均距离为 17.61 千米，标准差为 17.18，有 313 户大于平均值，占比约为 34.28%。该所高中学校整体水平的平均值为 3.26，认为整体水平一般的占比最大，有 449 户，占比约为 49.18%；其次是认为整体水平比较高的，有 342 户，占比约为 37.46%。可见，农村义务教育阶段的整体水平偏低，离城乡教育均等化目标仍有较大差距。

（3）医疗机会不平等指数（medical opportunity inequality index，记为 Mopii）用以描述农户家庭所在地的医疗环境，由农户住址到乡（镇）卫生院距离、该所卫生院的整体水平、农户住址到县（区）医院距离、该所医院的整体水平 4 个指标构成。从各指标的权重来看，该所卫生院整体水平的权重最大，为 8.80；农户住址到乡（镇）卫生院距离的权重最小，为 2.83。这 4 个指标中，农户住址到乡（镇）卫生院的平均距离为 4.59 千米，标准差为 4.89，有 273 户大于平均值，占比约为 29.90%。该所卫生院整体水平的平均值为 2.86，认为整体水平一般的占比最大，有 562 户，占比约为 61.56%；其次是认为整体水平比较低的，有 172 户，占比约为 18.84%。农户住址到县（区）医院的平均距离为 28.12 千米，标准差为 20.71，有 396 户大于平均值，占比约为 43.37%。该所医院整体水平的平均值为 3.27，认为整体水平一般的占比最大，有 481 户，占比约为 52.68%；其次是认为整体水平比较高的，有 344 户，占比约为 37.68%。可见，农村医疗卫生的整体水平偏低，离城乡医疗均等化目标仍有较大差距。

（4）就业机会不平等指数（employment opportunity inequality index，记

为 Emopii）用以描述农户家庭所在地的就业环境，由农户技能培训情况、创业就业指导宣传、邻居外出务工情况、亲戚朋友外出务工情况 4 个指标构成。从各指标的权重来看，4 个指标差异不大，权重大小为 5.50~6.97。这 4 个指标中，农户技能培训情况的平均值为 1.64，认为偶尔开展技能培训的占比最大，有 420 户，占比约为 46.00%；其次是认为从来没有开展过技能培训的，有 412 户，占比约为 45.13%。就业指导宣传的平均值为1.71，认为偶尔开展就业指导宣传的占比最大，有 482 户，占比约为52.79%；其次是认为从来没有开展过就业指导宣传的，有 347 户，占比约为 38.01%。邻居外出务工的平均值为 2.58，认为邻居外出务工非常多的占比最大，有 538 户，占比约为 58.93%；其次是认为邻居外出务工不是很多的，有 370 户，占比约为 40.53%。亲戚朋友外出务工的平均值为 2.59，认为亲戚朋友外出务工非常多的占比最大，有 558 户，占比约为 61.12%；其次是认为亲戚朋友外出务工不是很多的，有 339 户，占比约为 37.13%。可见，农村就业服务的整体水平偏低，离城乡就业服务均等化目标仍有较大差距。

表 6-1　农户机会不平等的指标体系及权重

一级维度	二级维度	指标	指标定义	平均值	标准差	指标方向	w_j
户籍机会不平等	区位条件	区位距离 1	描述农户到乡镇的距离，采用高德地图测量农户住址到乡（镇）人民政府的距离	4.88	4.93	+	0.98
		区位距离 2	描述农户到县城的距离，采用高德地图测量农户住址到县（区）人民政府的距离	28.31	20.46	+	2.31
		区位时间	描述农户到县城的时间，采用高德地图自驾模式测量农户住址到县（区）人民政府的时间	50.95	35.53	+	2.10
		区位距离 3	描述农户到省城的距离，采用高德地图测量农户住址到省级人民政府的距离	311.42	193.57	+	2.95
	经济发展	亲戚的经济状况	描述经常联系的亲戚的经济状况。定义"1"为非常差，"2"为比较差，"3"为一般，"4"为比较好，"5"为非常好	3.16	0.59	−	1.38
		朋友的经济状况	描述经常联系的朋友的经济状况。指标具体定义同上	3.20	0.57	−	1.34
		邻居的经济状况	描述邻居的经济状况。指标具体定义同上	3.09	0.52	−	1.63
		乡村的经济状况	描述农户所在乡村的经济状况。指标具体定义同上	2.95	0.57	−	1.34
		乡镇的经济状况	描述农户所在乡（镇）的经济状况。指标具体定义同上	3.10	0.55	−	1.28
		县域的经济状况	描述农户所在县（区）的经济状况。指标具体定义同上	3.13	0.58	−	1.36

表6-1(续)

一级维度	二级维度	指标	指标定义	平均值	标准差	指标方向	w_j
户籍机会不平等	基础设施环境	交通设施1	描述农户到火车站的距离,采用高德地图测量农户住址到最近客运火车站的距离	57.45	53.56	+	0.82
		交通设施2	描述农户到汽车站的距离,采用高德地图测量农户住址到最近长途汽车站的距离	26.12	31.04	+	0.70
		交通设施3	描述农户到乡(镇)人民政府的道路等级。定义"1"为单车道泥土路,"2"为单车道水泥路,"3"为双车道水泥路,"4"为双车道沥青路,"5"为多车道沥青路	2.84	0.90	−	1.37
		自来水设施	描述农户所在村通自来水的情况。定义"1"为已通自来水,"2"为未通自来水	1.19	0.39	+	1.79
		天然气设施	描述农户所在村通天然气的情况。定义"1"为已通天然气,"2"为未通天然气	1.51	0.50	+	2.28
		乡村环境设施	描述农户所在村的环境情况。定义"1"为环境变好,"2"为环境变差	1.10	0.30	+	1.37
教育机会不平等		小学教育距离	描述农户到小学的距离,采用高德地图测量农户住址到可以入读的小学的距离	4.54	5.24	+	4.37
		小学教育评价	描述小学在全县(区)的整体水平。定义"1"为非常低,"2"为比较低,"3"为一般,"4"为比较高,"5"为非常高	2.78	0.69	−	4.03
		初中教育距离	描述农户到初中学校的距离,采用高德地图测量农户住址到可以入读的初中学校的距离	8.65	13.35	+	3.58
		初中教育评价	描述初中学校在该县(区)的整体水平。定义"1"为非常低,"2"为比较低,"3"为一般,"4"为比较高,"5"为非常高	2.91	0.72	−	4.20
		高中教育距离	描述农户到高中学校的距离,采用高德地图测量农户住址到最近高中学校的距离	17.61	17.18	+	4.53
		高中教育评价	描述高中在该市(州)的整体水平。定义"1"为非常低,"2"为比较低,"3"为一般,"4"为比较高,"5"为非常高	3.26	0.73	−	4.29
医疗机会不平等		乡(镇)卫生院距离	描述农户到乡(镇)卫生院的距离,采用高德地图测量农户住址到最近乡(镇)卫生院的距离	4.59	4.89	+	2.83
		乡(镇)卫生院评价	描述乡(镇)卫生院在该县(区)的整体水平。定义"1"为非常低,"2"为比较低,"3"为一般,"4"为比较高,"5"为非常高	2.86	0.72	−	8.80
		县(区)医院距离	描述农户到县(区)人民医院的距离,采用高德地图测量农户住址到县(区)人民医院的距离	28.12	20.71	+	6.70
		县(区)医院评价	描述县(区)人民医院在该市(州)的整体水平。定义"1"为非常低,"2"为比较低,"3"为一般,"4"为比较高,"5"为非常高	3.27	0.73	−	6.67

表6-1(续)

一级维度	二级维度	指标	指标定义	平均值	标准差	指标方向	w_j
就业机会不平等		技能培训情况	描述农户所在村开展技能培训的情况。定义"1"为从来没有开展过,"2"为偶尔开展,"3"为经常开展	1.64	0.64	−	6.97
		就业情况1	描述农户所在村开展创业就业指导宣传的情况。指标具体定义同上	1.71	0.62	−	6.80
		就业情况2	描述农户的邻居外出务工情况。定义"1"为基本没有,"2"为不是很多,"3"为非常多	2.58	0.50	−	5.50
		就业情况3	描述农户经常联系的亲戚朋友外出务工情况。指标具体定义同上	2.59	0.53	−	5.73

注:表中权重之和为100,4个一级维度的权重均为25。

6.1.3 机会不平等的测度结果分析

6.1.3.1 全部地区的测度结果分析

从农户机会不平等指数的结构图(图6-1)看,其基本呈现"橄榄"状结构,离理想中的"金字塔"结构相差甚远。从机会不平等指数的区间占比来看,占比最大的是30~40的,有369户,占比超过2/5,达到40.42%;其次是20~30的,有247户,占比约为27.05%;接着是40~50的,有212户,占比约为23.22%。这三部分超过了90%,意味着绝大部分农户家庭的机会不平等指数集中在20~50。50及以上的有73户,占比约为8.00%;20以下的有12户,占比约为1.31%。上述数据表明,四川省农户机会不平等指数的结构不太合理,低机会不平等的农户家庭占比较小,高机会不平等的农户家庭占比较大。

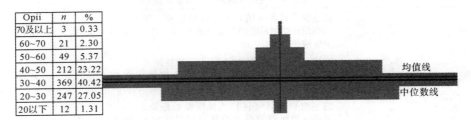

Opii	n	%
70及以上	3	0.33
60~70	21	2.30
50~60	49	5.37
40~50	212	23.22
30~40	369	40.42
20~30	247	27.05
20以下	12	1.31

均值线

中位数线

图6-1 农户机会不平等指数的结构

6.1.3.2 分类地区的测度结果分析

（1）农户机会不平等的描述性统计。从农户机会不平等指数的中位数（表6-2）看，一类地区<二类地区<三类地区，其中一、二类地区相差2.43，二、三类地区相差2.3。从农户机会不平等指数的平均值看，一类地区<二类地区<三类地区，其中一、二类地区相比差异较小，但一、二类地区与三类地区相比差异较大，三类地区的平均值约为一类地区的1.12倍。上述数据表明，四川省农户的机会不平等呈现"一、二类地区<三类地区"的特征。

表6-2　农户机会不平等指数的测度结果

序号	地区类型	中位数	平均值	标准差	最小值	最大值
1	一类地区	32.71	34.82	9.36	13.69	74.29
2	二类地区	35.14	35.46	7.69	16.13	71.36
3	三类地区	37.44	38.93	10.72	14.55	64.31
4	全部地区	35.19	36.27	9.43	13.69	74.29

（2）农户机会不平等的差异性分析。从独立样本 T 检验（表6-3）看，一类地区与二类地区相比，方差方程的 Sig 值（0.000）<0.05，即方差齐性不一致，以"方差不相等"行的结果为依据，均值方程 T 检验的 Sig 值（0.347）>0.05，表明一、二类地区的机会不平等指数没有显著差异；一、二类地区与三类地区相比，方差方程的 Sig 值（0.000）<0.05，即方差齐性不一致，以"方差不相等"行的结果为依据，均值方程 T 检验的 Sig 值（0.000）<0.05，表明一、二类地区与三类地区的机会不平等指数具有显著差异。从单样本 T 检验看，一、二类地区与全部地区相比，单样本 T 检验的 Sig 值（0.001）<0.05，表明一、二类地区与全部地区的机会不平等指数具有显著差异；三类地区与全部地区相比，单样本 T 检验的 Sig 值（0.000）<0.05，表明三类地区与全部地区的机会不平等指数具有显著差异。上述数据表明，四川省农户的机会不平等在部分地区之间具有显著差异。

表 6-3 比较均值的检验结果（农户机会不平等指数）

组别	假设	方差方程的 Levene 检验		均值方程的 T 检验（单样本 T 检验）		选用结果
		F	Sig.	t	Sig.（双侧）	
一类地区 VS 二类地区	方差相等	13.629	0.000	−0.939	0.348	×
	方差不相等			−0.942	0.347	√
一、二类地区 VS 三类地区	方差相等	18.219	0.000	5.667	0.000	×
	方差不相等			5.188	0.000	√
一、二类地区 VS 全部地区	检验值 = 36.27			−3.352	0.001	
三类地区 VS 全部地区	检验值 = 36.27			4.102	0.000	

注：独立样本 T 检验和单样本 T 检验设置的置信区间为 95%。

6.2　研究假设、模型构建及变量说明

6.2.1　研究假设

根据前文的理论分析，户籍机会不平等、教育机会不平等、医疗机会不平等和就业机会不平等 4 个方面共同组成农户家庭的机会不平等。机会不平等与相对贫困有着密切联系，是相对贫困形成的外部因素，机会不平等通过"基本活动能力""相对剥夺效应"和"负向隧道效应"的作用机制去影响相对贫困。据此，提出以下假设：

H3：机会不平等对农户相对贫困具有正向影响，即农户的机会不平等程度越大，农户陷入相对贫困的概率就越大。构成机会不平等的四个方面也具有类似关系，即

H3（a）：户籍机会不平等对农户相对贫困具有正向影响。

H3（b）：教育机会不平等对农户相对贫困具有正向影响。

H3（c）：医疗机会不平等对农户相对贫困具有正向影响。

H3（d）：就业机会不平等对农户相对贫困具有正向影响。

6.2.2 模型构建

基于前文理论分析和 4.2.3 小节的分析结果，农户多维相对贫困的状态（y_i）有两种选择：$y_i=1$（是多维相对贫困）或 $y_i=0$（不是多维相对贫困）。这是一个典型的二值选择问题。因此，本研究中选用"二元 Logistic 回归模型"进行研究。用 P 表示农户处于多维相对贫困状态的概率，建立以下回归模型：

$$\begin{cases} Y = \beta_0 + \sum \beta_i x_i + \varepsilon \\ P = \dfrac{\exp(\beta_0 + \sum \beta_i x_i)}{1 + \exp(\beta_0 + \sum \beta_i x_i)} \\ 1 - P = \dfrac{1}{1 + \exp(\beta_0 + \sum \beta_i x_i)} \end{cases} \tag{6-7}$$

首先，计算概率比（or），$or = P/(1-P)$；然后，对概率 P 进行非线性变化，将概率比转化到 Logistic 模型中，即 $\mathrm{Logit}(P) = \ln(or) = \ln[P/(1-P)]$；最后，将式 6-7 带入 Logistic 模型中，即得到 Logistic 回归方程：

$$\mathrm{Logit}(P) = \beta_0 + \sum \beta_i x_i = \beta_0 + \beta_1 x_1 + \beta_2 x_2 + \cdots + \beta_m x_m + \varepsilon \tag{6-8}$$

式 6-8 中，$x_i(i=1,2,\cdots,m)$ 表示可能影响农户多维相对贫困的第 i 种因素，β_0 是回归截距，β_i 为相应因素的回归系数，ε 为随机误差项。

6.2.3 变量说明

6.2.3.1 因变量

因变量为农户多维相对贫困的状态，以 4.2.3 小节的分析结果为依据。当农户是多维相对贫困时，其值为 1；当农户不是多维相对贫困时，其值为 0。因变量详情参见 5.2.3.1 部分的变量说明。

6.2.3.2 自变量

自变量为基于环境度量的机会不平等指数（Opii），以 6.1 节的分析结果为依据。由于机会不平等指数是一个综合指数，本研究还将分析构成机会不平等指数的变量对农户相对贫困的影响，即户籍机会不平等指数（Ropii）、教育机会不平等指数（Eopii）、医疗机会不平等指数（Mopii）和就业机会不平等指数（Emopii）也作为自变量。

6.3.2.3 控制变量

控制变量分为两类：农户家庭特征变量和农户家庭生计资本变量（不含人力资本变量）。控制变量详情参见 5.2.3.3 部分的变量说明。

综上，本章实证研究中包含因变量、自变量、控制变量三类变量，变量的描述性统计见表6-4。

表6-4　变量的描述性统计

变量类型	变量名称	代码	观测值	均值	标准差	最小值	最大值
因变量	农户多维相对贫困的状态	Mrp2	913	0.240	0.427	0	1
		Mrp3	913	0.085	0.280	0	1
自变量	机会不平等指数	Opii	913	36.27	9.43	13.69	74.29
	户籍机会不平等指数	Ropii	913	8.52	2.78	2.86	18.11
	教育机会不平等指数	Eopii	913	8.24	2.67	1.14	19.56
	医疗机会不平等指数	Mopii	913	8.07	3.39	0.93	20.68
	就业机会不平等指数	Emopii	913	11.44	4.72	0.00	22.25
控制变量	建档立卡贫困户	Rph	913	0.084	0.278	0	1
	动态监测户	Dmh	913	0.015	0.123	0	1
	民族	Nation	913	0.057	0.232	0	1
	自然资本指数	Naci	913	6.39	8.14	0.00	80.92
	物质资本指数	Phci	913	47.06	24.95	7.80	96.91
	金融资本指数	Fici	913	67.32	23.61	5.55	100.00
	社会资本指数	Soci	913	32.17	19.64	0.00	94.33

6.3　机会不平等对农户相对贫困的影响分析

6.3.1　多重共线性检验

考虑到农户各变量之间可能存在多重共线性，需要对各变量进行多重共线性检验。通常认为，最大的方差膨胀因子（VIF）不超过 10，即可认为不存在多重共线性。本研究中采用 Stata 15.0 软件计算方差膨胀因子。表6-5 显示，最大的方差膨胀因子为 1.19，远小于 10，说明各变量之间的共线程度在合理范围之内，可以进行回归分析。

表 6-5　变量多重共线性检验结果

序号	变量	VIF	序号	变量	VIF
1	Opii	1.19	7	Dmh	1.17
2	Ropii	1.19	8	Nation	1.05
3	Eopii	1.13	9	Naci	1.04
4	Mopii	1.09	10	Phci	1.13
5	Emopii	1.08	11	Fici	1.05
6	Rph	1.16	12	Soci	1.06

6.3.2　机会不平等对农户相对贫困的影响

表 6-6 为临界值 $k=0.2$ 时的回归结果，表 6-7 为临界值 $k=0.3$ 时的回归结果。模型（1）~（4）和模型（6）~（9）为 Logit 回归模型，其中模型（1）和（6）未加入任何控制变量，模型（2）和（7）中加入了家庭特征控制变量，模型（3）和（8）中加入了家庭生计资本控制变量，模型（4）和（9）中加入了全部控制变量；模型（5）和（10）为 Probit 回归模型。10 个模型方程对应的 P 值为 0.000 0，表明模型方程所有系数的联合显著性很高；模型方程（1）~（5）的正确预测比例超过了 76%，模型方程（6）~（10）的正确预测比例超过了 90%，表明模型方程拟合优度较好；10 个模型使用稳健标准误后的结果与普通标准误非常接近，表明模型设定正确。

6.3.2.1　机会不平等对农户相对贫困的影响

从机会不平等看，模型（1）~（10）中的机会不平等的系数均为正数，且在 1% 置信水平上显著，表明机会不平等对农户相对贫困具有显著的正向影响，假设 H3 通过验证，即农户的机会不平等程度越大，农户陷入相对贫困的概率就越大。模型（1）~（4）中的机会不平等的系数为 0.068 7~0.075 5，模型（6）~（9）中的机会不平等的系数为 0.121 5~0.133 7，两个表中的机会不平等的系数差异极小，表明 Logit 回归结果具有稳健性。从模型（4）和（9）的概率比看，假设其他条件不变，机会不平等指数每增加一个单位，模型（4）中农户陷入相对贫困的概率比将增加 7.11%（1.071 1-1），模型（9）中农户陷入相对贫困的概率比将增加 13.81%（1.138 1-1），这意味着对于剥夺份额越深的人群，降低其机会不平等对缓解相对贫困的作用越明显。

表6-6 机会不平等对农户相对贫困的回归结果（Mrp2）

| | Logit | | | | | | | | Probit |
| | (1) | | (2) | | (3) | | (4) | | (5) |
	B	Exp(B)	B	Exp(B)	B	Exp(B)	B	Exp(B)	B
Opii	0.075 5*** (0.007)	1.080 6***	0.069 7*** (0.009)	1.072 2	0.074 1*** (0.010)	1.076 9***	0.068 7*** (0.010)	1.071 1***	0.040 3*** (0.006)
Rph			1.030 0*** (0.280)	2.800 9***			0.959 0*** (0.295)	2.609 1***	0.572 8*** (0.173)
Dmh			2.715 3* (1.096)	15.108 5*			2.369 5** (1.141)	10.692**	1.443 6** (0.658)
Nation			0.484 9 (0.320)	1.624 0			0.302 1 (0.326)	1.352 7	0.187 3 (0.192)
Naci					-0.029 3** (0.012)	0.971 1**	-0.027 7** (0.012)	0.972 6**	-0.015 4** (0.007)
Phci					-0.024 4*** (0.004)	0.975 9***	-0.022 6*** (0.004)	0.977 7***	-0.012 5*** (0.002)
Fici					-0.012 4*** (0.004)	0.987 6***	-0.011 4*** (0.004)	0.988 6***	-0.006 3*** (0.002)
Soci					-0.017 5*** (0.005)	0.982 7***	-0.016 5*** (0.005)	0.983 7***	-0.009 4*** (0.003)
C	-4.083 6*** (0.353)	0.016 8***	-3.958 0*** (0.364)	0.019 1***	-1.375 0*** (0.506)	0.252 8***	-1.494 5*** (0.516)	0.224 4***	-0.956 7*** (0.296)
N	913		913		913		913		913
LR χ^2	87.02		123.38		154.91		179.13		179.57
Prob>χ^2	0.000 0		0.000 0		0.000 0		0.000 0		0.000 0
Pseudo R^2	0.086 5		0.122 6		0.154 0		0.178 1		0.178 5
Correctly classified	76.56%		78.09%		79.63%		79.08%		79.41%

注：**、***分别表示在5%、1%置信水平上显著，括号内数字为系数的标准误。

表 6-7 机会不平等对农户相对贫困的回归结果 (Mrp3)

| | Logit | | | | | | | | Probit |
| | (6) | | (7) | | (8) | | (9) | | (10) |
	B	Exp(B)	B	Exp(B)	B	Exp(B)	B	Exp(B)	B
Opii	0.127 6*** (0.013)	1.136 1***	0.121 5*** (0.014)	1.129 1***	0.133 7*** (0.015)	1.143 0***	0.129 3*** (0.016)	1.138 1***	0.069 4*** (0.008)
Rph			0.990 4*** (0.378)	2.692 2***			0.789 6** (0.392)	2.202 5**	0.469 0** (0.213)
Dmh			0.839 0 (0.730)	2.314 0			-0.000 9 (0.804)	0.999 1	0.053 0 (0.452)
Nation			-0.184 9 (0.455)	0.831 2			-0.197 3 (0.447)	0.821 0	0.019 2 (0.223)
Naci					-0.043 3** (0.019)	0.957 6**	-0.040 5** (0.019)	0.960 3**	-0.018 6** (0.009)
Phci					-0.032 7*** (0.008)	0.967 8***	-0.030 9*** (0.008)	0.969 5***	-0.015 4*** (0.004)
Fici					-0.015 0*** (0.006)	0.985 1***	-0.014 2** (0.006)	0.985 9**	-0.006 6** (0.003)
Soci					-0.022 5*** (0.008)	0.977 8***	-0.021 7*** (0.008)	0.978 5***	-0.010 9*** (0.004)
C	-7.589 7*** (0.602)	0.000 5***	-7.482 4*** (0.612)	0.000 6***	-4.704 4*** (0.791)	0.009 1***	-4.762 5*** (0.797)	0.008 5***	-2.780 1*** (0.428)
N	913		913		913		913		913
LR χ^2	114.62		126.08		157.16		161.59		163.39
Prob>χ^2	0.000 0		0.000 0		0.000 0		0.000 0		0.000 0
Pseudo R^2	0.215 1		0.236 6		0.294 9		0.303 2		0.306 6
Correctly classified	90.69%		91.24%		92.33%		92.22%		91.89%

注：**、 *** 分别表示在 5% 和 1% 置信水平上显著，括号内数字为系数的标准误。

6.3.2.2　模型控制变量对相对贫困的影响

从家庭特征控制变量看，与 5.3.2.2 中的结果一致。建档立卡贫困户、动态监测户和民族三个变量通过显著性检验（10% 置信水平）的系数均为正数，未通过显著性检验（10% 置信水平）的系数有正有负，表明家庭特征变量对农户相对贫困的影响在不同条件下具有差异性，但主要为正向影响，即建档立卡贫困户、动态监测户或少数民族户陷入相对贫困的概率大于其他人群。

从家庭生计资本控制变量看，与 5.3.2.2 中的结果略有差异。其中物质资本指数和金融资本指数对相对贫困的影响一致，自然资本指数和社会资本指数对相对贫困的影响存在差异。具体而言，物质资本指数的系数在 6 个模型中均通过了 1% 置信水平上的显著性检验，所有系数的符号为负，即物质资本对相对贫困具有显著的负向影响；系数的概率比为 0.97~0.98，即在其他条件不变的情况下，物质资本指数每增加一个单位，农户陷入相对贫困的概率比将下降 2~3 个百分点。金融资本指数的系数在 6 个模型中均通过了 5% 置信水平上的显著性检验，所有系数的符号为负，即金融资本对相对贫困具有显著的负向影响；系数的概率比为 0.985~0.99，即在其他条件不变的情况下，金融资本指数每增加一个单位，农户陷入相对贫困的概率比将下降 1~1.5 个百分点。自然资本指数和社会资本指数的系数在 6 个模型中通过了 5% 置信水平上的显著性检验，所有系数的符号为负，即在相应条件下，自然资本和社会资本对相对贫困具有显著的负向影响。

6.3.3　机会不平等各变量对农户相对贫困的影响

表 6-8 为临界值 $k=0.2$ 时的回归结果，表 6-9 为临界值 $k=0.3$ 时的回归结果。模型（11）~（18）为 Logit 回归模型，8 个模型中均加入了家庭特征控制变量和家庭生计资本控制变量，其中模型（11）和（15）考察户籍机会不平等指数对相对贫困的影响，模型（12）和（16）考察教育机会不平等指数对相对贫困的影响，模型（13）和（17）考察医疗机会不平等指数对相对贫困的影响，模型（14）和（18）考察就业机会不平等指数对相对贫困的影响。8 个模型方程对应的 P 值为 0.000 0，表明模型方程所有系数的联合显著性很高；模型方程（11）~（14）的正确预测比例超过了 77%，模型方程（15）~（18）的正确预测比例超过了 91%，表明模型方程拟合优度较好；8 个模型使用稳健标准误后的结果与普通标准误非常

接近，表明模型设定正确。

6.3.3.1　户籍机会不平等指数对农户相对贫困的影响

从户籍机会不平等指数看，模型（11）和（15）的户籍机会不平等指数的系数均为正数，且在1%置信水平上显著，表明户籍机会不平等对农户相对贫困具有显著的正向影响，假设H3（a）通过验证，即农户户籍机会不平等程度越大，农户陷入相对贫困的概率就越大。从模型（11）和（15）的概率比看，假设其他条件不变，户籍机会不平等指数每增加一个单位，模型（11）中农户陷入相对贫困的概率比将增加6.02%（1.060 2-1），模型（15）中农户陷入相对贫困的概率比将增加10.59%（1.105 9-1），这意味着对于剥夺份额越深的人群，降低其户籍机会不平等对缓解相对贫困的作用越明显。

6.3.3.2　教育机会不平等指数对农户相对贫困的影响

从教育机会不平等指数看，模型（12）和（16）的教育机会不平等指数的系数均为正数，且在1%置信水平上显著，表明教育机会不平等对农户相对贫困具有显著的正向影响，假设H3（b）通过验证，即农户教育机会不平等程度越大，农户陷入相对贫困的概率就越大。从模型（12）和（16）的概率比看，假设其他条件不变，教育机会不平等指数每增加一个单位，模型（12）中农户陷入相对贫困的概率比将增加11.67%（1.116 7-1），模型（16）中农户陷入相对贫困的概率比将增加26.86%（1.268 6-1），这意味着对于剥夺份额越深的人群，降低其教育机会不平等对缓解相对贫困的作用越明显。

6.3.3.3　医疗机会不平等指数对农户相对贫困的影响

从医疗机会不平等指数看，模型（13）和（17）的医疗机会不平等指数的系数均为正数，且在1%置信水平上显著，表明医疗机会不平等对农户相对贫困具有显著的正向影响，假设H3（c）通过验证，即农户医疗机会不平等程度越大，农户陷入相对贫困的概率就越大。从模型（13）和（17）的概率比看，假设其他条件不变，医疗机会不平等指数每增加一个单位，模型（13）中农户陷入相对贫困的概率比将增加9.25%（1.092 5-1），模型（17）中农户陷入相对贫困的概率比将增加20.26%（1.202 6-1），这意味着对于剥夺份额越深的人群，降低其医疗机会不平等对缓解相对贫困的作用越明显。

6.3.3.4　就业机会不平等指数对农户相对贫困的影响

从就业机会不平等指数看，模型（14）和（18）的就业机会不平等指数的系数均为正数，且在 1% 置信水平上显著，表明就业机会不平等对农户相对贫困具有显著的正向影响，假设 H3（d）通过验证，即农户就业机会不平等程度越大，农户陷入相对贫困的概率就越大。从模型（14）和（18）的概率比看，假设其他条件不变，医疗机会不平等指数每增加一个单位，模型（14）中农户陷入相对贫困的概率比将增加 20.31%（1.203 1−1），模型（18）中农户陷入相对贫困的概率比将增加 65.16%（1.651 6−1），这意味着对于剥夺份额越深的人群，降低其就业机会不平等对缓解相对贫困的作用越明显。

6.3.3.5　各变量对农户相对贫困影响的比较分析

对比 4 组模型可以发现，从陷入相对贫困概率比的增加比例看，就业机会不平等指数>教育机会不平等指数>医疗机会不平等指数>户籍机会不平等指数。这表明涉及民生实事的就业、教育、医疗等方面需要有均等机会，机会不平等程度越大，将会导致越多人陷入相对贫困。降低机会不平等的关键是降低就业机会不平等、教育机会不平等和医疗机会不平等。

6.3.3.6　模型控制变量对农户相对贫困的影响

从家庭特征控制变量看，与 5.3.3.7 中的结果一致。建档立卡贫困户、动态监测户和民族三个变量通过显著性检验（10% 置信水平）的系数均为正数，未通过显著性检验（10% 置信水平）的系数有正有负，表明家庭特征变量对农户相对贫困的影响在不同条件下具有差异性，但主要为正向影响，即建档立卡贫困户、动态监测户或少数民族户陷入相对贫困的概率大于其他人群。

从家庭生计资本控制变量看，与 5.3.3.7 中的结果一致。具体而言，物质资本指数的系数在 8 个模型中均通过了 1% 置信水平上的显著性检验，所有系数的符号为负，即物质资本对相对贫困具有显著的负向影响；系数的概率比为 0.96~0.98，即在其他条件不变的情况下，物质资本指数每增加一个单位，农户陷入相对贫困的概率比将下降 2~4 个百分点。金融资本指数的系数在 8 个模型中均通过了 10% 置信水平上的显著性检验，所有系数的符号为负，即金融资本对相对贫困具有显著的负向影响；系数的概率比为 0.985~0.995，即在其他条件不变的情况下，金融资本指数每增加一个单位，农户陷入相对贫困的概率比将下降 0.5~1.5 个百分点。自然资本指数和社会资本指数的系数均为负数，但有部分模型没有通过 10% 置信水平上的显著性检验，即自然资本和社会资本对相对贫困的影响存在不确定性，在一定条件下具有显著的负向影响。

表 6-8　机会不平等各变量对农户相对贫困的回归结果（Mrp2）

	Logit：（Mrp2）							
	(11)		(12)		(13)		(14)	
	B	Exp(B)	B	Exp(B)	B	Exp(B)	B	Exp(B)
Ropii	0.058 5***	1.060 2***						
	(0.032)							
Eopii			0.110 4***	1.116 7***				
			(0.032)					
Mopii					0.088 4***	1.092 5***		
					(0.025)			
Emopii							0.184 9***	1.203 1***
							(0.023)	
Rph	1.042 2***	2.835 6***	0.977 5***	2.657 8***	1.006 2***	2.735 1***	1.143 2***	3.136 9***
	(0.279)		(0.283)		(0.283)		(0.303)	
Dmh	2.437 0**	11.438**	2.472 7**	11.854**	2.442 2**	11.498**	2.321 4**	10.190**
	(1.111)		(1.112)		(1.113)		(1.124)	
Nation	0.661 5**	1.937 7**	0.479 2	1.614 7	0.533 2*	1.704 4*	0.533 4	1.704 7
	(0.317)		(0.323)		(0.322)		(0.328)	
Naci	-0.015 0	0.985 1	-0.018 8*	0.981 4*	-0.015 5	0.984 6	-0.010 4	0.989 7
	(0.011)		(0.011)		(0.011)		(0.011)	
Phci	-0.024 9***	0.975 4***	-0.026 5***	0.973 9***	-0.026 2***	0.974 1***	-0.021 4***	0.978 8***
	(0.004)		(0.004)		(0.004)		(0.004)	
Fici	-0.011 2***	0.988 9***	-0.011 8***	0.988 3***	-0.012 6***	0.987 5***	-0.008 1**	0.991 9**
	(0.004)		(0.004)		(0.004)		(0.004)	
Soci	-0.013 6***	0.986 5***	-0.014 9***	0.985 2***	-0.016 6***	0.983 5***	-0.011 9**	0.988 2**
	(0.005)		(0.005)		(0.005)		(0.005)	
C	0.463 8	1.590 1	0.233 6	1.263 1	0.498 8	1.646 7	-1.767 9***	0.170 7***
	(0.461)		(0.420)		(0.388)		(0.505)	
N	913		913		913		913	
LR χ^2	131.05		139.96		140.59		206.69	
Prob>χ^2	0.000 0		0.000 0		0.000 0		0.000 0	
Pseudo R^2	0.130 3		0.139 1		0.139 8		0.205 5	
Correctly classified	78.53%		79.08%		77.98%		80.72%	

注：*、**、*** 分别表示在 10%、5%、1% 置信水平上显著，括号内数字为系数的标准误。

表 6-9　机会不平等各变量对农户相对贫困的回归结果（Mrp3）

	(15)		(16)		(17)		(18)	
	B	Exp(B)	B	Exp(B)	B	Exp(B)	B	Exp(B)
Ropii	0.100 6**	1.105 9**						
	(0.047)							
Eopii			0.237 9***	1.268 6***				
			(0.043)					
Mopii					0.184 5***	1.202 6***		
					(0.035)			
Emopii							0.501 7***	1.651 6***
							(0.053)	
Rph	1.030 7***	2.803 1***	0.877 2**	2.404 1**	0.917 0**	2.501 8**	1.301 5***	3.675 0***
	(0.353)		(0.364)		(0.366)		(0.467)	
Dmh	0.586 3	1.797 4	0.581 0	1.787 8	0.455 9	1.577 6	0.183 7	1.201 7
	(0.673)		(0.700)		(0.715)		(0.873)	
Nation	0.333 1	1.395 3	-0.063 0	0.938 9	-0.012 8	0.987 3	0.449 1	1.566 9
	(0.424)		(0.436)		(0.447)		(0.493)	
Naci	-0.013 3	0.986 8	-0.023 3	0.977 0	-0.017 2	0.983 0	-0.013 0	0.987 1
	(0.016)		(0.017)		(0.017)		(0.018)	
Phci	-0.033 1***	0.967 5***	-0.037 4***	0.963 3***	-0.036 3***	0.964 4***	-0.026 5***	0.973 8***
	(0.007)		(0.008)		(0.008)		(0.008)	
Fici	-0.012 3**	0.987 7**	-0.013 8**	0.986 3**	-0.015 8***	0.984 4***	-0.004 6*	0.995 4*
	(0.005)		(0.005)		(0.005)		(0.006)	
Soci	-0.017 9**	0.982 3**	-0.021 7***	0.978 6***	-0.025 8***	0.974 5***	-0.011 9	0.988 2
	(0.008)		(0.008)		(0.008)		(0.008)	
C	-0.787 6	0.454 9	-1.528 6**	0.216 8**	-0.883 4	0.413 4	-8.258 2***	0.000 3***
	(0.676)		(0.596)		(0.556)		(1.112)	
N	913		913		913		913	
LR χ^2	79.73		105.50		102.99		228.56	
Prob>χ^2	0.000 0		0.000 0		0.000 0		0.000 0	
Pseudo R^2	0.149 6		0.198 0		0.193 3		0.428 9	
Correctly classified	91.46%		91.89%		91.89%		93.87%	

注：*、**、*** 分别表示在 10%、5%、1% 置信水平上显著，括号内数字为系数的标准误。

6.3.4　稳健性检验分析

常用的稳健性检验方法有：模型替换、分样本回归、变量替换、改变样本容量、补充变量、调整样本期等。考虑到获取数据的实际情况，本章采用模型替换、因变量替换和自变量替换三种方法进行稳健性检验分析。

6.3.4.1　模型替换检验

表 6-10 中采用了 OLS 回归模型，模型（19）为临界值 $k=0.2$ 时的回

归结果，模型（20）为临界值 $k=0.3$ 时的回归结果。从机会不平等看，模型（19）和（20）中的机会不平等的系数均为正数，且在1%置信水平上显著，表明"机会不平等对农户相对贫困具有显著的正向影响"这一结论具有稳健性。

表6-10 基于模型替换的稳健性检验结果（Opii）

	OLS			
	(19)		(20)	
	Mrp2		Mrp3	
Opii	0.010 8***	(0.002)	0.010 1***	(0.001)
C	0.153 9*	(0.085)	−0.142 5***	(0.051)
家庭特征变量	Yes		Yes	
家庭生计资本变量	Yes		Yes	
N	913		913	
Prob>F	0.000 0		0.000 0	
R^2	0.186 8		0.192 4	

注：*、***分别表示在10%、1%置信水平上显著，括号内数字为系数的稳健标准误。

6.3.4.2 因变量替换检验

表6-11采用因变量替换检验，模型（21）~（25）为 Logit 回归模型，模型（26）和（27）为 OLS 回归模型。模型（21）的因变量为主观相对贫困，模型（22）~（24）的因变量为客观相对贫困，模型（25）的因变量为临界值 $k=0.1$ 时的多维相对贫困，模型（26）的因变量为多维相对贫困剥夺指数，模型（27）的因变量为人均收入的对数。

从模型（21）~（25）的结果看，5个模型方程对应的 P 值为 0.000 0，表明模型方程所有系数的联合显著性很高；5个模型方程的正确预测比例超过了71%，表明模型方程拟合优度较好；5个模型中的机会不平等的系数均为正数，且在1%置信水平上显著，再次表明"机会不平等对农户相对贫困具有显著的正向影响"这一结论具有稳健性。

从模型（26）的结果看，机会不平等的系数为正数，且在1%置信水平上显著，表明机会不平等对多维相对贫困剥夺指数具有显著的正向影响，即农户机会不平等程度越大，其多维相对贫困剥夺指数就越大，越容易陷入相对贫困。从模型（27）的结果看，机会不平等的系数为负数，且在1%置信水平上显著，表明机会不平等对人均收入具有显著的负向影响，即农户机会不平等程度越大，其人均收入水平就越低，越容易陷入相对贫困。模型（26）和（27）的结果，从另外视角证明了"机会不平等对农户相对贫困具有显著的正向影响"这一结论具有稳健性。

表6-11　基于因变量替换的稳健性检验结果（Opii）

	Logit					OLS	
	（21）	（22）	（23）	（24）	（25）	（26）	（27）
	Srp	Orp1	Orp2	Orp3	Mrp1	Mrpdi	人均收入的对数
Opii	0.041 3 ***	0.041 8 ***	0.036 6 ***	0.022 0 ***	0.057 6 ***	0.004 6 ***	-0.007 0 ***
	(0.014)	(0.014)	(0.011)	(0.009)	(0.009)	(0.001)	(0.003)
C	-1.934 0 **	-1.800 0 **	-0.774 9	0.010 7	-0.930 3 **	0.047 3 *	9.794 6 ***
	(0.810)	(0.794)	(0.601)	(0.507)	(0.465)	(0.016)	(0.118)
家庭特征变量	Yes	Yes	Yes	Yes	Yes	Yes	Yes
家庭生计资本变量	Yes	Yes	Yes	Yes	Yes	Yes	Yes
N	899	899	899	899	899	913	913
LR χ^2	55.35	53.47	80.90	87.81	164.27		
Prob>F						0.000 0	0.000 0
Prob>χ^2	0.000 0	0.000 0	0.000 0	0.000 0	0.000 0		
R^2						0.295 4	0.256 4
Pseudo R^2	0.127 1	0.119 9	0.116 4	0.095 2	0.138 7		
Correctly classified	93.66%	93.21%	86.76%	79.53%	71.75%		

注：*、**、*** 分别表示在10%、5%和1%置信水平上显著，Logit模型括号内数字为系数的标准误，OLS模型括号内数字为系数的稳健标准误。

6.3.4.3　自变量替换检验

本研究借鉴潘春阳（2011）、孙三百（2014）、黄春华（2016）等学者使用的主观感知法测度了农户的机会不平等感知指数（Opportunity Inequality Perception Index，记为Opipi），采用调查问卷方式测度调查对象对机会不平等的感知程度。调查的问题涉及收入机会公平性、教育机会公平性和社会地位获取机会公平性三个方面。每个问题给予"1~5"分的评价，其中"1"表示非常同意，"5"表示非常不同意。最后根据得分计算机会不平等指数。具体公式为：

$$\text{Opipi}_i = \frac{1}{4}\left(\frac{1}{d}\sum_{j=1}^{d} x_{ij} - 1\right) \times 100 \qquad (6\text{-}9)$$

式6-9中，Opipi_i为调查对象i的机会不平等感知指数，x_{ij}为调查对象i在

指标 j 上的取值，其中 $i=1, 2, \cdots, n$，$j=1, 2, \cdots, d$。机会不平等感知指数越大，表明社会的机会不平等程度越大。

表 6-12 显示，机会不平等感知指数的中位数为 33.33，与机会不平等指数的中位数接近；机会不平等感知指数的平均值为 34.11，与机会不平等指数的平均值接近；机会不平等感知指数的标准差为 17.54，约为机会不平等指数标准差的 2 倍。对两组指数进行独立样本 T 检验，结果显示，方差方程的 Sig 值（0.000）<0.05，即方差齐性不一致，以"方差不相等"行的结果为依据，均值方程 T 检验的 Sig 值（0.001）<0.05，表明两组指数没有显著差异。从两个指数的相关性看，两个指数的相关性系数为 0.247 1，且在 1% 置信水平上显著。上述数据表明，机会不平等感知指数可以作为机会不平等指数的替换变量。

表 6-12　指数的比较结果（Opii & Opipi）

		中位数	平均值	标准差	最小值	最大值
描述性统计	Opii	35.19	36.27	9.43	13.69	74.29
	Opipi	33.33	34.11	17.54	0.00	100.00
独立样本 T 检验		假设	方差方程的 Levene 检验		均值方程的 t 检验	
			F	Sig.	t	Sig.（双侧）
	Opii	方差相等	205.933	0.000	3.277	0.001
	Opipi	方差不相等			3.277	0.001
相关性分析	Opii Opipi	相关系数	0.247 1		P 值	0.000 0

表 6-13 中采用了 Logit 回归模型，模型（28）为临界值 $k=0.2$ 时的回归结果，模型（29）为临界值 $k=0.3$ 时的回归结果。2 个模型方程对应的 P 值为 0.000 0，表明模型方程所有系数的联合显著性很高；2 个模型方程的正确预测比例超过了 80%，表明模型方程拟合优度较好；2 个模型使用稳健标准误后的结果与普通标准误非常接近，表明模型设定正确。2 个模型中的机会不平等感知指数的系数均为正数，且在 1% 置信水平上显著，再次表明"机会不平等对农户相对贫困具有显著的正向影响"这一结论具有稳健性。

表 6-13　基于自变量替换的稳健性检验结果（Opipi）

	Logit			
	(28)		(29)	
	Mrp2		Mrp3	
Opipi	0.065 1***	(0.006)	0.056 7***	(0.007)
C	-1.148 8***	(0.437)	-2.435 2***	(0.644)
家庭特征变量	Yes		Yes	
家庭生计资本变量	Yes		Yes	
N	913		913	
LR χ^2	272.55		142.98	
Prob>χ^2	0.000 0		0.000 0	
Pseudo R^2	0.270 9		0.268 3	
Correctly classified	80.94%		92.11%	

注：*** 表示在 1% 置信水平上显著，括号内数字为系数的稳健标准误。

6.3.5　异质性分析

6.3.5.1　基于地区差异的组间系数比较分析

相对贫困的地区差异性分析表明：一、二类地区之间没有显著差异，但一、二类地区与三类地区相比具有显著差异。机会不平等的地区差异性分析也表明：一、二类地区之间没有显著差异，但一、二类地区与三类地区相比具有显著差异。因此，本研究采用一、二类地区与三类地区进行组间系数比较。

（1）基于似无相关回归模型的组间系数比较分析。表 6-14 中采用似无相关回归模型进行了地区差异比较，模型（30）和（31）的因变量为临界值 $k=0.2$ 时的多维相对贫困，模型（32）和（33）的因变量为临界值 $k=0.3$ 时的多维相对贫困。模型（30）和（31）中的机会不平等系数均在 5% 置信水平上显著，两组的概率比有较大差异，相比较的 χ^2（1）值为 9.79，对应的 P 值（0.001 8）<0.1，表明在临界值 $k=0.2$ 时，机会不平等的系数在一、二类地区和三类地区之间具有显著差异，即机会不平等对缓解相对贫困的作用有地区差异。模型（32）和（33）中的机会不平等指数均在 5% 置信水平上显著，两组的概率比有较大差异，相比较的 χ^2（1）值为 24.56，对应的 P 值（0.000 0）<0.1，表明在临界值 $k=0.3$ 时，机会不

平等指数的系数在一、二类地区和三类地区之间有显著差异，即机会不平等对缓解相对贫困的作用有地区差异。两组差异对比表明，机会不平等对缓解相对贫困的作用有地区差异，在相应条件不变的情况下，降低一、二类地区的机会不平等对缓解相对贫困的作用大于三类地区。

表6-14　基于似无相关回归模型的估计结果（地区差异）

		Mrp2		Mrp3	
		（30）	（31）	（32）	（33）
		Region=1 和 2	Region=3	Region=1 和 2	Region=3
Opii	B	0.102 8 ***	0.035 3 **	0.309 8 ***	0.038 8 **
	Exp(B)	1.109 3 ***	1.035 9 **	1.363 2 ***	1.039 6 **
N		632	267	632	273
SUR		1&2 vs 3		1&2 vs 3	
χ^2（1）		9.79		24.56	
Prob>χ^2		0.001 8		0.000 0	

注：① ** 、 *** 分别表示在5%、1%置信水平上显著。

②Region 表示地区类型，"Region=1 和 2" 表示一、二类地区，"Region=3" 表示三类地区。

③所有模型均控制了家庭特征变量和家庭生计资本变量，基准模型采用 Logit 回归。

（2）基于费舍尔组合检验的组间系数比较分析。表6-15 中采用费舍尔组合检验进行了地区差异比较，模型（34）和（35）的因变量为临界值 $k=0.2$ 时的多维相对贫困，模型（36）和（37）的因变量为临界值 $k=0.3$ 时的多维相对贫困。模型（34）和（35）相比较的 Freq 值为 999，对应的 P 值（0.001）<0.1，与采用似无相关回归模型的结果一致，再次表明在临界值 $k=0.2$ 时，机会不平等指数的系数在一、二类地区和三类地区之间有显著差异，即机会不平等对缓解相对贫困的作用有地区差异。模型（36）和（37）相比较的 Freq 值为 1 000，对应的 P 值（0.000）<0.1，与采用似无相关回归模型的结果一致，再次表明在临界值 $k=0.3$ 时，机会不平等指数的系数在一、二类地区和三类地区之间有显著差异，即机会不平等对缓解相对贫困的作用有地区差异。两组差异对比再次表明，机会不平等对缓解相对贫困的作用有地区差异，在相应条件不变的情况下，降低一、二类地区的机会不平等对缓解相对贫困的作用大于三类地区。

表 6-15　基于费舍尔组合检验的结果（地区差异）

		Mrp2		Mrp3	
		（34）	（35）	（36）	（37）
		Region=1 和 2	Region=3	Region=1 和 2	Region=3
Opii	B	0.102 8 ***	0.035 3 **	0.309 8 ***	0.038 8 **
	Exp(B)	1.109 3 ***	1.035 9 **	1.363 2 ***	1.039 6 **
N			632	267	632
Permutation test		1 vs 0		1 vs 0	
Freq		999		1 000	
p-value		0.001		0.000	

注：①** 、*** 表示在 5%、1% 置信水平上显著。

②Region 表示地区类型，"Region=1 和 2" 表示一、二类地区，"Region=3" 表示三类地区。

③表中采用可重复抽样（Bootstrap Sample）1 000 次。

④所有模型均控制了家庭变量特征和家庭生计资本变量，基准模型采用 Logit 回归。

6.3.5.2　基于机会不平等指数差异的组间系数比较分析

为了检验机会不平等大小对缓解相对贫困的作用是否具有差异性，本研究中采用虚拟变量方法进行人为分组，定义机会不平等指数大于中位数时的 $D=1$，称为高机会不平等指数组；否则 $D=0$，称为低机会不平等指数组。

（1）基于似无相关回归模型的组间系数比较分析。表 6-16 中采用似无相关回归模型进行了机会不平等指数差异比较，模型（38）和（39）的因变量为临界值 $k=0.2$ 时的多维相对贫困，模型（40）和（41）的因变量为临界值 $k=0.3$ 时的多维相对贫困。模型（38）和（39）的机会不平等指数均在 10% 置信水平上显著，两组的概率比差异大不，相比较的 χ^2（1）值为 0.00，对应的 P 值（0.954 2）>0.1，表明在临界值 $k=0.2$ 时，人为分组的两组之间没有显著差异。模型（40）和（41）的机会不平等指数均在 10% 置信水平上显著，两组的概率比差异大不，相比较的 χ^2（1）值为 0.01，对应的 P 值（0.938 0）>0.1，表明在临界值 $k=0.3$ 时，人为分组的两组之间没有显著差异。两组差异对比表明，人为划分的高、低机会不平等组对缓解相对贫困的作用没有显著差异。

表 6-16　基于似无相关回归模型的估计结果（机会不平等指数差异）

		Mrp2		Mrp3	
		（38）	（39）	（40）	（41）
		$D=1$	$D=0$	$D=1$	$D=0$
Opii	B	0.067 8*	0.070 4***	0.095 2*	0.107 0***
	Exp(B)	1.070 2*	1.072 9***	1.099 9*	1.112 9***
	N	458	444	455	455
SUR		1 vs 0		1 vs 0	
χ^2（1）		0.00		0.01	
Prob>χ^2		0.954 2		0.938 0	

注：①*、*** 分别表示在 10%、1%置信水平上显著。

②以机会不平等指数的中位数定义虚拟变量（D），当机会不平等指数大于中位数时，令 $D=1$；否则，$D=0$。

③所有模型均控制了家庭特征变量和家庭生计资本变量，基准模型采用 Logit 回归。

（2）基于费舍尔组合检验的组间系数比较分析。表 6-17 中采用费舍尔组合检验进行了机会不平等指数差异比较，模型（42）和（43）的因变量为临界值 $k=0.2$ 时的多维相对贫困，模型（44）和（45）的因变量为临界值 $k=0.3$ 时的多维相对贫困。模型（42）和（43）相比较的 Freq 值为 543，对应的 P 值（0.457）>0.1，与采用似无相关回归模型的结果一致，再次表明在临界值 $k=0.2$ 时，人为分组的两组之间没有显著差异。模型（44）和（45）相比较的 Freq 值为 690，对应的 P 值（0.310）>0.1，与采用似无相关回归模型的结果一致，再次表明在临界值 $k=0.3$ 时，人为分组的两组之间没有显著差异。两组差异对比再次表明，人为划分的高、低机会不平等组对缓解相对贫困的作用没有显著差异。

表 6-17　基于费舍尔组合检验的结果（机会不平等指数差异）

		Mrp2		Mrp3	
		（42）	（43）	（44）	（45）
		$D=1$	$D=0$	$D=1$	$D=0$
Opii	B	0.067 8*	0.070 4***	0.095 2*	0.107 0***
	Exp(B)	1.070 2*	1.072 9***	1.099 9*	1.112 9***
	N	458	444	455	455
Permutation test		1 vs 0		1 vs 0	

表6-17（续）

	Mrp2		Mrp3	
	（42）	（43）	（44）	（45）
	$D=1$	$D=0$	$D=1$	$D=0$
Freq	543		690	
p-value	0.457		0.310	

注：① *、*** 分别表示在10%、1%置信水平上显著。

②以机会不平等指数的中位数定义虚拟变量（D），当机会不平等指数大于中位数时，令 $D=1$；否则，$D=0$。

③表中采用可重复抽样（Bootstrap Sample）1 000 次。

④所有模型均控制了家庭特征变量和家庭生计资本变量，基准模型采用 Logit 回归。

6.4　本章小结

本章包含三部分内容：第一部分从测度方法、指标选取及测度结果三个方面分析了农户的机会不平等，第二部分提出了研究假设、模型构建及变量说明，第三部分从多重共线性检验、二值选择模型回归结果分析、稳健性检验分析和异质性分析四个方面实证分析了机会不平等对农户相对贫困的影响。概括如下：

（1）采用极值化法和特征法，基于度量环境变量的差异测度了农户的机会不平等。研究发现：农户机会不平等指数的结构图基本呈现"橄榄"状，离理想中的"金字塔"结构相差甚远；农户机会不平等程度在部分地区之间具有显著差异，呈现"一、二类地区<三类地区"的特征。

（2）采用二值选择模型实证分析了机会不平等对农户相对贫困的影响。研究发现：机会不平等对农户相对贫困具有显著的正向影响，构成机会不平等的户籍机会不平等、教育机会不平等、医疗机会不平等和就业机会不平等四个方面也对农户相对贫困具有显著的正向影响；家庭生计资本中的物质资本和金融资本对农户相对贫困具有显著的负向影响，自然资本和社会资本在一定条件下对农户相对贫困具有显著的负向影响；家庭特征中的建档立卡贫困户、动态监测户和民族变量在一定条件下对农户相对贫困具有显著的正向影响。

（3）采用模型替换、因变量替换和自变量替换三种方法进行了稳健性检验。研究结果均表明"机会不平等对农户相对贫困具有显著的正向影响"这一结论具有稳健性。

（4）采用似无相关回归模型和费舍尔组合检验两种方法进行了异质性分析。研究发现：机会不平等对缓解相对贫困的作用存在地区差异，在相应条件不变的情况下，降低一、二类地区的机会不平等对缓解相对贫困的作用大于三类地区；人为划分的高、低机会不平等组对缓解相对贫困的作用没有显著差异。

7 机会不平等、人力资本水平影响农户相对贫困的作用机制分析

第5章和第6章分别从人力资本水平和机会不平等视角对农户相对贫困的影响因素进行了实证研究。结果表明：人力资本水平对农户相对贫困具有显著的负向影响，机会不平等对农户相对贫困具有显著的正向影响。人力资本水平和机会不平等对农户相对贫困表现出相反的影响，这意味着最终的结果如何取决于各个因素的影响大小，即两类因素对不同人群的影响可能有所差异。因此，本章在第5章和第6章实证分析的基础上，将从作用力大小、门槛识别和作用机制三个方面系统探讨机会不平等、人力资本水平与农户相对贫困的关系，为后文提出路径解析和政策启示提供依据。

7.1 机会不平等、人力资本水平对农户相对贫困的作用力大小分析

7.1.1 研究假设、模型构建及变量说明

7.1.1.1 研究假设

根据前文的理论分析和第5、6章的实证分析，机会不平等和人力资本水平与相对贫困有着密切联系，机会不平等是相对贫困形成的外部因素，对相对贫困具有显著的正向影响；人力资本水平是相对贫困形成的内部因素，对相对贫困具有显著的负向影响。据此，提出以下假设：

H4：机会不平等和人力资本水平共同作用于农户相对贫困，机会不平等对农户相对贫困具有正向影响，人力资本水平对农户相对贫困具有负向

影响，即农户的机会不平等程度越大，人力资本水平越小，农户陷入相对贫困的概率就越大。

7.1.1.2 模型构建

基于前文理论分析和4.2.3部分的分析结果，农户多维相对贫困的状态（y_i）有两种选择：$y_i = 1$（是多维相对贫困）或 $y_i = 0$（不是多维相对贫困）。这是一个典型的二值选择问题。因此，本研究中选用"二元Logistic 回归模型"进行研究。用 P 表示农户处于多维相对贫困状态的概率，建立以下回归模型：

$$
\begin{cases}
Y = \beta_0 + \sum \beta_i x_i + \varepsilon \\
P = \dfrac{\exp(\beta_0 + \sum \beta_i x_i)}{1 + \exp(\beta_0 + \sum \beta_i x_i)} \\
1 - P = \dfrac{1}{1 + \exp(\beta_0 + \sum \beta_i x_i)}
\end{cases}
\tag{7-1}
$$

首先，计算概率比（or），$or = P/(1 - P)$；然后，对概率 P 进行非线性变化，将概率比转化到 Logistic 模型中，即 $\mathrm{Logit}(P) = \ln(or) = \ln[P/(1 - P)]$；最后，将式 7-1 带入 Logistic 模型中，即得到 Logistic 回归方程：

$$
\mathrm{Logit}(P) = \beta_0 + \sum \beta_i x_i = \beta_0 + \beta_1 x_1 + \beta_2 x_2 + \cdots + \beta_m x_m + \varepsilon \tag{7-2}
$$

式 7-2 中，$x_i(i = 1, 2, \cdots, m)$ 表示可能影响农户多维相对贫困的第 i 种因素，β_0 是回归截距，β_i 为相应因素的回归系数，ε 为随机误差项。

7.1.1.3 变量说明

（1）因变量

因变量为农户多维相对贫困的状态，以4.2.3部分的分析结果为依据。当农户是多维相对贫困时，其值为1；当农户不是多维相对贫困时，其值为0。因变量详情参见5.2.3.1部分的变量说明。

（2）自变量

自变量1为基于环境度量的机会不平等指数（Opii），以6.1节的分析结果为依据。自变量2为农户人力资本水平（Hucl），以5.1节的分析结果为依据。

（3）控制变量

控制变量分为两个类别：农户家庭特征变量和农户家庭生计资本变量（不含人力资本变量）。控制变量详情参见5.2.3.3部分的变量说明。

7.1.2 作用力大小分析

7.1.2.1 多重共线性检验

考虑到农户各变量之间可能存在多重共线性，需要对各变量进行多重共线性检验。通常认为，最大的方差膨胀因子（VIF）不超过 10，即可认为不存在多重共线性。本研究中采用 Stata 15.0 软件计算方差膨胀因子。表 7-1 显示，最大的方差膨胀因子为 1.20，远小于 10，说明各变量之间的共线程度在合理范围之内，可以进行回归分析。

表 7-1 变量多重共线性检验结果

序号	变量	VIF	序号	变量	VIF
1	Opii	1.20	6	Naci	1.08
2	Hucl	1.15	7	Phci	1.15
3	Rph	1.19	8	Fici	1.04
4	Dmh	1.18	9	Soci	1.09
5	Nation	1.08			

7.1.2.2 机会不平等、人力资本水平对农户相对贫困的影响

表 7-2 为临界值 $k=0.2$ 时的回归结果，表 7-3 为临界值 $k=0.3$ 时的回归结果。模型（1）～（4）和（6）～（9）为 Logit 回归模型，其中模型（1）和（6）未加入任何控制变量，模型（2）和（7）中加入了家庭特征控制变量，模型（3）和（8）中加入了家庭生计资本控制变量，模型（4）和（9）中加入了全部控制变量；模型（5）和（10）为 Probit 回归模型。10 个模型方程对应的 P 值为 0.000 0，表明模型方程所有系数的联合显著性很高；模型方程（1）～（5）的正确预测比例超过了 80%，模型方程（6）～（10）的正确预测比例超过了 94%，表明模型方程拟合优度较好；10 个模型使用稳健标准误后的结果与普通标准误非常接近，表明模型设定正确。

（1）机会不平等、人力资本水平对农户相对贫困的影响

从机会不平等看，模型（1）～（10）中的机会不平等的系数均为正数，且在 1% 置信水平上显著，表明机会不平等对农户相对贫困具有显著的正向影响，再次验证了假设 H3，即农户的机会不平等程度越大，农户陷入相对贫困的概率就越大。模型（1）～（4）中的机会不平等的系数为

0.061 9~0.067 4，模型（5）~（9）中的机会不平等的系数为 0.122 3~
0.127 4，两个表中的机会不平等的系数差异极小，表明 Logit 回归结果具
有稳健性。

从人力资本水平看，模型（1）~（10）中的人力资本水平的系数均为
负数，且在 1% 置信水平上显著，表明人力资本水平对农户相对贫困具有
显著的负向影响，再次验证了假设 H1，即农户的人力资本水平越高，农户
陷入相对贫困的概率就越小。模型（1）~（4）中的人力资本水平的系数
为-0.075 5~-0.069 7，模型（5）~（9）中的人力资本水平的系数为
-0.119 0~-0.114 1，两个表中的人力资本水平的系数差异极小，表明
Logit 回归结果具有稳健性。

综合两个自变量的结果，假设 H4 通过验证，即农户的机会不平等程
度越大，人力资本水平越低，农户陷入相对贫困的概率就越大。

（2）模型控制变量对农户相对贫困的影响

从家庭特征控制变量看，与 5.3.2.2 和 6.3.2.2 中的结果一致。建档
立卡贫困户、动态监测户和民族三个变量通过显著性检验（10% 置信水
平）的系数均为正数，未通过显著性检验（10% 置信水平）的系数有正有
负，表明家庭特征变量对农户相对贫困的影响在不同条件下具有差异性，
但主要为正向影响，即建档立卡贫困户、动态监测户和少数民族户陷入相
对贫困的概率大于其他人群。

从家庭生计资本控制变量看，与 6.3.3.6 中的结果一致。具体而言，
物质资本指数的系数在 6 个模型中均通过了 5% 置信水平上的显著性检验，
所有系数的符号为负，即物质资本对相对贫困具有显著的负向影响；系数
的概率比约为 0.98，即在其他条件不变的情况下，物质资本指数每增加一
个单位，农户陷入相对贫困的概率比将下降 2 个百分点。金融资本指数的
系数在 6 个模型中均通过了 10% 置信水平上的显著性检验，所有系数的符
号为负，即金融资本对相对贫困具有显著的负向影响；系数的概率比约为
0.99，即在其他条件不变的情况下，金融资本指数每增加一个单位，农户
陷入相对贫困的概率比将下降 1 个百分点。自然资本指数和社会资本指数
的系数均为负数，部分模型通过了 10% 置信水平上的显著性检验，即在相
应条件下，自然资本和社会资本对相对贫困具有显著的负向影响。

表7-2 机会不平等、人力资本水平对农户相对贫困的回归结果（Mrp2）

	Logit (1)		Logit (2)		Logit (3)		Logit (4)		Probit (5)
	B	Exp(B)	B	Exp(B)	B	Exp(B)	B	Exp(B)	B
Opii	0.067 4***	1.069 7***	0.061 9***	1.063 8***	0.066 1***	1.068 3***	0.062 9***	1.064 9***	0.036 7***
	(0.010)		(0.010)		(0.011)		(0.011)		(0.006)
Hucl	-0.077 5***	0.925 4***	-0.073 8***	0.928 8***	-0.072 6***	0.929 9***	-0.069 7***	0.932 7***	-0.039 4***
	(0.008)		(0.008)		(0.008)		(0.008)		(0.004)
Rph			0.542 5*	1.720 3*			0.476 4	1.610 2	0.296 5
			(0.302)				(0.310)		(0.182)
Dmh			2.304 0**	10.015***			2.214 1*	9.153 2*	1.330 5*
			(1.121)				(1.165)		(0.683)
Nation			0.583 8*	1.796 5*			0.357 9	1.430 3	0.205 1
			(0.334)				(0.342)		(0.198)
Naci					-0.028 4**	0.972 0**	-0.028 4*	0.972 0**	-0.013 6**
					(0.013)		(0.013)		(0.007)
Phci					-0.020 9***	0.979 3***	-0.019 5***	0.980 7***	-0.011 0***
					(0.004)		(0.004)		(0.002)
Fici					-0.011 3***	0.988 8***	-0.010 5***	0.989 5***	-0.006 1***
					(0.004)		(0.004)		(0.002)
Soci					-0.008 1	0.991 9	-0.007 8	0.992 3	-0.004 8
					(0.005)		(0.005)		(0.003)

表7-2(续)

	Logit						Probit	
	(1)		(2)		(3)		(4)		(5)
	B	Exp(B)	B	Exp(B)	B	Exp(B)	B	Exp(B)	B
C	0.4259	1.5310	0.3146	1.3697	2.2906***	9.8811***	2.0372***	7.6693***	1.0998***
	(0.532)		(0.542)		(0.659)		(0.665)		(0.381)
N	913		913		913		913		913
LR χ^2	227.91		243.73		266.18		276.93		277.84
Prob>χ^2	0.0000		0.0000		0.0000		0.0000		0.0000
Pseudo R^2	0.2265		0.2423		0.2646		0.2753		0.2762
Correctly classified	80.07%		80.18%		81.60%		82.69%		82.58%

注：*、**、***分别表示在10%、5%、1%置信水平上显著，括号内数字为系数的标准误。

表 7-3 机会不平等、人力资本水平对农户相对贫困的回归结果 (Mrp3)

| | Logit | | | | | | | | Probit |
| | (6) | | (7) | | (8) | | (9) | | (10) |
	B	Exp(B)	B	Exp(B)	B	Exp(B)	B	Exp(B)	B
Opii	0.124 6*** (0.016)	1.132 6***	0.122 3*** (0.016)	1.130 1***	0.127 4*** (0.018)	1.135 9***	0.126 9*** (0.018)	1.135 3***	0.067 3*** (0.009)
Hucl	-0.119 0*** (0.014)	0.887 8***	-0.117 3*** (0.014)	0.889 3***	-0.114 8*** (0.015)	0.891 6***	-0.114 1*** (0.015)	0.892 2***	-0.054 3*** (0.007)
Rph			0.316 3 (0.429)	1.372 0			0.233 5 (0.441)	1.263 1	0.101 1 (0.240)
Dmh			0.112 4 (0.852)	1.119 0			-0.297 9 (0.906)	0.742 4	-0.087 8 (0.490)
Nation			0.230 2 (0.481)	1.258 8			0.084 2 (0.483)	1.087 8	0.137 4 (0.242)
Naci					-0.047 0* (0.022)	0.954 1*	-0.046 9 (0.022)	0.954 2	-0.019 9 (0.011)
Phci					-0.023 2*** (0.009)	0.977 1*	-0.022 7** (0.009)	0.977 5**	-0.011 8*** (0.004)
Fici					-0.011 1* (0.006)	0.989 0*	-0.011 3* (0.006)	0.988 8*	-0.005 3* (0.003)
Soci					-0.001 1 (0.008)	0.998 9	-0.001 8 (0.008)	0.998 2	-0.001 5 (0.004)

表7-3（续）

| | Logit | | | | | | | | Probit |
| | (6) | | (7) | | (8) | | (9) | | (10) |
	B	Exp(B)	B	Exp(B)	B	Exp(B)	B	Exp(B)	B
C	-1.779 8**	0.168 7**	-1.843 8**	0.158 2**	-0.165 2	0.847 7	-0.195 3	0.822 6	-0.480 4
	(0.850)		(0.850)		(1.068)		(1.074)		(0.553)
N	913		913		913		913		913
LR χ^2	232.82		233.82		248.79		249.15		242.39
Prob>χ^2	0.000 0		0.000 0		0.000 0		0.000 0		0.000 0
Pseudo R^2	0.436 9		0.438 8		0.466 9		0.467 5		0.454 9
Correctly classified	94.19%		94.30%		94.19%		94.19%		94.19%

注：*、**、***分别表示在10%、5%、1%置信水平上显著，括号内数字为系数的标准误。

7.1.2.3　机会不平等、人力资本水对农户相对贫困的作用力大小分析

结合机会不平等、人力资本水平对农户相对贫困的回归结果，表7-4分析了不同类型的作用力。在临界值 $k=0.2$ 时，在其他条件不变的情况下，若农户的机会不平等每增加 1 个单位，农户陷入相对贫困的概率比将增加 6.49%；若农户的人力资本水平每减少 1 个单位，农户陷入相对贫困的概率比将增加 6.73%；若农户的机会不平等每增加 1 个单位，且同时其人力资本水平每减少 1 个单位，农户陷入相对贫困的概率比将增加 13.22%。在临界值 $k=0.3$ 时，在其他条件不变的情况下，若农户的机会不平等每增加 1 个单位，农户陷入相对贫困的概率比将增加 13.53%；若农户的人力资本水平每减少 1 个单位，农户陷入相对贫困的概率比将增加 10.78%；若农户的机会不平等每增加 1 个单位，且同时其人力资本水平每减少 1 个单位，农户陷入相对贫困的概率比将增加 24.31%。两个类型的数据对比表明，对于剥夺份额越深的人群，降低其机会不平等和提高其人力资本水平对缓解相对贫困的作用越明显。

当机会不平等和人力资本水平呈反方向变动时，对农户相对贫困的影响方向具有确定性。降低农户机会不平等和提高农户人力资本水平，会使农户陷入相对贫困的概率比降低；而提高农户机会不平等和降低农户人力资本水平，会使农户陷入相对贫困的概率比增加。这从另外视角再次验证了假设 H4，即农户的机会不平等程度越大，人力资本水平越小，农户陷入相对贫困的概率就越大。

当机会不平等和人力资本水平呈同方向变动时，对农户相对贫困的影响方向具有不确定性。在类型 3 中，人力资本水平对农户相对贫困的作用大于机会不平等，因而使农户陷入相对贫困的概率比降低；但在类型 7 中，人力资本水平对农户相对贫困的作用小于机会不平等，因而使农户陷入相对贫困的概率比增加。这意味着，对于剥夺份额越大的人群，降低其机会不平等更重要。

表7-4　机会不平等、人力资本水平对农户相对贫困的作用力比较

类型		机会不平等	相对贫困的概率比	人力资本水平	相对贫困的概率比	相对贫困的概率比（合计）
Mrp2	1	↑1 单位	6.49%	↓1 单位	6.73%	13.22%
	2	↓1 单位	−6.49%	↓1 单位	6.73%	0.24%
	3	↑1 单位	6.49%	↑1 单位	−6.73%	−0.24%
	4	↓1 单位	−6.49%	↑1 单位	−6.73%	−13.22%

表7-4(续)

类型		机会不平等	相对贫困的概率比	人力资本水平	相对贫困的概率比	相对贫困的概率比（合计）
	5	↑1单位	13.53%	↓1单位	10.78%	24.31%
Mrp3	6	↓1单位	-13.53%	↓1单位	10.78%	-2.75%
	7	↑1单位	13.53%	↑1单位	-10.78%	2.75%
	8	↓1单位	-13.53%	↑1单位	-10.78%	-24.31%

注：表中数据依据表7-2中的模型（4）和表7-3中的模型（9）的结果计算而得。

7.1.2.4 内生性检验分析

采用5.3.4中检验内生性的方法进行分析，选择来自"生理现象"的年龄（Age）和性别（Gender）作为人力资本的工具变量。具体结果如下：

（1）工具变量Probit的估计结果。表7-5中的模型（11）和（12）为临界值$k=0.2$时的回归结果，模型（13）和（14）为临界值$k=0.3$时的回归结果，其中模型（12）和（14）为"IV-Probit"的估计结果。从模型（12）和（14）的估计结果看，两个模型的机会不平等的系数均为正数，人力资本水平的系数均为负数，且在5%置信水平上显著，表明"机会不平等对农户相对贫困具有显著的正向影响，人力资本水平对农户相对贫困具有显著的负向影响"这一结论成立。

表7-5 采用工具变量Probit的估计结果

	Mrp2		Mrp3	
	Probit（11）	IV-Probit（12）	Probit（13）	IV-Probit（14）
Opii	0.036 7*** (0.006)	0.008 4** (0.009)	0.067 3*** (0.009)	0.042 5** (0.024)
Hucl	-0.039 4*** (0.004)	-0.078 9*** (0.004)	-0.054 3*** (0.007)	-0.085 1*** (0.010)
C	1.099 8*** (0.381)	3.849 9*** (0.425)	-0.480 4*** (0.553)	2.079 2*** (1.489)
家庭特征变量	Yes	Yes	Yes	Yes
家庭生计资本变量	Yes	Yes	Yes	Yes
N	913	913	913	913
LR χ^2	277.84		242.39	
Wald χ^2		748.68		268.05

表7-5(续)

	Mrp2		Mrp3	
	Probit	IV-Probit	Probit	IV-Probit
	(11)	(12)	(13)	(14)
Prob $>\chi^2$	0.000 0	0.000 0	0.000 0	0.000 0
corr (e. x, e. y)		0.802 6		0.626 4
Wald test of exogeneity		10.45		3.42
		0.001 2		0.063 6

注: **、***分别表示在5%、1%置信水平上显著,括号内数字为系数的标准误。

(2)两步法的估计结果。表7-6中的模型(15)和(16)为临界值$k=0.2$时的回归结果,模型(17)和(18)为临界值$k=0.3$时的回归结果,其中模型(16)和(18)为"Two-Step"的估计结果。两个模型的沃尔德检验(Wald test of exogeneity)结果分别为0.003 3、0.073 6,表明模型(16)的人力资本水平在1%置信水平上是内生变量,模型(18)的人力资本水平在10%置信水平上是内生变量。工具变量Age和Gender的回归系数均在5%置信水平上显著,意味着两个工具变量均有效。第一步的初始工具变量检验表明,人力资本水平和两个工具变量均通过了检验,由于忽略了人力资本水平的内生性,如果使用一般的Probit模型进行估计,将可能低估人力资本水平对相对贫困的负向作用。

由于模型中的工具变量个数大于内生变量个数,此时需要对工具变量进行过度识别检验。第二步的过度识别检验显示[见表7-6(b)第13行],模型(16)和(18)中过度识别检验的P值分别为0.314 1、0.417 4,两个模型的P值均大于10%,意味着两个模型在1%置信水平上不拒绝原假设,即两个模型中选取的工具变量均是外生的。

第三步的弱工具变量检验显示[见表7-6(b)第14—17行],两个模型的CLR、K-J、AR及Wald的P值均小于0.1,表明在10%置信水平上拒绝原假设,即两个模型中选取的工具变量均不是弱工具变量。

从模型(16)和(18)的估计结果看,两个模型的机会不平等的系数均为正数,人力资本水平的系数均为负数,且在5%置信水平上显著,再次表明"机会不平等对农户相对贫困具有显著的正向影响,人力资本水平对农户相对贫困具有显著的负向影响"这一结论成立。

表 7-6　采用两步法的估计结果

（a）第一阶段回归结果

自变量	统计值	自变量	统计值
Age	-0.118 2 *** (0.035)	Gender	-1.150 8 ** (1.005)
$F = 14.95$	$R^2 = 0.142\ 2$	$N = 913$	

（b）第二阶段回归结果及相关检验

	Mrp2		Mrp3	
	Probit (15)	Two-Step (16)	Probit (17)	Two-Step (18)
Opii	0.036 7 *** (0.006)	0.015 6 ** (0.012)	0.067 3 *** (0.009)	0.055 0 *** (0.015)
Hucl	-0.039 4 *** (0.004)	-0.125 8 *** (0.038)	-0.054 3 *** (0.007)	-0.106 7 ** (0.047)
C	1.099 8 *** (0.381)	6.082 9 *** (2.211)	-0.480 4 *** (0.553)	2.525 8 (2.736)
家庭特征变量	Yes	Yes	Yes	Yes
家庭生计资本变量	Yes	Yes	Yes	Yes
N	913	913	913	913
LR χ^2	277.84		242.39	
Wald χ^2		105.91		100.41
Prob $> \chi^2$	0.000 0	0.000 0	0.000 0	0.000 0
Wald test of exogeneity		8.62 0.003 3		3.17 0.073 6
Overidentification test		0.314 1		0.417 4
CLR		0.000 1		0.030 5
K-J		0.000 2		0.035 9
AR		0.000 2		0.056 4
Wald		0.000 9		0.024 1

注：①** 、*** 分别表示在5%和1%置信水平上显著，括号内数字为系数的标准误。

②（a）中的因变量为人力资本水平（Hucl）。

③CLR、K-J、AR 和 Wald 为弱工具变量检验。

7.1.2.5 稳健性检验分析

常用的稳健性检验方法有：模型替换、分样本回归、变量替换、改变样本容量、补充变量、调整样本期等。考虑到获取数据的实际情况，本章采用模型替换、因变量替换和自变量替换三种方法进行稳健性检验分析。

（1）模型替换检验

表7-7中采用了 OLS 回归模型，模型（19）为临界值 $k=0.2$ 时的回归结果，模型（20）为临界值 $k=0.3$ 时的回归结果。从机会不平等看，模型（19）和（20）中的机会不平等的系数均为正数，且在1%置信水平上显著，表明"机会不平等对农户相对贫困具有显著的正向影响"这一结论具有稳健性。从人力资本水平看，模型（19）和（20）中的人力资本水平的系数均为负数，且在1%置信水平上显著，表明"人力资本对农户相对贫困具有显著的负向影响"这一结论具有稳健性。上述分析表明，"机会不平等对农户相对贫困具有显著的正向影响，人力资本水平对农户相对贫困具有显著的负向影响"这一结论具有稳健性。

表 7-7　基于模型替换的稳健性检验结果（Opii & Hucl）

	OLS			
	（19）		（20）	
	Mrp2		Mrp3	
Opii	0.008 7***	(0.002)	0.008 8***	(0.001)
Hucl	-0.008 4***	(0.001)	-0.005 1***	(0.001)
C	0.637 2***	(0.095)	0.152 7**	(0.061)
家庭特征变量	Yes		Yes	
家庭生计资本变量	Yes		Yes	
N	913		913	
Prob>F	0.000 0		0.000 0	
R^2	0.267 1		0.262 3	

注：** 、*** 分别表示在5%、1%置信水平上显著，括号内数字为系数的稳健标准误。

（2）因变量替换检验

表7-8采用因变量替换检验，模型（21）~（25）为 Logit 回归模型，模型（26）和（27）为 OLS 回归模型。模型（21）的因变量为主观相对贫困，模型（22）~（24）的因变量为客观相对贫困，模型（25）的因变量为临界值 $k=0.1$ 时的多维相对贫困，模型（26）的因变量为多维相对贫

困剥夺指数，模型（27）的因变量为人均收入的对数。

从模型（21）~（25）的结果看，5个模型方程对应的P值为0.0000，表明模型方程所有系数的联合显著性很高。5个模型方程的正确预测比例超过了74%，表明模型方程拟合优度较好。5个模型中的机会不平等的系数均为正数，且在10%置信水平上显著；5个模型中的人力资本水平的系数均为负数，且在1%置信水平上显著，再次表明"机会不平等对农户相对贫困具有显著的正向影响，人力资本水平对农户相对贫困具有显著的负向影响"这一结论具有稳健性。

从模型（26）的结果看，机会不平等的系数为正数，且在1%置信水平上显著，表明机会不平等对多维相对贫困剥夺指数具有显著的正向影响；人力资本水平的系数为负数，且在1%置信水平上显著，表明人力资本对多维相对贫困剥夺指数具有显著的负向影响。可见，农户机会不平等程度越大、人力资本水平越小时，其多维相对贫困剥夺指数就越大，越容易陷入相对贫困。从模型（27）的结果看，机会不平等的系数为负数，且在10%置信水平上显著，表明机会不平等对人均收入具有显著的负向影响；人力资本水平的系数为正数，且在1%置信水平上显著，表明人力资本对人均收入具有显著的正向影响。可见，农户机会不平等程度越大、人力资本水平越小时，其人均收入水平就越低，越容易陷入相对贫困。模型（26）和（27）的结果，从另外视角证明了"机会不平等对农户相对贫困具有显著的正向影响，人力资本水平对农户相对贫困具有显著的负向影响"这一结论具有稳健性。

表7-8　基于因变量替换的稳健性检验结果（Opii & Hucl）

	Logit						OLS
	(21)	(22)	(23)	(24)	(25)	(26)	(27)
	Srp	Orp1	Orp2	Orp3	Mrp1	Mrpdi	人均收入的对数
Opii	0.0300**	0.0299**	0.0221*	0.0108*	0.0515***	0.0038***	−0.0024*
	(0.015)	(0.015)	(0.012)	(0.010)	(0.010)	(0.001)	(0.002)
Hucl	−0.0535***	−0.0543***	−0.0565***	−0.0558***	−0.0564***	−0.0032***	0.0184***
	(0.011)	(0.011)	(0.009)	(0.007)	(0.007)	(0.000)	(0.001)
C	0.6611	0.9080	2.1250***	3.0065***	2.1154***	0.2300***	8.7385***
	(0.990)	(0.981)	(0.767)	(0.661)	(0.586)	(0.027)	(0.125)
家庭特征变量	Yes	Yes	Yes	Yes	Yes	Yes	Yes

表7-8(续)

	Logit					OLS	
	(21)	(22)	(23)	(24)	(25)	(26)	(27)
	Srp	Orp1	Orp2	Orp3	Mrp1	Mrpdi	人均收入的对数
家庭生计资本 变量	Yes	Yes	Yes	Yes	Yes	Yes	Yes
N	913	913	913	913	913		
LR χ^2	81.40	80.67	130.66	157.37	254.35		
Prob>F						0.000 0	0.000 0
Prob>χ^2	0.000 0	0.000 0	0.000 0	0.000 0	0.000 0		
R^2						0.409 4	0.409 4
Pseudo R^2	0.186 9	0.180 9	0.187 9	0.170 7	0.214 8		
Correctly classified	93.77%	93.33%	86.54%	80.20%	74.53%		

注：① *、**、*** 分别表示在10%、5%、1%置信水平上显著。

②Logit 模型括号内数字为系数的标准误，OLS 模型括号内数字为系数的稳健标准误。

（3）自变量替换检验

表7-9 中采用机会不平等感知指数（Opipi）作为机会不平等指数（Opii）的替换变量，模型（28）和（29）为 Logit 回归模型，模型（28）为临界值 $k=0.2$ 时的回归结果，模型（29）为临界值 $k=0.3$ 时的回归结果。2 个模型方程对应的 P 值为 0.000 0，表明模型方程所有系数的联合显著性很高。2 个模型方程的正确预测比例超过了 83%，表明模型方程拟合优度较好。2 个模型中的机会不平等感知指数的系数均为正数，人力资本水平的系数均为负数，两个系数均在 1% 置信水平上显著，再次表明"机会不平等对农户相对贫困具有显著的正向影响，人力资本水平对农户相对贫困具有显著的负向影响"这一结论具有稳健性。

表 7-9　基于自变量替换的稳健性检验结果（Opipi & Hucl）

	Logit			
	(28)		(29)	
	Mrp2		Mrp3	
Opipi	0.061 6 ***	(0.006)	0.050 3 ***	(0.008)
Hucl	−0.068 6 ***	(0.008)	−0.109 2 ***	(0.015)
C	2.286 3 ***	(0.613)	2.627 0 ***	(0.936)

表7-9(续)

	Logit	
	(28)	(29)
	Mrp2	Mrp3
家庭特征变量	Yes	Yes
家庭生计资本变量	Yes	Yes
N	913	913
LR χ^2	356.75	226.69
Prob>χ^2	0.000 0	0.000 0
Pseudo R^2	0.354 6	0.425 4
Correctly classified	83.90%	93.65%

注: *** 表示在1%置信水平上显著,括号内数字为系数的稳健标准误。

7.2 机会不平等、人力资本水平对农户相对贫困作用的门槛识别

7.2.1 研究假设、模型构建及变量说明

7.2.1.1 研究假设

根据前文的理论分析,机会不平等和人力资本水平对农户相对贫困的影响存在着复杂的作用机制,有可能是一种非线性关系,即机会不平等和人力资本水平存在某个阈值:当低于阈值时,机会不平等和人力资本水平对相对贫困的影响呈现一种关系;当高于阈值时,机会不平等和人力资本水平对相对贫困的影响呈现另一种关系。据此,提出以下假设:

H5:机会不平等和人力资本水平对农户相对贫困的影响存在门槛效应。

7.2.1.2 模型构建

基于前文的理论分析,机会不平等和人力资本与农户相对贫困可能存在非线性关系,第5章和第6章的异质性分析也表明机会不平等和人力资本对农户相对贫困的影响在一定条件下存在显著差异。因此,需要进一步检验机会不平等和人力资本水平是否存在门槛效应。传统检验门槛效应的方法是由研究者主观确定一个门限值(如变量的中位数、平均数等),然

后根据此门限值将总体样本进行分类，再根据分类样本进行回归比较。但此方法得到的结论并不可靠（Hansen，2000；陈强，2014）。为此，汉森（Bruce E. Hansen）提出了门槛回归（threshold variable），不仅可以对门限值进行参数估计与假设检验，还能应用于截面数据（Hansen，2000；刘彬彬、陆迁、李晓平，2014）。汉森提出的门槛回归模型的表达式如下：

$$\begin{cases} y_i = \beta_1 x_i + \varepsilon_i, & q_i \leqslant \gamma \\ y_i = \beta'_1 x_i + \varepsilon_i, & q_i > \gamma \end{cases} \quad (7-3)$$

式 7-3 中，y_i 为因变量，x_i 为自变量，q_i 为门槛变量的具体值，γ 为待估计的门槛值。如果原假设（H0：$\beta_1 = \beta'_1$）成立，则不存在门槛效应；反之，则存在门槛效应。汉森通过自助法（Bootstrap）获取 LM-test 值和 Bootstrap P 值，以此来检验是否存在门槛效应（胡伦、陆迁，2019）。如果 Bootstrap P 值小于临界值，则认为在临界值水平上拒绝原假设，即存在门槛效应。考虑到机会不平等和人力资本水平均可能是门槛变量，为此采用先后顺序方式进行：先将机会不平等做门槛变量，然后根据机会不平等的门槛值将机会不平等进行分类（如低机会不平等组、高机会不平等组等），分类后再将人力资本水平做门槛变量进行门槛回归分析。具体的门槛回归模型如下：

$$\begin{cases} y_i = \beta_1 \text{Opii}_i + \beta_2 \text{Hucl}_i + \beta \text{Control}_i + \varepsilon_i, & \text{Opii}_i \leqslant \gamma \\ y_i = \beta_1' \text{Opii}_i + \beta_2 \text{Hucl}_i + \beta \text{Control}_i + \varepsilon_i, & \text{Opii}_i > \gamma \end{cases} \quad (7-4)$$

$$\begin{cases} y_i = \beta_1 \text{Opii}_i + \beta_2 \text{Hucl}_i + \beta \text{Control}_i + \varepsilon_i, & \text{Hucl}_i \leqslant \gamma \\ y_i = \beta_1 \text{Opii}_i + \beta_2' \text{Hucl}_i + \beta \text{Control}_i + \varepsilon_i, & \text{Hucl}_i > \gamma \end{cases} \quad (7-5)$$

上式中，y_i 为因变量，Opii_i 为农户机会不平等指数，Hucl_i 为农户人力资本水平，Control_i 为控制变量，γ 为待估计的门槛值。式 7-4 中，机会不平等指数为门槛变量；式 7-5 中，人力资本水平为门槛变量。

7.2.1.3　变量说明

（1）因变量

门槛回归模型中的基准模型为 OLS 回归模型，而农户多维相对贫困状态（Mrp2 和 Mrp3）适合于二值选择模型，加之农户多维相对贫困剥夺指数与农户多维相对贫困具有显著相关性，与 Mrp2 的相关性系数为 0.823 2，与 Mrp3 的相关性系数为 0.749 4。因此，选择农户多维相对贫困状态的替代变量（农户多维相对贫困剥夺指数，Mrpdi）作为门槛回归模型的因变量。

（2）自变量

自变量 1 为基于环境度量的机会不平等指数（Opii），以 6.1 节的分析结果为依据。自变量 2 为农户人力资本水平（Hucl），以 5.1 节的分析结果为依据。

（3）控制变量

控制变量分为两个类别：农户家庭特征变量和农户家庭生计资本变量（不含人力资本变量）。控制变量详情参见 5.2.3.3 部分的变量说明。

（4）门槛变量

按照门槛模型的原理，门槛变量既可以是外生变量，也可以是模型中的解释变量（刘彬彬、陆迁、李晓平，2014）。因此，选择机会不平等和人力资本水平作为门槛变量，其中机会不平等作为第一个门槛变量，人力资本水平作为第二个门槛变量。

7.2.2 门槛识别分析

7.2.2.1 以"机会不平等"作为门槛变量

第一轮以机会不平等作为门槛变量时，得到的 LM-test 值为 57.906，Bootstrap P-Value 为 0.000，表明机会不平等在 1% 显著性水平上存在门槛效应，即可以进行门槛回归分析。第二轮先检测机会不平等指数>39.03 的部分，该部分以机会不平等作为门槛变量时，得到的 LM-test 值为 13.980，Bootstrap P-Value 为 0.722，表明此部分的机会不平等在 10% 显著性水平上不存在门槛效应；后检测机会不平等指数≤39.03 的部分，该部分以机会不平等作为门槛变量时，得到的 LM-test 值为 19.134，Bootstrap P-Value 为 0.194，表明此部分的机会不平等在 10% 显著性水平上不存在门槛效应。可见，机会不平等只存在单门槛效应，其门槛值为 39.03。

根据机会不平等的单门槛值，将样本划分为两组：低机会不平等组（Opii≤39.03）和高机会不平等组（Opii>39.03）。表 7-10 中，模型（30）为全样本数据的回归结果，模型（31）为低机会不平等组的回归结果，模型（32）为高机会不平等组的回归结果。从模型（31）的回归结果看，机会不平等的系数为正数，人力资本水平的系数为负数，两个系数均在 1% 置信水平上显著。这从另外视角证明了"机会不平等对农户相对贫困具有显著的正向影响，人力资本水平对农户相对贫困具有显著的负向影响"这一结论具有稳健性。机会不平等系数的绝对值（0.002 9）大于人力资本水平系数的绝对值（0.002 2），表明在其他条件不变的情况下，降低 1 个单位的机会不平等指数对缓解相对贫困的作用大于提高 1 个单位的人力资本水平。从模型（32）的回归结果看，机会不平等的系数为正数，人力资本水平的系数为负数，两个系数均在 1% 置信水平上显著，这从另外视角再次证明了"机会不平等对农户相对贫困具有显著的正向影响，人力资本水平对农户相对贫困具有显著的负向影响"这一结论具有稳健性。机会不平等系数的绝对值（0.005 2）大于人力资本水平系数的绝对值（0.004 9），表明在其他条件不变的情况下，降低 1 个单位的机会不平等指数对缓解相对贫困的作用大于提高 1 个单位的人力资本水平。

对比分析可以看出，低机会不平等组中的多维相对贫困剥夺指数的平均值（0.076）小于高机会不平等组，约为高机会不平等组的 44.97%，即机会不平等程度越大，其多维相对贫困剥夺指数就越大，越容易陷入相对贫困。低机会不平等组中的机会不平等的系数（0.002 9）小于高机会不平等组，约为高机会不平等组的 55.77%，即在其他条件不变的情况下，降低高机会不平等组中的机会不平等对于缓解相对贫困的作用大于低机会不平等组。低机会不平等组中的人力资本水平系数的绝对值（0.002 2）小于高机会不平等组，约为高机会不平等组的 44.90%，即在其他条件不变的情况下，提升高机会不平等组中的人力资本水平对于缓解相对贫困的作用大于低机会不平等组。

表 7-10　以"机会不平等指数"作为门槛变量的回归结果

| | (30) 全样本 | | | (31) Opii≤39.03 | | | (32) Opii>39.03 | | |
	B	S.E	Mean	B	S.E	Mean	B	S.E	Mean
Mrpdi			0.108			0.076			0.169
Opii	0.003 8***	0.000 5	36.27	0.002 9***	0.000 7	30.93	0.005 2***	0.001 0	46.45
Hucl	−0.003 2***	0.000 3	57.06	−0.002 2***	0.000 3	59.06	−0.004 9***	0.000 6	53.25
N	913			599			314		
R^2	0.409 4			0.330 8			0.447 7		

注：①Thresholdreg 命令中使用了异方差稳健标准误。

②所有模型均控制了家庭特征变量和家庭生计资本变量。

③系数显著性的基准模型为稳健的 OLS 回归，*** 表示在 1% 置信水平上显著。

7.2.2.2 以"人力资本水平"作为门槛变量

（1）低机会不平等组以"人力资本水平"作为门槛变量

低机会不平等组中第一轮以人力资本水平作为门槛变量时，得到的 LM-test 值为 30.093，Bootstrap P-Value 为 0.014，表明此部分的人力资本水平在 5% 显著性水平上存在门槛效应，即可以进行门槛回归分析，假设 H5 验证通过。第二轮先检测人力资本水平>49.17 的部分，该部分以人力资本水平作为门槛变量时，显示对阈值的选择没有临界值的测试，其 Bootstrap P-Value 为 0.726，表明此部分的人力资本水平在 10% 显著性水平上不存在门槛效应；后检测人力资本水平≤49.17 的部分，该部分以人力资本水平作为门槛变量时，得到的 LM-test 值为 12.253，Bootstrap P-Value 为 0.856，表明此部分的人力资本水平在 10% 显著性水平上不存在门槛效应。可见，低机会不平等组中的人力资本水平只存在单门槛效应，其门槛值为 49.17。

根据人力资本水平的单门槛值，将样本划分为两组：低人力资本水平组（Hucl≤49.17）和高人力资本水平组（Hucl>49.17）。表 7-11 中，模型（33）为低机会不平等组的全部样本回归结果，模型（34）为低人力资本水平组的回归结果，模型（35）为高人力资本水平组的回归结果。从模型（34）的回归结果看，机会不平等的系数为正数，人力资本水平的系数为负数，两个系数均在 1% 置信水平上显著，这从另外视角证明了"机会不平等对农户相对贫困具有显著的正向影响，人力资本水平对农户相对贫困具有显著的负向影响"这一结论具有稳健性。机会不平等系数的绝对值（0.004 2）小于人力资本水平系数的绝对值（0.004 8），表明在其他条件不变的情况下，降低 1 个单位的机会不平等指数对缓解相对贫困的作用小于提高 1 个单位的人力资本水平。从模型（35）的回归结果看，机会不平等的系数为正数，人力资本水平的系数为负数，两个系数均在 1% 置信水平上显著，这从另外视角再次证明了"机会不平等对农户相对贫困具有显著的正向影响，人力资本水平对农户相对贫困具有显著的负向影响"这一结论具有稳健性。机会不平等系数的绝对值（0.002 4）大于人力资本水平系数的绝对值（0.001 2），表明在其他条件不变的情况下，降低 1 个单位的机会不平等指数对缓解相对贫困的作用大于提高 1 个单位的人力资本水平。

从对比分析可以看出，高人力资本水平组中的多维相对贫困剥夺指数的平均值（0.053）小于低人力资本水平组，约为低人力资本水平组的38.69%，即人力资本水平越低，其多维相对贫困剥夺指数就越大，越容易陷入相对贫困。高人力资本水平组中的机会不平等的系数（0.002 4）小于低人力资本水平组，约为低人力资本水平组的57.14%，即在其他条件不变的情况下，降低低人力资本水平组中的机会不平等对于缓解相对贫困的作用大于高人力资本水平组。高人力资本水平组中的人力资本水平系数的绝对值（0.001 2）小于低人力资本水平组，约为低人力资本水平组的25.00%，即在其他条件不变的情况下，提升低人力资本水平组中的人力资本水平对于缓解相对贫困的作用大于高人力资本水平组。

以上分析表明，对于低人力资本水平组而言，提升人力资本水平比降低机会不平等更重要；对于高人力资本水平组而言，降低机会不平等比提升人力资本水平更重要。这从另外视角证明了人力资本水平是相对贫困形成的内因，而机会不平等是相对贫困形成的外因。

表 7-11   低机会不平等组中以"人力资本水平"作为门槛变量的回归结果

	(33) 全样本			(34) Hucl≤49.17			(35) Hucl>49.17		
	B	S.E	Mean	B	S.E	Mean	B	S.E	Mean
Mrpdi			0.076			0.137			0.053
Opii	0.002 9***	0.000 7	30.93	0.004 2***	0.001 4	31.05	0.002 4***	0.000 6	30.89
Hucl	−0.002 2***	0.000 3	59.06	−0.004 8***	0.001 5	41.91	−0.001 2***	0.000 3	65.58
N	599			165			434		
R^2	0.330 8			0.346 6			0.231 9		

注：①Thresholdreg 命令中使用了异方差稳健标准误。

②所有模型均控制了家庭特征变量和家庭生计资本变量。

③系数显著性的基准模型为稳健的 OLS 回归，*** 表示在1%置信水平上显著。

（2）高机会不平等组以"人力资本水平"作为门槛变量

高机会不平等组中第一轮以人力资本水平作为门槛变量时，得到的 LM-test 值为 44.659，Bootstrap P-Value 为 0.000，表明此部分的人力资本水平在1%显著性水平上存在门槛效应，即可以进行门槛回归分析，假设 H5 验证通过。第二轮先检测人力资本水平>35.02 的部分，该部分以人力资本水平作为门槛变量时，得到的 LM-test 值为 13.277，Bootstrap P-Value 为 0.786，表明此部分的人力资本水平在10%显著性水平上不存在门槛效应；后检测人力资本水平≤35.02 的部分，该部分以人力资本水平作为门槛变量时，得到的 LM-test 值为 16.643，Bootstrap P-Value 为 0.110，表明此部分的人力资本水平在 10% 显著性水平上不存在门槛效应。可见，高机会不平等组中的人力资本水平只存在单门槛效应，其门槛值为 35.02。

根据人力资本水平的单门槛值，将样本划分为两组：低人力资本水平组（Hucl≤35.02）和高人力资本水平组（Hucl>35.02）。表 7-12 中，模型（36）为高机会不平等组的全部样本回归结果，模型（37）为低人力资本水平组的回归结果，模型（38）为高人力资本水平组的回归结果。从模型（37）的回归结果看，机会不平等的系数为正数，人力资本水平的系数为负数，但两个系数均不显著。可能原因是，往往越穷的人，其权利越缺乏，导致机会不平等程度越大，进而又影响人力资本水平的形成，形成"陷入相对贫困→机会不平等程度大→低人力资本水平→低收入水平→陷入相对贫困"的恶性循环。从模型（38）的回归结果看，机会不平等的系数为正数，人力资本水平的系数为负数，两个系数均在 1% 置信水平上显著，这从另外视角证明了"机会不平等对农户相对贫困具有显著的正向影响，人力资本水平对农户相对贫困具有显著的负向影响"这一结论具有稳健性。机会不平等系数的绝对值（0.004 9）大于人力资本水平系数的绝对值（0.002 0），表明在其他条件不变的情况下，降低 1 个单位的机会不平等指数对缓解相对贫困的作用大于提高 1 个单位的人力资本水平。

从对比分析可以看出，高人力资本水平组中的多维相对贫困剥夺指数的平均值（0.129）小于低人力资本水平组，约为低人力资本水平组的 26.93%，即人力资本水平越低，其多维相对贫困剥夺指数就越大，越容易陷入相对贫困。低人力资本水平组中的机会不平等指数的系数很小，且不显著，对于缓解相对贫困的作用不明显，但降低高人力资本水平组中的机会不平等对缓解相对贫困具有显著作用。高人力资本水平组中的人力资本水平系数的绝对值（0.002 0）小于低人力资本水平组，约为低人力资本水平组的 76.92%，即在其他条件不变的情况下，提升低人力资本水平组中的人力资本水平对于缓解相对贫困的作用大于高人力资本水平组。

以上分析表明，具有与 7.2.2.2 部分类似的结论：对于低人力资本水平组而言，提升人力资本水平比降低机会不平等更重要；对于高人力资本水平组而言，降低机会不平等比提升人力资本水平更重要。这从另外视角再次证明了人力资本水平是相对贫困形成的内因，而机会不平等是相对贫困形成的外因。

表 7-12　高机会不平等组中以"人力资本水平"作为门槛变量的回归结果

	(36) 全样本			(37) Hucl≤35.02			(38) Hucl>35.02		
	B	S.E	Mean	B	S.E	Mean	B	S.E	Mean
Mrpdi			0.169			0.479			0.129
Opii	0.005 2***	0.001 0	46.45	0.000 2	0.002 5	51.16	0.004 9***	0.001 0	45.84
Hucl	-0.004 9***	0.000 6	53.25	-0.002 6	0.003 5	26.89	-0.002 0***	0.000 5	56.67
N	314			36			278		
R^2	0.447 7			0.322 8			0.234 1		

注：①Thresholdreg 命令中使用了异方差稳健标准误。

②所有模型均控制了家庭特征变量和家庭生计资本变量。

③系数显著性的基准模型为稳健的 OLS 回归，*** 表示在 1%置信水平上显著。

7.3　机会不平等、人力资本水平对农户相对贫困的作用机制分析

7.3.1　农户分类及相对贫困类型的识别

7.3.1.1 基于"机会不平等-人力资本水平"的农户分类分析

结合门槛回归结果和四象限分析法，按照横坐标表示机会不平等、纵坐标表示人力资本水平的方式，将农户分为四种类型（见图 7-1）。图 7-1 显示，第一象限的农户为"高机会不平等-高人力资本水平"，定义为"Ⅱ类"农户；第二象限的农户为"低机会不平等-高人力资本水平"，定义为"Ⅰ类"农户；第三象限的农户为"低机会不平等-低人力资本水平"，定义为"Ⅲ类"农户；第四象限的农户为"高机会不平等-低人力资本水平"，定义为"Ⅳ类"农户。下面将从样本数量、多维相对贫困发生率、多维相对贫困剥夺指数的均值、机会不平等的均值、人力资本水平的均值五个方面进行比较分析（见表 7-13）。

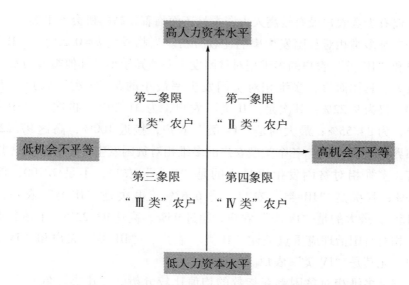

图 7-1　基于"机会不平等-人力资本水平"的农户分类

表 7-13　农户分类后的比较分析

		第二象限 "I类"农户	第一象限 "II类"农户	第三象限 "III类"农户	第四象限 "IV类"农户
样本	N	434	278	165	36
	分类样本占比/%	47.54	30.45	18.07	3.94
Mrp2	贫困数量/n	40	87	57	35
	贫困发生率/%	9.22	31.29	34.55	97.22
Mrp3	贫困数量/n	3	31	11	33
	贫困发生率/%	0.69	11.15	6.67	91.67
Mrpdi	平均值	0.053	0.129	0.137	0.479
Opii	平均值	30.89	45.84	31.05	51.16
Hucl	平均值	65.58	56.67	41.91	26.89

注：贫困发生率是指该分类样本中的相对贫困发生率。

　　一是样本数量的比较分析。样本数量最多的是"I类"农户，有 434 户，占比接近一半，达到 47.54%；其次是"II类"农户，有 278 户，占比接近 1/3，达到 30.45%；再次是"III类"农户，有 165 户，占比不足 1/5，达到 18.07%；最少的是"IV类"农户，有 36 户，占比为 3.94%。上述分析表明，大多数农户拥有较高人力资本或者面临较低的机会不平等，仅有少数农户没有较高人力资本且还面临着较高的机会不平等。

二是多维相对贫困发生率的比较分析。当临界值 $k=0.2$ 时，"Ⅱ类"农户和"Ⅲ类"农户的多维相对贫困发生率差异较小，其他类型的农户差异较大。具体而言，多维相对贫困发生率最小的是"Ⅰ类"农户，不足 1/10，仅为 9.22%；其次是"Ⅱ类"农户，为 31.29%；再次是"Ⅲ类"农户，为 34.55%；最大的是"Ⅳ类"农户，接近 100%，高达 97.22%。当临界值 $k=0.3$ 时，各个类型农户的多维相对贫困发生率差异较大。具体而言，多维相对贫困发生率最小的是"Ⅰ类"农户，不足 1/100，仅为 0.69%；其次是"Ⅲ类"农户，为 6.67%；再次是"Ⅱ类"农户，为 11.15%；最大的是"Ⅳ类"农户，超过 95%，高达 97.22%。上述分析表明，相对贫困治理应重点关注"Ⅱ类"农户、"Ⅲ类"农户和"Ⅳ类"农户，尤其是"Ⅳ类"农户。

三是多维相对贫困剥夺指数的均值比较分析。"Ⅱ类"农户和"Ⅲ类"农户的多维相对贫困剥夺指数的均值差异较小，其他类型的农户差异较大。具体而言，多维相对贫困剥夺指数的均值最小的是"Ⅰ类"农户，仅为 0.053；其次是"Ⅱ类"农户，为 0.129，约是"Ⅰ类"农户的 2.43 倍；再次是"Ⅲ类"农户，为 0.137，约是"Ⅰ类"农户的 2.58 倍；最大的是"Ⅳ类"农户，高达 0.479，约是"Ⅰ类"农户的 9.04 倍。上述分析表明，相对贫困治理应重点关注"Ⅱ类"农户、"Ⅲ类"农户和"Ⅳ类"农户，尤其是"Ⅳ类"农户。

四是机会不平等的均值比较分析。"Ⅰ类"农户和"Ⅲ类"农户的机会不平等的均值差异较小，其他类型的农户差异较大。具体而言，机会不平等的均值最小的是"Ⅰ类"农户，为 30.89；其次是"Ⅲ类"农户，为 31.05，比"Ⅰ类"农户大 0.16；再次是"Ⅱ类"农户，为 45.84，约是"Ⅰ类"农户的 1.48 倍；最大的是"Ⅳ类"农户，高达 51.16，约是"Ⅰ类"农户的 1.66 倍。上述分析表明，降低机会不平等应重点关注"Ⅱ类"农户和"Ⅳ类"农户，尤其是"Ⅳ类"农户。

五是人力资本水平的均值比较分析。各个类型的人力资本水平均值差异较大，人力资本水平的均值最大的是"Ⅰ类"农户，高达 65.58；其次是"Ⅱ类"农户，为 56.67，约为"Ⅰ类"农户的 86.4%；再次是"Ⅲ类"农户，为 41.91，约为"Ⅰ类"农户的 63.9%；最小的是"Ⅳ类"农户，低至 26.89，仅约为"Ⅰ类"农户的 41.0%。上述分析表明，提升人力资本水平应重点关注"Ⅲ类"农户和"Ⅳ类"农户,尤其是"Ⅳ类"农户。

农户分类比较分析表明,机会不平等对农户相对贫困具有正向影响,而人力资本水平对农户相对贫困具有负向影响。机会不平等程度越小、人力资本水平越高时,农户越不容易陷入相对贫困;机会不平等程度越大、人力资本水平越低时,农户越容易陷入相对贫困。相对贫困治理应重点关注"Ⅱ类"农户、"Ⅲ类"农户和"Ⅳ类"农户,尤其是"Ⅳ类"农户。

7.3.1.2 基于"致贫根源"分类的农户相对贫困类型的识别

结合农户分类结果和博杜安(Steven M. Beaudoin)的贫困分类方法①,将农户相对贫困类型分为"偶发性"贫困、"结构性"贫困和"赤贫性"贫困三种类型。结合表7-13来看,"Ⅰ类"农户具有"人口数量多、相对贫困发生率低、人力资本水平高、机会不平等程度低"等特征,此类人群中的相对贫困户是"偶发性"贫困户。"Ⅱ类"农户具有"人口数量居中、相对贫困发生率居中、人力资本水平高、机会不平等程度高"等特征,此类人群中的相对贫困户是高机会不平等型"结构性"贫困户。"Ⅲ类"农户具有"人口数量少、相对贫困发生率居中、人力资本水平低、机会不平等程度低"等特征,此类人群中的相对贫困户是低人力资本型"结构性"贫困户。"Ⅳ类"农户具有"人口数量极少、相对贫困发生率极高、人力资本水平低、机会不平等程度高"等特征,此类人群中的相对贫困户是"赤贫性"贫困户。上述分析表明,"Ⅰ类"农户中的相对贫困户是"偶发性"贫困户,"Ⅱ类"和"Ⅲ类"农户中的相对贫困户是"结构性"贫困户,"Ⅳ类"农户中的相对贫困户是"赤贫性"贫困户。

7.3.2 作用机制分析

7.3.2.1 机会不平等、人力资本水平对"偶发性"相对贫困户的作用机制分析

"Ⅰ类"农户中的相对贫困户是"偶发性"贫困户。下面通过对比方式分析机会不平等、人力资本水平对"偶发性"相对贫困户的作用机制

---

① 美国学者博杜安(Steven M. Beaudoin)在《世界历史上的贫困》中根据致贫根源将贫困分为三种类型:"赤贫性"贫困、"结构性"贫困和"偶发性"贫困。其中"赤贫性"贫困是指没有援助就无法生存;"结构性"贫困是指有能力自足,但缺乏相应的资源及条件或者是有相应的资源及条件,但自身能力有些不足;"偶发性"贫困是指有能力自足,也有相应的资源及条件,但在灾祸面前依旧脆弱。

（见表 7-14）。由于临界值 $k=0.3$ 时的"偶发性"相对贫困户仅为 3 户，不适合进行分析，因此，"偶发性"相对贫困户的作用机制分析主要研究临界值 $k=0.2$ 时的情形。

表 7-14　机会不平等、人力资本水平对"偶发性"相对贫困户的作用机制

"Ⅰ类"农户	Mrp2		独立样本 T 检验	Mrp3		独立样本 T 检验	全部农户
	相对贫困户	非相对贫困户		相对贫困户	非相对贫困户		
样本/N	40	394		3	431		913
机会不平等	33.90	30.58	√	36.47	30.85	√	36.27
户籍机会不平等	7.82	7.27	×	10.47	7.30	√	8.52
教育机会不平等	7.29	7.17	×	6.46	7.19	√	8.24
医疗机会不平等	6.96	6.78	×	6.08	6.80	×	8.07
就业机会不平等	11.83	9.36	√	13.46	9.56	√	11.44
人力资本水平	58.64	66.28	√	67.02	65.57	×	57.06
数量水平	18.59	19.81	√	21.93	19.68	×	17.69
健康水平	7.65	8.60	√	7.69	8.51	×	7.98
知识水平	4.71	6.13	√	3.99	6.02	√	5.33
技能水平	9.66	9.90	×	10.62	9.87	×	8.98
迁移水平	18.03	21.85	√	22.79	21.48	×	17.08

注：①表中数据为该类型农户中的平均值。
②表中"√"表示在 10% 置信水平上显著，"×"表示在 10% 置信水平上不显著。

从机会不平等的对比看，"偶发性"相对贫困户的机会不平等的均值大于非相对贫困户，两类人群的机会不平等存在显著性差异；构成机会不平等的户籍机会不平等、教育机会不平等、医疗机会不平等和就业机会不平等 4 个方面的均值都大于非相对贫困户，两类人群的就业机会不平等存在显著性差异，两类人群的户籍机会不平等、教育机会不平等和医疗机会不平等 3 个方面不存在显著性差异。从人力资本水平的对比看，"偶发性"相对贫困户的人力资本水平的均值小于非相对贫困户，两类人群的人力资本水平存在显著性差异；构成人力资本水平的数量水平、健康水平、知识水平、技能水平和迁移水平 5 个方面的均值都小于非相对贫困户，两类人群的数量水平、健康水平、知识水平和迁移水平 4 个方面存在显著性差异，两类人群的技能水平不存在显著性差异。上述分析表明，"偶发性"相对贫困户的形成是机会不平等中的就业机会不平等和人力资本水平中的数量

水平、健康水平、知识水平、迁移水平等因素共同作用的结果。

从"偶发性"相对贫困户与全部农户的对比看，"偶发性"相对贫困户的机会不平等的均值小于全部农户，约为全部农户的93.5%，构成机会不平等的户籍机会不平等、教育机会不平等和医疗机会不平等3个方面的均值都小于全部农户，仅就业机会不平等的均值略大于全部农户；"偶发性"相对贫困户的人力资本水平的均值大于全部农户，约为全部农户的1.03倍，构成人力资本水平的数量水平、技能水平和迁移水平的均值都大于全部农户，仅健康水平和知识水平的均值略小于全部农户。上述分析表明，"偶发性"相对贫困户有生存的能力，也能够抵抗一定的风险，他们往往因为某个方面的不足而陷入相对贫困，通过给予临时救助或提供一些保障等，他们就能通过自身努力摆脱相对贫困。

对比分析表明，"I类"农户中的相对贫困户是"偶发性"贫困，他们由于受到就业机会不平等、数量水平、健康水平、知识水平、迁移水平等因素影响而陷入相对贫困，他们有生存的能力，也能够抵抗一定的风险，给予他们适当救助，他们就能通过自身努力摆脱相对贫困。

7.3.2.2 机会不平等、人力资本水平对"结构性"相对贫困户的作用机制分析

"II类"和"III类"农户中的相对贫困户都是"结构性"贫困户，但他们的作用机制有所差异，下面分别进行讨论分析。

（1）"II类"农户中的相对贫困户分析

"II类"农户中的相对贫困户是高机会不平等型"结构性"贫困户，下面通过对比方式分析机会不平等、人力资本水平对"结构性"贫困相对贫困户的作用机制（见表7-15）。由于临界值$k=0.3$时的"结构性"相对贫困户仅为31户，且独立样本T检验的显著性与临界值$k=0.2$时的情形完全一致，因此，对"结构性"相对贫困户的作用机制分析重在临界值$k=0.2$时的情形。

表7-15　机会不平等、人力资本水平对"结构性"相对贫困户的作用机制
（"II类"农户）

"II类"农户	Mrp2		独立样本T检验	Mrp3		独立样本T检验	全部农户
	相对贫困户	非相对贫困户		相对贫困户	非相对贫困户		
样本/N	87	191		31	247		913

表7-15（续）

"Ⅱ类"农户	Mrp2		独立样本 T检验	Mrp3		独立样本 T检验	全部农户
	相对贫困户	非相对贫困户		相对贫困户	非相对贫困户		
机会不平等	47.53	45.07	√	50.10	45.31	√	36.27
户籍机会不平等	10.31	10.74	×	9.97	10.69	×	8.52
教育机会不平等	10.26	10.31	×	10.42	10.28	×	8.24
医疗机会不平等	10.81	10.65	×	11.08	10.65	×	8.07
就业机会不平等	16.15	13.38	√	18.63	13.69	√	11.44
人力资本水平	51.81	58.88	√	48.38	57.71	√	57.06
数量水平	16.52	19.07	√	16.02	18.56	√	17.69
健康水平	6.96	8.35	√	6.30	8.12	√	7.98
知识水平	4.03	5.42	√	3.40	5.19	√	5.33
技能水平	8.72	9.08	×	8.45	9.04	×	8.98
迁移水平	15.56	16.96	×	14.21	16.82	×	17.08

注：①表中数据为该类型农户中的平均值。

②表中"√"表示在10%置信水平上显著，"×"表示在10%置信水平上不显著。

从机会不平等的对比看，"结构性"相对贫困户的机会不平等的均值大于非相对贫困户，两类人群的机会不平等存在显著性差异；构成机会不平等的户籍机会不平等和教育机会不平等两个方面的均值小于非相对贫困户，构成机会不平等的医疗机会不平等和就业机会不平等两个方面的均值大于非相对贫困户，两类人群的就业机会不平等存在显著性差异，两类人群的户籍机会不平等、教育机会不平等和医疗机会不平等3个方面不存在显著性差异。从人力资本水平的对比看，"结构性"相对贫困户的人力资本水平的均值小于非相对贫困户，两类人群的人力资本水平存在显著性差异；构成人力资本水平的数量水平、健康水平、知识水平、技能水平和迁移水平5个方面的均值都小于非相对贫困户，两类人群的数量水平、健康水平和知识水平3个方面存在显著性差异，两类人群的技能水平和迁移水平两个方面不存在显著性差异。上述分析表明，此类"结构性"相对贫困户的形成是机会不平等中的就业机会不平等和人力资本水平中的数量水平、健康水平、知识水平等因素共同作用的结果。

从"结构性"相对贫困户与全部农户的对比看，"结构性"相对贫困户的机会不平等的均值大于全部农户，约为全部农户的1.31倍，构成机会不平等的户籍机会不平等、教育机会不平等、医疗机会不平等和就业机会不平等 4 个方面的均值都大于全部农户；"结构性"相对贫困户的人力资本水平的均值小于全部农户，约为全部农户的 90.8%，构成人力资本水平的数量水平、健康水平、知识水平、技能水平和迁移水平 5 个方面的均值都略小于全部农户。上述分析表明，此类"结构性"相对贫困户有生存的能力，但缺乏相应的资源及条件，通过给予政策支持，以此降低机会不平等，他们就能够摆脱相对贫困。

对比分析表明，"II 类"农户中的相对贫困户是高机会不平等型"结构性"贫困，他们由于受到就业机会不平等等因素影响而陷入相对贫困，他们有生存的能力，但缺乏相应的资源及条件，需要借助外力支持去降低其机会不平等，进而摆脱相对贫困。

（2）"III 类"农户中的相对贫困户分析

"III 类"农户中的相对贫困户是低人力资本型"结构性"贫困户。下面通过对比方式分析机会不平等、人力资本水平对"结构性"相对贫困户的作用机制（见表 7-16）。由于临界值 $k=0.3$ 时的"结构性"相对贫困户仅为 11 户，不适合进行分析，因此，对"结构性"相对贫困户的作用机制分析重在临界值 $k=0.2$ 时的情形。

表 7-16　机会不平等、人力资本水平对"结构性"相对贫困户的作用机制
（"III 类"农户）

"III 类"农户	Mrp2		独立样本 T 检验	Mrp3		独立样本 T 检验	全部农户
	相对贫困户	非相对贫困户		相对贫困户	非相对贫困户		
样本/N	57	108		11	154		913
机会不平等	31.82	30.64	×	35.06	30.76	√	36.27
户籍机会不平等	7.83	7.65	×	7.04	7.76	×	8.52
教育机会不平等	6.85	6.94	×	7.41	6.87	√	8.24
医疗机会不平等	6.11	6.40	×	6.86	6.26	×	8.07
就业机会不平等	11.05	9.66	√	13.74	9.88	√	11.44
人力资本水平	39.37	43.25	√	32.77	42.57	√	57.06
数量水平	12.25	14.10	√	10.18	13.69	×	17.69
健康水平	6.64	7.58	√	4.92	7.42	√	7.98
知识水平	4.25	5.04	√	3.36	4.87	√	5.33

表7-16(续)

"III类"农户	Mrp2		独立样本T检验	Mrp3		独立样本T检验	全部农户
	相对贫困户	非相对贫困户		相对贫困户	非相对贫困户		
技能水平	6.98	7.57	×	5.27	7.51	√	8.98
迁移水平	9.25	8.97	×	9.03	9.07	×	17.08

注：①表中数据为该类型农户中的平均值。

②表中"√"表示在10%置信水平上显著，"×"表示在10%置信水平上不显著。

从机会不平等的对比看，"结构性"相对贫困户的机会不平等的均值略大于非相对贫困户，两类人群的机会不平等不存在显著性差异；构成机会不平等的教育机会不平等和医疗机会不平等两个方面的均值略小于非相对贫困户，构成机会不平等的户籍机会不平等和就业机会不平等两个方面的均值大于非相对贫困户，两类人群的就业机会不平等存在显著性差异；两类人群的户籍机会不平等、教育机会不平等和医疗机会不平等3个方面不存在显著性差异。从人力资本水平的对比看，"结构性"相对贫困户的人力资本水平的均值小于非相对贫困户，两类人群的人力资本水平存在显著性差异；构成人力资本水平的数量水平、健康水平、知识水平和技能水平4个方面的均值都小于非相对贫困户，构成人力资本水平的迁移水平的均值大于非相对贫困户，两类人群的数量水平、健康水平和知识水平3个方面存在显著性差异，两类人群的技能水平和迁移水平两个方面不存在显著性差异。上述分析表明，此类"结构性"相对贫困户的形成是机会不平等中的就业机会不平等和人力资本水平中的数量水平、健康水平、知识水平等因素共同作用的结果。

从"结构性"相对贫困户与全部农户的对比看，"结构性"相对贫困户的机会不平等的均值小于全部农户，约为全部农户的87.7%，构成机会不平等的户籍机会不平等、教育机会不平等、医疗机会不平等和就业机会不平等4个方面的均值都小于全部农户；"结构性"相对贫困户的人力资本水平的均值小于全部农户，约为全部农户的69.0%，构成人力资本水平的数量水平、健康水平、知识水平、技能水平和迁移水平5个方面的均值都小于全部农户。上述分析表明，此类"结构性"相对贫困户有相应的资源及条件，但内生动力略微不足，通过给予政策支持，提升内生动力进而提升人力资本水平，他们就能够摆脱相对贫困。

对比分析表明，"III 类"农户中的相对贫困户是低人力资本型"结构性"贫困，他们由于受到数量水平、健康水平、知识水平等因素影响而陷入相对贫困，他们有相应的资源及条件，但缺乏内生动力，需要借助外力支持去提升其人力资本水平，进而摆脱相对贫困。

7.3.2.3 机会不平等、人力资本水平对"赤贫性"相对贫困户的作用机制分析

"IV 类"农户中的相对贫困户是"赤贫性"贫困户。下面通过对比方式分析机会不平等、人力资本水平对"赤贫性"相对贫困户的作用机制（见表 7-17）。由于"IV 类"农户中的非相对贫困户的数量极少，不适合进行对比分析，因此，选择所有类型中的非相对贫困户作为比较对象。由于临界值 $k=0.2$ 时的"赤贫性"相对贫困户数量与临界值 $k=0.3$ 时的接近，加之独立样本 T 检验的显著性完全一致，因此，对"赤贫性"相对贫困户的作用机制分析重在临界值 $k=0.2$ 时的情形。

表 7-17　机会不平等、人力资本水平对"赤贫性"相对贫困户的作用机制

"IV 类"农户	Mrp2		独立样本 T 检验	Mrp3		独立样本 T 检验	全部农户
	相对贫困户	非相对贫困户		相对贫困户	非相对贫困户		
样本/N	35	694		33	835		913
机会不平等	51.07	34.61	√	51.30	35.18	√	36.27
户籍机会不平等	10.52	8.29	√	10.56	8.40	√	8.52
教育机会不平等	11.14	8.01	√	11.14	8.06	√	8.24
医疗机会不平等	11.21	7.80	√	11.08	7.87	√	8.07
就业机会不平等	18.20	10.52	√	18.51	10.85	√	11.44
人力资本水平	26.74	60.61	√	26.32	58.88	√	57.06
数量水平	8.23	18.71	√	7.84	18.23	√	17.69
健康水平	5.51	8.37	√	5.47	8.19	√	7.98
知识水平	2.25	5.77	√	2.15	5.55	√	5.33
技能水平	5.79	9.30	√	5.81	9.17	√	8.98
迁移水平	4.94	18.47	√	5.05	17.74	√	17.08

注：①表中数据为该类型农户中的平均值。

②表中"√"表示在 10%置信水平上显著，"×"表示在 10%置信水平上不显著。

③由于"IV 类"农户中的非相对贫困户的数量极少，不适合进行对比分析，因此表中的非相对贫困户为所有类型中的非相对贫困户。

从机会不平等的对比看，"赤贫性"相对贫困户的机会不平等的均值远大于非相对贫困户，两类人群的机会不平等存在显著性差异；构成机会不平等的户籍机会不平等、教育机会不平等、医疗机会不平等和就业机会不平等4个方面的均值都大于非相对贫困户，两类人群的户籍机会不平等、教育机会不平等、医疗机会不平等和就业机会不平等4个方面都存在显著性差异。从人力资本水平的对比看，"赤贫性"相对贫困户的人力资本水平的均值远小于非相对贫困户，两类人群的人力资本水平存在显著性差异；构成人力资本水平的数量水平、健康水平、知识水平、技能水平和迁移水平5个方面的均值都小于非相对贫困户，两类人群的数量水平、健康水平、知识水平、技能水平和迁移水平5个方面都存在显著性差异。上述分析表明，"赤贫性"相对贫困户的形成是机会不平等中的户籍机会不平等、教育机会不平等、医疗机会不平等、就业机会不平等和人力资本水平中的数量水平、健康水平、知识水平、技能水平、迁移水平等因素共同作用的结果。

从"赤贫性"相对贫困户与全部农户的对比看，"赤贫性"相对贫困户的机会不平等的均值远大于全部农户，约为全部农户的1.4倍，构成机会不平等的户籍机会不平等、教育机会不平等、医疗机会不平等和就业机会不平等4个方面的均值都大于全部农户；"赤贫性"相对贫困户的人力资本水平的均值远小于全部农户，约为全部农户的46.9%，构成人力资本水平的数量水平、健康水平、知识水平、技能水平和迁移水平5个方面的均值都小于全部农户。上述分析表明，"赤贫性"相对贫困户不仅缺乏相应的资源及条件，还面临内生动力不足的难题，这类人群容易进入"陷入相对贫困→机会不平等程度大→低人力资本水平→低收入水平→陷入相对贫困"的恶性循环，不仅是相对贫困治理的最大难点，还是推动全体人民实现共同富裕的最大短板。

对比分析表明，"IV类"农户中的相对贫困户是"赤贫性"贫困户，他们由于受到户籍机会不平等、教育机会不平等、医疗机会不平等、就业机会不平等、数量水平、健康水平、知识水平、技能水平、迁移水平等因素影响而陷入相对贫困，他们不仅没有相应的资源及条件，还缺乏内生动力，需要借助外力支持去提升其人力资本水平和降低其机会不平等，进而摆脱相对贫困。

7.4　本章小结

本章包含三部分内容：第一部分分析了机会不平等、人力资本水平对农户相对贫困的作用力大小，第二部分对机会不平等、人力资本水平对农户相对贫困的作用进行了门槛识别分析，第三部分分析了机会不平等、人力资本水平对农户相对贫困的作用机制。概括如下：

（1）采用二值选择模型实证分析了机会不平等和人力资本水平对农户相对贫困的影响。研究发现：机会不平等对农户相对贫困具有显著的正向影响，人力资本水平对农户相对贫困具有显著的负向影响；家庭生计资本中的物质资本和金融资本对农户相对贫困具有显著的负向影响，自然资本和社会资本在一定条件下对农户相对贫困具有显著的负向影响；家庭特征中的建档立卡贫困户、动态监测户和民族变量在一定条件下对农户相对贫困具有显著的正向影响。

（2）采用概率比分析了机会不平等和人力资本水平对农户相对贫困的作用力大小。研究发现：对于剥夺份额越大的人群，降低其机会不平等和提高其人力资本水平对缓解相对贫困的作用越明显；当机会不平等和人力资本水平呈反方向变动时，对农户相对贫困的影响方向具有确定性；当机会不平等和人力资本水平呈同方向变动时，对农户相对贫困的影响方向具有不确定性。

（3）选择来自"生理现象"的年龄和性别作为人力资本水平的工具变量，采用工具变量 Probit 和两步法进行了内生性检验。研究结果表明"机会不平等对农户相对贫困具有显著的正向影响，人力资本水平对农户相对贫困具有显著的负向影响"这一结论成立。采用模型替换、因变量替换和自变量替换3种方法进行了稳健性检验。研究结果均表明"机会不平等对农户相对贫困具有显著的正向影响，人力资本水平对农户相对贫困具有显著的负向影响"这一结论具有稳健性。

（4）采用先后顺序方式对机会不平等和人力资本水平变量进行了门槛效应检验及门槛回归分析。研究发现：机会不平等存在单门槛效应，其门槛值为39.03；低机会不平等组中的人力资本水平存在单门槛效应，其门槛值为49.17；高机会不平等组中的人力资本水平存在单门槛效应，其门槛值为 35.02；对于低人力资本水平组而言，提升人力资本水平比降低机会不平等更重要；对于高人力资本水平组而言，降低机会不平等比提升人力资本水平更重要。

（5）采用门槛回归结果和四象限分析法将全部农户分为"Ⅰ类"农户、"Ⅱ类"农户、"Ⅲ类"农户和"Ⅳ类"农户四种类型。研究发现：相对贫困治理应重点关注"Ⅱ类"农户、"Ⅲ类"农户和"Ⅳ类"农户，尤其是"Ⅳ类"农户。

（6）采用农户分类结果和博杜安的贫困分类方法将全部相对贫困户分为"偶发性"贫困户、"结构性"贫困户和"赤贫性"贫困户三种类型，采用对比方式分析了不同类型的作用机制。研究发现："Ⅰ类"农户中的相对贫困户是"偶发性"贫困户，他们由于受到就业机会不平等、数量水平、健康水平、知识水平、迁移水平等因素影响而陷入相对贫困；"Ⅱ类"农户中的相对贫困户是高机会不平等型"结构性"贫困户，他们由于受到就业机会不平等等因素影响而陷入相对贫困；"Ⅲ类"农户中的相对贫困户是低人力资本型"结构性"贫困户，他们由于受到数量水平、健康水平、知识水平等因素影响而陷入相对贫困；"Ⅳ类"农户中的相对贫困户是"赤贫性"贫困户，他们由于受到户籍机会不平等、教育机会不平等、医疗机会不平等、就业机会不平等、数量水平、健康水平、知识水平、技能水平、迁移水平等因素影响而陷入相对贫困。

8 缓解农户相对贫困的路径解析

第 7 章探讨了机会不平等、人力资本水平对农户相对贫困的作用机制，结果表明农户由于受到人力资本水平中的数量水平、健康水平、知识水平、技能水平、迁移水平和机会不平等中的户籍机会不平等、教育机会不平等、医疗机会不平等、就业机会不平等等因素影响而陷入相对贫困，这为后文提出路径解析和政策启示提供了依据。因此，本章将基于农民实现共同富裕目标，结合农户相对贫困的成因及生成机理，从降低机会不平等程度、提升生计资本水平、激活内生动力、构建相对贫困治理机制四个方面对缓解农户相对贫困的路径进行解析。

8.1 降低相对贫困户的机会不平等程度

农户家庭所在区域的区位条件、经济状况、基础设施、教育环境、医疗环境、就业环境、社会保障等与农户家庭的机会不平等有着密切联系，是机会不平等的主要体现方面，对相对贫困有着正向影响，是相对贫困形成的主要外因。因此，降低相对贫困户的机会不平等程度对缓解相对贫困具有极其重要的作用，是所有类型相对贫困户缓解相对贫困的有效路径，尤其是高机会不平等型"结构性"贫困户和"赤贫性"贫困户。在降低机会不平等程度上，要基于公共服务设施城乡均等化的目标，立足相对贫困户所处区域，从基础设施、教育保障、医疗保障、就业服务、养老保障和社会保障等方面补齐短板，全面提升和筑牢底线工程。

8.1.1 补齐农村基础设施短板

农户家庭所在区域的基础设施情况与农户的机会不平等有着直接的关

系：基础设施短板越突出，农户所面临的机会不平等程度就越大。因此，加快补齐相对贫困户所处区域的基础设施和公共服务设施短板，是所有类型相对贫困户尤其是高机会不平等型"结构性"贫困户和"赤贫性"贫困户缓解相对贫困的有效路径。第一，补齐交通水利能源短板。要加大乡村道路建设投入，逐步改善乡村泥土路、乡村单行道、乡村通组通户路的条件，不断优化农村居民的出行环境。要加大乡村水利设施投入，让乡村剩余16%的人群尽早用上自来水，不断提高农村居民的饮水质量。要加快实施乡村清洁能源建设工程，加大乡村能源通道建设，力争乡村天然气入户率达到80%，不断提升农村居民的生活品质。第二，补齐公共服务设施短板。要加快补齐农村公共服务设施建设短板，尤其是推进乡村中小学、卫生所、卫生院及养老设施建设，持续改善和更新学校、医院等硬件设施设备，逐步缩小城乡公共服务设施差距，为均等化的城乡公共服务供给奠定基础和提供物质保障。第三，加快产业基础设施建设。要加快乡村产业发展路、乡村旅游发展路等通道建设，为乡村产业发展提供基础条件。要重视修建或完善生产便道、小型灌溉等基础设施，有针对性地改善与相对贫困户配套的生产性基础设施条件，重点解决产业发展中最突出和紧迫的短板制约问题。第四，推进生态文化设施建设。要加大对乡村生态环境的保护，贯彻落实"绿水青山就是金山银山"的理念，不断提升乡村的生态水平。要推进乡村文化基础设施建设，开展全面普法宣传教育活动，联合多方力量开展文化下乡、文化入户活动，不断提升乡村文化公共服务水平。此外，还应继续支持地方政府整合项目资金，发挥好政府的主导作用，采用以奖代补、贷款贴息、风险补偿、融资担保等方式不断拓宽乡村基础设施和乡村产业发展的投入渠道，推广民办公助、村民自建等方式，鼓励民间资本参与投资、建设和运营乡村基础设施等公益性事业项目，全力保障基础设施建设的资金需求。

8.1.2 提升农村公共服务水平

农户家庭所在区域的公共服务水平与农户的机会不平等有着直接关系，提供的公共服务水平越均等化，农户所面临的机会不平等程度就越小。因此，从教育保障、医疗保障、就业服务、养老保障等方面提升农村公共服务水平，是所有类型相对贫困户尤其是高机会不平等型"结构性"贫困户和"赤贫性"贫困户缓解相对贫困的有效路径。第一，提升教育保障水平。要推进学前教育和义务教育的城乡均等化，加大乡村小规模学校和乡镇寄宿制学校运转的保障力度，采用对口帮扶、师资互换、技能培训等方式补齐乡村学前教育及中小学教育的短板，同时要提升县（区）普通高中和职业高中质量。要用好数字化、网络化、智能化等数字平台资源，推进高质量师资队伍建设，力争让更多农村家庭子女获得更好的教育。要强化对相对贫困家庭子女的教育，支持相对贫困家庭子女进入更高层级学习，阻断相对贫困户的代际传递。第二，提升医疗保障水平。要统筹调配区域医疗卫生资源，加大乡村医疗基础设施投入，改善乡村卫生室、乡镇卫生院、县（区）医院的软硬件条件，强化市（州）三甲医院对县（区）医院的对口帮扶、医生互换和技能培训，力争每个县（区）至少建成1家二甲及以上医院，县（区）医疗专家轮流到乡镇卫生院坐诊，力争让更多农村居民享受优质医疗资源。第三，提升就业服务水平。要完善"县乡村"三级就业服务平台，组织开展网络招聘、企业专场、乡村专场、春风行动等多种形式的招聘会，不仅要帮助企业解决用工难题，还要帮助村民解决找工难题。要落实好就业扶持政策，帮助相对贫困户解决就业难题。要面向乡村全面开展就业指导、就业宣传、技能培训，力争让更多农村劳动力实现高质量就业。第四，提升养老保障水平。一方面，要不断提升农村养老补助标准，缩小城乡养老补助差距；另一方面，要加快推动乡村养老设施建设，补齐乡村养老设施短板。同时，要深化农村养老金制度改革，探索通过土地流转、土地权益自愿退出、宅基地改革等方式提高农村养老保障水平。

8.1.3 筑牢农村民生保障工程

高机会不平等型"结构性"贫困户和"赤贫性"贫困户均需要通过外力支持才能摆脱相对贫困，尤其是"赤贫性"贫困户。因此，支持他们的外力除了教育、医疗、就业和养老保障外，还应筑牢民生保障的底线工程。一方面要做好最低生活保障（低保）的救助工作，另一方面要发挥好临时救助和社会救助的救急作用，这是所有类型相对贫困户尤其是高机会不平等型"结构性"贫困户和"赤贫性"贫困户缓解相对贫困的补充路径。第一，在低保救助上，要根据地方实际情况扩大低保覆盖面，力争将部分"结构性"贫困和全部"赤贫性"贫困纳入低保覆盖范围；要根据地方物价水平提高乡村低保补助标准，不断缩小城乡低保差距。第二，在临时救助上，要不断完善临时救助制度，健全"快速响应、个案会商"的工作机制，创新临时救助方式，如对相对贫困户推行"小金额先行救助+后续补充"，遭遇重大急难问题时采用"先发放+后审核"方式等，发挥好临时救助的救急作用，有效防止有违社会道德的事件发生。第三，在社会救助上，要不断完善社会救助制度，探索通过政府购买服务方式加强社会救助，鼓励和引导社会工作服务机构、社会工作者和志愿者等为相对贫困群体提供心理咨询、技能培训、资源整合、社会融入等多样化服务，满足相对贫困群体的更多救助需求，形成多元化的社会救助格局。通过做实做好低保救助、临时救助和社会救助等工作，筑牢民生保障的底线工程。

8.2 提升相对贫困户的生计资本水平

农户家庭的人力资本、物质资本、金融资本、自然资本和社会资本五大生计资本与农户相对贫困有着密切联系，对相对贫困有着负向影响。因此，提升相对贫困户的生计资本水平对缓解相对贫困具有极其重要的作用，是所有类型相对贫困户尤其是低人力资本型"结构性"贫困户和"赤贫性"贫困户缓解相对贫困的有效路径。在生计资本提升上，除了重点提升相对贫困户的人力资本水平外，还要提升相对贫困户的物质资本水平、金融资本水平、自然资本水平和社会资本水平。

8.2.1 提升相对贫困户的人力资本水平

农户家庭的知识水平、技能水平、健康水平、数量水平和迁移水平五个方面与农户家庭的人力资本水平有着密切联系，是人力资本水平的主要体现，对相对贫困有着负向影响，是相对贫困形成的主要内因。因此，提升相对贫困户的人力资本水平对缓解相对贫困具有极其重要的作用，是所有类型相对贫困户尤其是低人力资本型"结构性"贫困户和"赤贫性"贫困户缓解相对贫困的有效路径。在人力资本提升上，要从知识水平、技能水平、健康水平、数量水平和迁移水平五个方面构建长效的提升路径。

第一，提升农户家庭的知识水平，这是人力资本体现的核心。要强化对相对贫困家庭子女的教育，子女的教育不能仅停留在义务教育阶段，要尽最大可能提供条件让他们进入更高层级学习，如通过高校专项计划、高职院校单独招生、"3+2"大专、民族地区"9+3"单独招生、免试读技师学院等方式进入高等院校。通过加强家庭子女的教育，提升农户家庭的知识水平，进而提升家庭劳动力的竞争力、生产率、收益率，拓展家庭劳动力的发展空间。

第二，提升农户家庭的技能水平，这是人力资本体现的根本。要强化对相对贫困家庭劳动力的技能培训和职业教育，要发挥好各地技工院、职业院校和培训学校的技能培训作用，利用好新型职业农民培训、新生代农民工培训及创新创业培训等政策，开展职业技能提升行动，将家庭劳动力培养成高素质、高技能劳动者和稳定就业的产业工人。通过技能培训，提升家庭劳动力的技能水平，进而提升家庭劳动力的竞争力、生产率、收益率，拓展家庭劳动力的发展空间。

第三，提升农户家庭的健康水平，这是人力资本体现的前提。要强化对相对贫困家庭成员的健康保障，加大对大病的保险和救助力度，推行每年一次常规免费体检，有针对性地进行健康科普知识宣传，倡导健康生活方式，有效降低家庭保障健康的成本。通过对家庭成员健康的有效保障，提升农户家庭的健康水平，进而提升家庭劳动力的配置效率、生产率和收益率。

第四，提升农户家庭的数量水平，这是人力资本体现的基础。要强化对相对贫困家庭老幼群体的保障，发挥好基层党建及社团组织作用，健全老幼群体的服务机制，减少家庭劳动力的后顾之忧，创造条件让家庭劳动力充分就业。通过对家庭老幼群体的有效保障，提升农户家庭的数量水平，进而提升家庭劳动力的配置效率。

第五，提升农户家庭的迁移水平，这是人力资本体现的关键。要强化对相对贫困家庭劳动力的外出就业指导，搭建好外出务工平台，打造好外出务工环境，进一步做好东西部劳务协作、公益性岗位开发、就业帮扶车间、县域就业岗位开发等，以此提升家庭劳动力的配置效率，拓展家庭劳动力的发展空间。

8.2.2 提升相对贫困户的其他资本水平

农户家庭的物质资本、金融资本、自然资本和社会资本四个方面与农户相对贫困有着密切联系，对相对贫困有着负向影响。因此，提升相对贫困户的物质资本、金融资本、自然资本和社会资本对缓解相对贫困具有极其重要的作用，是所有类型相对贫困户缓解相对贫困的有效路径。第一，在物质资本上，要强化对相对贫困家庭居住地的基础设施建设，扩大农村房屋改建补贴范围，提升农村公共服务水平，推行城乡公共服务均等化，加大工业品（如农用生产工具、生活设施产品等）下乡补贴，有效提升相对贫困户的物质资本水平。第二，在金融资本上，要强化金融机构对相对贫困户的信贷支持，鼓励金融机构开发农户信贷产品，多渠道、多方式解决农户资金难题，有效提升相对贫困户的金融资本水平。第三，在自然资本上，要深化土地制度改革，通过土地流转、土地承包、土地入股、土地托管等方式，增加单位劳动力的耕地面积，打造具有地域特色的现代农业，推动相对贫困户与现代农业有机衔接，让自然资本发挥更大作用。第四，在社会资本上，要加大对相对贫困户的增收政策宣传，强化基层社会组织作用，引导相对贫困户加入农业专业合作社、参与乡村创新创业和参加技能提升培训，推动相对贫困户更好地融入社会，提升其社会资本水平。

8.3 激发相对贫困户的内生动力

农户家庭的生计策略、思想观念与农户家庭的内生动力有着密切联系，优化相对贫困户的生计策略和转变相对贫困户的思想观念，有助于提升相对贫困户的内生动力，增强相对贫困户在外部竞争环境中的综合竞争力，从而获得更合理、更高的家庭收入，拥有更高质量的生活品质。这也是缓解相对贫困的有效路径。

8.3.1 优化相对贫困户的生计策略

家庭生计策略直接关系着农户家庭的内生动力，生计策略通过稳定效应和增长效应来缓解农户相对贫困。家庭劳动力选择报酬更高的兼业生计或非农就业生计，不仅能减少对自然环境的依赖、提升抵抗风险的能力，还能实现家庭收入的增长，进而有效缓解农户相对贫困。因此，优化相对贫困户的生计策略对缓解相对贫困具有极其重要的作用，是所有类型相对贫困户缓解相对贫困的有效路径。第一，引导相对贫困户进行生计转型。实践表明，外出务工就业是农户增收的最好方式，农户家庭劳动力若能实现外出稳定就业，其陷入相对贫困的概率就会非常低。因此，要引导相对贫困户的生计策略由纯务农户或一兼业户向二兼业户或纯务工户转型，逐步扩大非农收入占比，确保非农收入持续稳定增长。第二，加大对相对贫困户的技能培训。相对贫困户能否顺利进行生计转型，关键要看家庭劳动力是否拥有外出务工的能力。然而，相对贫困户往往缺乏知识和技能。因此，要发挥好政策优势，引导各地技工院、职业院校和培训学校等加大对相对贫困户的技能培训。要遵循就业市场规律并结合劳动力的实际，以市场紧缺岗位为抓手，选择技能培训项目，如培育家政行业中的家政服务员、母婴护理员，餐饮行业中的中式烹调师，白酒行业中的白酒酿造工，建筑行业中的建筑工、木工等。第三，强化对相对贫困户的就业帮扶。要健全相对贫困户的就业帮扶制度，畅通线上线下失业登记渠道，及时将就业困难人员纳入援助范围。开展就业援助、就业帮扶等专项活动，对相对贫困户提供"一对一"精准服务。要继续做好东西部劳务协作、对口支援、企业定向招工、劳务输出、职业技能提升及创新创业培训，确保相对贫困户实现外出稳定就业，使其家庭生计策略能够持续优化。

8.3.2 转变相对贫困户的思想观念

家庭成员的思想观念直接关系着农户家庭的内生动力，精神相对贫困是相对贫困户不能彻底脱贫的一个重要瓶颈。精准脱贫的成功经验告诉我们，扶贫先扶志，思想脱贫是精准扶贫的关键。同样，相对贫困治理也需要"扶贫先扶志"，通过"扶志"激活相对贫困户的内生动力，对缓解相对贫困具有极其重要的作用，是所有类型相对贫困户缓解相对贫困的必由路径。第一，转变相对贫困户的思想观念。思想是行动的先导，相对贫困治理除了要增加相对贫困户的物质财富外，关键还在于提升其精神文化素养。要不断帮助相对贫困户转变"等、靠、要"的思想观念，引导相对贫困户自信、自立、自强，变被动为主动，补足精神文化的短板，激活其内生动力。第二，加强对相对贫困户的宣传教育。通过教育灌输脱贫致富思想，帮助相对贫困户转变落后的不良习俗和思想观念，调动其摆脱困境、勤劳致富的积极性和主动性，引导相对贫困户树立主体意识，激发改变当前面貌的干劲和决心，使他们能够主动探索致富途径，靠自己的努力彻底摆脱相对贫困。第三，树立相对贫困户脱贫的典型案例。要评选出相对贫困治理中涌现出的优秀人物，并大力学习和弘扬他们不畏困难、勇于面对、勤劳致富的精神。采用典型塑造、案例引导、故事启发等方式，用农户听得懂、听得进的语言进行宣传，激发相对贫困户不断提高生活质量的主观能动性，引导相对贫困户树立积极的发展观念和强烈的自信心，增强相对贫困户自力更生、艰苦奋斗的思想意识。通过不断提升相对贫困户的精神文化素养，让其摆脱精神相对贫困，让精神文化为物质财富提供价值引导和发展动力。

8.4 构建相对贫困治理机制

相对贫困治理的路径除了提升相对贫困户的内生动力和降低相对贫困户的机会不平等外，还应构建相对贫困治理的相关机制，如构建相对贫困的精准识别机制、构建相对贫困的动态退出机制、构建相对贫困治理的帮扶机制、构建相对贫困治理的保障机制等。

8.4.1 构建相对贫困的精准识别机制

脱贫攻坚"贵在精准，重在精准，成败之举在于精准"，同样，相对贫困治理也应"贵在精准，重在精准，成败之举在于精准"，即应构建对贫困的精准识别机制。然而，精准识别的前提是要有完整的数据资源。当前通过农民自主申报、基层部门上报、相关部门推送等方式，在全国已建成了覆盖5 800多万低收入人口的数据库，但这个数据库并未把农村全部相对贫困人口纳入，且采集内容较为单一。因此，应借鉴脱贫攻坚的"精准"思想，将乡村振兴部门的防止返贫动态监测数据库和民政部门的低收入人口动态监测数据库进行整合，建立全国家庭数据监测信息系统（唐亮、杜婵、邓茗尹，2021）。监测信息系统由专人负责，信息收集采用网格化管理方式，每隔三年进行一次全面信息采集，信息采集内容包含人口、经济（收入）、文化（教育）、健康、环境（宜居）、社会（融入）、精神等方面，现有的信息采集方式作为日常补充方式，为农村相对贫困户的精准识别提供数据支撑。

按照4.2.3小节中多维相对贫困测度指标的设计，收入、教育、健康和宜居4个维度的指标为客观指标，对多维相对贫困指数的贡献率超过88%；融入和精神2个维度的指标为主观指标，对多维相对贫困指数的贡献率不足 12%。在数据收集中，主观指标具有不确定性，在实际操作中有一定难度。因此，相对贫困测度应采用以"客观为主、主观为辅"的多维相对贫困测度指标。客观上，先根据收入、教育、健康和宜居 4 个维度的指标计算农户相对贫困剥夺指数，再根据农户相对贫困剥夺指数从大到小排序，排序位于第 20% 位的值为临界值 k_1、排序位于第 40% 位的值为临界值 k_2，定义农户相对贫困剥夺指数大于临界值 k_1 的为客观多维相对贫困户、农户相对贫困剥夺指数位于临界值 $k_2 \sim k_1$ 的为客观多维相对贫困预警户、农户相对贫困剥夺指数小于或等于临界值 k_2 的为非客观多维相对贫困户。主观上，也采用类似客观上的方式，排序位于第 20% 位的值为临界值 k_3，定义农户相对贫困剥夺指数大于临界值 k_3 的为主观多维相对贫困户、农户相对贫困剥夺指数小于或等于临界值 k_3 的为非主观多维相对贫困户。

在全面信息采集数据库基础上，系统根据家庭特征将农户划分为三种类型：多维相对贫困户、多维相对贫困预警户和非多维相对贫困户。客观指标为第一判定标准，主观指标为第二判定标准。当第一判定标准确认为客观多维相对贫困户时，此时不看第二判定标准，将该农户标记为多维相对贫困户。当第一判定标准确认为客观多维相对贫困预警户时，此时需要看第二判定标准；第二判定标准确认为主观多维相对贫困户的，将该农户标记为多维相对贫困预警户。其余农户均标记为非多维相对贫困户。精准识别后由系统将相应的数据推送给政府相关部门及网格化管理员，再按官方认定程序确定人员名单及分类。网格化管理员至少每个月走访 1 次多维相对贫困户、每个季度走访 1 次多维相对贫困预警户，一旦数据有更新，要及时按官方修订程序修改数据库信息，确保相对贫困户能够精准识别。

8.4.2 构建相对贫困的动态退出机制

系统要根据更新的数据，动态调整人员名单。当系统识别出农户应调整类别时，系统将相应的数据推送给政府相关部门及网格化管理员，网格化管理员要及时核实情况，再按官方调整程序修改数据库信息，确保相对贫困户能够动态退出。同时要设置退出过渡期，避免因帮扶措施退出而再次成为相对贫困户。多维相对贫困户可设置 1 年过渡期，多维相对贫困预警户可设置 1 季度过渡期，确保相对贫困户能够平稳退出。

8.4.3 构建相对贫困治理的帮扶机制

相对贫困与绝对贫困相比，有着本质的区别。绝对贫困问题可以通过生产力的发展和分配制度的改善而完全消除，但相对贫困仍将长期存在。因此，相对贫困治理应建立制度化和常态化的帮扶机制。按照农户分类及相对贫困的类型对相对贫困户进行识别，明确相对贫困户致贫的影响因素，采用"缺什么、补什么、强什么"的方式不断降低相对贫困户的机会不平等，同时不断提升相对贫困户的内生动力，尤其要提升相对贫困户的人力资本水平。具体而言，可从内生动力提升和公共服务设施城乡均等化入手，从产业发展、收入增长、教育保障、医疗保障、就业服务、社会保障、基础设施建设等方面构建城乡统一的帮扶机制，使得在某一个维度出现贫困的人群，随时可以通过制定的机制，获得制度化和常态化的帮扶。

8.4.4 构建相对贫困治理的保障机制

相对贫困治理要从组织机构、资源投入、考核激励等方面构建相应的保障机制。第一，在组织机构上，要依托乡村振兴的组织机构，将相对贫困治理纳入乡村振兴工作，形成"五级书记"抓相对贫困治理的体制机制，全面实行县（区）党委政府主要负责人和乡村基层党组织书记抓相对贫困治理的责任制。第二，在资源投入方面，要向教育、医疗、就业、养老和基础设施建设等领域投入，逐步实现公共服务设施城乡均等化目标；在资源投入方式上，除了政府和农村集体经济组织投入外，还应搭建社会参与平台，引导和鼓励工商资本、群团组织、社会组织等进行投入，形成多元化投入格局。第三，在激励考核上，一方面借鉴脱贫攻坚期间的考核体系，构建相对贫困治理的考核体系，系统性解决"考核谁、考核什么、如何考核、考核结果怎么用"等问题；另一方面要构建激励机制，可从职级晋升、物质奖励和精神激励三方面激发帮扶人员的工作动力，可从物质激励和政策扶持两方面激发相对贫困群体的内生动力。此外，还应构建相应的问责和处罚机制，将相应的目标任务纳入年度考核和任期考核，并引入第三方机构进行评估。

8.5 本章小结

本章包含四部分内容：第一部分从降低机会不平等程度方面解析了缓解相对贫困的路径，第二部分从提升生计资本水平方面解析了缓解相对贫困的路径，第三部分从激活内生动力方面解析了缓解相对贫困的路径，第四部分从构建机制方面解析了缓解相对贫困的路径。概括如下：

（1）降低相对贫困户的机会不平等程度应从补齐农村基础设施短板、提升农村公共服务水平、筑牢农村民生保障工程等方面发力。

（2）提升相对贫困户的生计资本水平应从提升相对贫困户的人力资本水平、物质资本水平、金融资本水平、自然资本水平、社会资本水平等方面着手。

（3）激活相对贫困户的内生动力应从优化相对贫困户的生计策略、转变相对贫困户的思想观念等方面使劲。

（4）相对贫困治理应构建相对贫困的精准识别机制、相对贫困的动态退出机制、相对贫困治理的帮扶机制、相对贫困治理的保障机制等。

9 研究结论、政策启示及研究展望

9.1 研究结论

本研究结合共同富裕思想、多维贫困理论、人力资本理论、机会不平等理论等，构建了农户相对贫困研究的理论分析框架；采用量表法、FGT法、A-F双临界值法对农户相对贫困进行了测度，并借鉴二值选择模型、OLS回归模型、门槛回归模型、似无相关回归模型、工具变量法、KHB法、逐步因果法、自助法、四象限分析法等方法，从人力资本和机会不平等两方面实证分析了农户相对贫困的成因及生成机理。得出的主要结论如下：

（1）当测度标准为2时，主观相对贫困发生率为8%；当测度标准为人均可支配收入中位数的40%、50%、60%时，对应的客观相对贫困发生率分别为8.21%、14.35%、22.12%；当临界值k为0.1、0.2、0.3、0.4时，对应的多维相对贫困发生率分别为37.90%、23.99%、8.54%、4.82%。当临界值$k=0.2$时，收入、教育、健康、宜居、融入和精神6个维度对多维相对贫困指数的贡献率分别为25.57%、28.31%、19.87%、14.65%、1.12%、10.48%；当临界值$k=0.3$时，收入、教育、健康、宜居、融入和精神6个维度对多维相对贫困指数的贡献率分别为22.81%、29.13%、24.76%、12.46%、1.22%、9.62%。

（2）农户人力资本水平的结构图呈"橄榄"状；农户人力资本水平在地区之间具有显著差异，呈现"一、二类地区>三类地区"的特征；人力资本水平对农户相对贫困具有显著的负向影响，构成人力资本水平的数量水平、健康水平、知识水平、技能水平和迁移水平五个方面也对农户相对贫困具有显著的负向影响；生计策略在人力资本水平对农户相对贫困的影响中起着中介作用。农户机会不平等指数的结构图呈"橄榄"状；农户机会不平等程度在地区之间具有显著差异，呈现"一、二类地区<三类地区"的特征；机会不平等对农户相对贫困具有显著的正向影响，构成机会不平等的户籍机会不平等、教育机会不平等、医疗机会不平等和就业机会不平等4个方面也对农户相对贫困具有显著的正向影响。家庭生计资本中的物质资本和金融资本对农户相对贫困具有显著的负向影响，自然资本和社会资本在一定条件下对农户相对贫困具有显著的负向影响；家庭特征中的建档立卡贫困户、动态监测户和民族变量在一定条件下对农户相对贫困具有显著的正向影响。

（3）机会不平等和人力资本水平共同作用于农户相对贫困。机会不平等对农户相对贫困具有显著的正向影响，人力资本水平对农户相对贫困具有显著的负向影响；机会不平等和人力资本水平对农户相对贫困的影响存在门槛效应；当机会不平等和人力资本水平呈反方向变动时，对农户相对贫困的影响方向具有确定性；当机会不平等和人力资本水平呈同方向变动时，对农户相对贫困的影响方向具有不确定性；对于低人力资本水平组而言，提升人力资本水平比降低机会不平等更重要；对于高人力资本水平组而言，降低机会不平等比提升人力资本水平更重要。

（4）所有农户分为"Ⅰ类"农户、"Ⅱ类"农户、"Ⅲ类"农户和"Ⅳ类"农户四种类型，相对贫困治理应重点关注"Ⅱ类"农户、"Ⅲ类"农户和"Ⅳ类"农户，尤其是"Ⅳ类"农户。"Ⅰ类"农户中的相对贫困户是"偶发性"贫困户，"Ⅱ类"农户中的相对贫困户主要是机会不平等导致的"结构性"贫困户，"Ⅲ类"农户中的相对贫困户主要是人力资本水平不足导致的"结构性"贫困户，"Ⅳ类"农户中的相对贫困户主要是机会不平等和人力资本水平不足导致的"赤贫性"贫困户。

（5）相对贫困治理应从降低相对贫困户的机会不平等程度、提升相对贫困户的生计资本水平、激活相对贫困户的内生动力、构建相对贫困治理的机制等方面选择路径。

9.2 政策启示

基于相对贫困的成因及生成机理，结合相对贫困治理的路径选择，建议制定农户相对贫困治理的政策应基于农民实现共同富裕目标，结合乡村振兴战略，从拓宽农户增加收入的途径、重视乡村振兴重点帮扶县发展、促进少数民族地区全面发展、补齐农民精神生活的短板等方面入手。

9.2.1 拓宽农户增加收入的途径

相对贫困的内涵表明，收入水平是多维相对贫困的核心因素，农户家庭收入水平不足是相对贫困户的主要表现。因此，拓宽农户增加收入的途径是缓解相对贫困的有效举措，有利于推动农民实现共同富裕。第一，通过乡村产业振兴促进农民增收。乡村产业振兴是解决农村一切问题的前提，更是促进农民增收的重要支撑。要加大乡村产业投入力度，充分调动政府和市场的积极性，让财政资金发挥"四两拨千斤"的作用。要大力发展乡村长效产业，要依据市场规律和产业发展规律，发展长效产业，将长效产业与"一镇一业"或"一村一品"相结合。第二，通过集体经济发展促进农民增收。政府部门要结合新发展阶段全面推进乡村振兴的具体要求，出台财政、土地、税收、项目、金融等方面的支持政策，促进农村集体经济持续健康发展，并鼓励村民以入职、入股或创新创业方式深度参与农村集体经济发展，共享农村集体经济发展收益。第三，通过外出务工促进农民增收。要通过促进县域经济高质量发展保障农民就近务工就业，同时要搭建好农民外出务工"桥梁"，加强农民技能培训和职业教育，完善农民就业支持政策，千方百计促进农民稳岗就业，增加农民的工资性收入。第四，通过盘活"沉睡"资源促进农民增收。要把农民发展与土地深化改革、乡村资产盘活等结合起来，推动"三变"改革落地见效，让农村"沉睡"资源发挥作用，以此增加农民的财产性收入。第五，通过政府转移支付促进农民增收。要完善收入分配调节机制，在二次分配中强调结果公平，在三次分配中形成对一、二次分配的有益补充，通过完善政策增加农民的转移性支付。

9.2.2 重视乡村振兴重点帮扶县发展

区域差异表明，相对贫困、人力资本水平和机会不平等在地区之间具有显著差异，不发达地区显著差于发达地区，而乡村振兴重点帮扶县全部来自不发达地区。因此，重视乡村振兴重点帮扶县发展是缓解不发达地区相对贫困的有效举措，有利于促进区域协调发展。第一，强化乡村振兴重点帮扶县的政策倾斜。要继续发扬脱贫攻坚的精神，发挥社会主义制度的体制机制优势，引导更多人才、土地、资金、项目、政策等向乡村振兴重点帮扶县集聚，不断补齐产业发展存在的项目、技术、资金、营销、人才等方面的突出短板，确保乡村振兴重点帮扶县的脱贫攻坚成果得到巩固拓展。第二，稳定乡村振兴重点帮扶县的帮扶力量。乡村振兴重点帮扶县离高质量发展还有很大差距，仅靠他们自己的力量难以实现高质量发展目标，还需要借助外界力量的帮扶。东西部协作、中央单位定点帮扶、省内对口帮扶、省内定点帮扶、社会组织帮扶等帮扶力量已全部下沉到乡村振兴重点帮扶县，已形成合力助推乡村振兴与县域经济融合发展，应让这些帮扶力量长期稳定下去，直至该县退出乡村振兴重点帮扶县后才可陆续退出。第三，提升乡村振兴重点帮扶县的内生动力。要抢抓政策倾斜的机遇和帮扶力量的支持，增强乡村振兴重点帮扶县的内生动力。要培育壮大乡村特色产业和县域经济支柱产业，持续促进农民增收致富。要着力增强内生发展能力，加强基础设施和公共服务体系建设，提升各种要素的保障水平，营造良好的营商环境，通过产业发展逐步解决发展失衡问题，开创区域协调发展新局面。

9.2.3 促进少数民族地区全面发展

少数民族农户陷入相对贫困的概率显著大于汉族农户，而少数民族地区的相对贫困户往往受到多维因素的共同影响。因此，要以"人的全面发展"为根本目标促进少数民族地区全面发展。在收入上，要为少数民族农户搭建好外出务工平台，打造好外出务工环境，确保他们能够充分就业，且能持续稳定增收。在教育上，要继续大力推广普通话，普通话推广要从幼儿教育抓起，以此进一步降低语言障碍及交流成本；要继续推行少数民族单列类招生、"9+3"单独招生等措施，尽最大可能让少数民族学生接受高等教育，阻断相对贫困户的代际传递。在健康上，要通过宣传、教育、演示等方式，普及健康生活小常识，逐步改变他们的不良习惯；要推行每年1次常规免费体检，加大对大病的保险和救助力度，尽最大可能降低其健康支出成本。在宜居上，要加大少数民族地区基础设施的投入，尤其是交通基础设施，要把交通基础设施建设放在优先发展的地位，以交通的发展带动经济发展，逐步降低少数民族地区的区位劣势和改善少数民族地区的人居环境。在融入上，要坚持平等对待，尊重少数民族的风俗习惯，搭建相互交流和融入的平台；要完善乡村组织机构，提供超常规的公共服务，鼓励社会力量参与乡村治理，营造和谐、友善的环境氛围。在精神上，要进一步树立社会主义核心价值观，结合少数民族的特色文化完善乡村公共文化服务体系，为他们提供更多丰富多样的文化产品和文化服务，不断提升他们的文明素养，让每个人都有梦想、有自信、有激情，实现精神生活的富足。

9.2.4 补齐农民精神生活的短板

物质富裕和精神富足相辅相成。物质富裕为精神富足奠定坚实的基础并创造条件，精神富足为物质富裕提供价值引导和发展动力。若不能补齐精神层面的短板，势必会影响物质层面的提升，两者之间易形成恶性循环，进而陷入相对贫困。因此，要补齐农民精神生活的短板。一方面，要强化村民的主体地位。乡村是农耕文明之根，它拥有内容丰富、历史深厚、博大精深的乡土文化，是祖先留给我们的宝贵财富。要强化村民的主体地位，把农民的积极性调动起来，共同保护和开发优秀乡土文化，注重先进文化和优秀乡土文化的深度融合，让广大农民在参与中享受到健康文明，增强村民的价值感、归属感和自豪感。另一方面，要强化政府的主导作用。政府部门在增加乡村物质财富的同时，还要加强乡村精神文明建设，进一步增强社会主义核心价值观，结合乡村资源禀赋完善乡村公共文化服务体系，提高乡村公共文化覆盖范围，增加乡村公共文化供给方式，为村民提供更多丰富多样的文化产品和文化服务，不断提升村民文明素养，让村民有梦想、有自信、有激情，实现精神生活的富足。通过强化村民的主体地位和强化公共文化的引导，不断补齐村民精神生活的短板，通过精神富足为物质富裕提供价值引导和发展动力，让精神富足和物质富裕之间形成良性循环，进而缓解相对贫困，推动全体农民实现共同富裕。

9.3 研究展望

鉴于数据获取具有较大难度和很大局限，加之作者的能力和经历有限，本研究中难免存在一些不完善之处。如指标设计还有优化空间、研究范围不够广、研究群体不够大、研究数据是静态的等，这些问题值得后续深入研究。

第一，持续完善和优化指标设计。本研究中对多维相对贫困、人力资本水平、机会不平等、生计资本等多个方面进行了测度，尽管在测度指标的选择上参考了很多学者的成果，并听取了相关专家的建议，但指标设计仍有较大的突破空间。如果能将相应的测度指标进行持续完善和优化，其研究成果将更具有理论价值和实践意义。

第二，研究范围扩大到更多地区。本研究中只调研了四川省21个市（州）38个村的数据，未涉及其他省份数据，无法与其他省份进行对比分析，导致研究结论具有一定的局限性。如果能将研究范围扩大到更多省份及地区，其研究结论将更具有代表性，可为政府部门出台政策提供理论指导和参考依据。

第三，研究群体扩大到城市居民。本研究中只调研了农村居民的数据，未调研城市居民数据，无法与城市居民进行对比分析，导致研究结论具有一定的局限性。如果实行城乡统一的相对贫困标准，农村居民的相对贫困发生率将会更高，相对贫困的成因及生成机理也可能发生变化，缓解相对贫困的举措也将随之发生变化。如果能将研究群体扩大到城市居民，其研究结论将更具有可靠性，可为政府部门出台政策提供理论指导和参考依据。

第四，动态研究相对贫困。本研究中只调研了2021年的数据，只能进行静态研究，无法进行动态研究，以至于很多内生性检验的方法在本研究中无法使用。而相对贫困的形成是一个动态变化的历史过程，若能动态追踪数据，并进行动态数据分析，其研究结论将更具有说服力，可为政府部门出台政策提供理论指导和参考依据。

参考文献

蔡晓慧，茹玉骢，2016. 地方政府基础设施投资会抑制企业技术创新吗?：基于中国制造业企业数据的经验研究 [J]. 管理世界 (11)：32-52.

蔡兴冉，梁彦庆，黄志英，等，2019. 河北省县域相对贫困度空间分异及影响因素分析 [J]. 西南大学学报 (自然科学版)，41 (10)：62-71.

车四方，谢家智，舒维佳，2018. 社会资本与农户家庭多维贫困的门槛效应分析 [J]. 数理统计与管理，37 (6)：1063-1072.

陈岑，沈扬扬，李实，等，2022. 关于构建农村相对贫困治理长效机制的若干思考 [J]. 华南师范大学学报 (社会科学版) (3)：16-25，205.

陈健，2021. 中国共产党领导贫困治理的百年历程与世界贡献 [J]. 江淮论坛 (3)：19-26.

陈杰，苏群，2016. 代际视角下机会不平等与农村居民收入差距 [J]. 统计与信息论坛，31 (6)：64-69.

陈鹏宇，2021. 线性无量纲化方法对比及反向指标正向化方法 [J]. 运筹与管理，30 (10)：95-101.

陈前恒，胡林元，朱祎，2014. 机会不平等认知与农村进城务工人员的幸福感 [J]. 财贸研究，25 (6)：45-52.

陈强，2014. 高级计量经济学及 Stata 应用 [M]. 2 版. 北京：高等教育出版社.

陈武，2020. 高质量完成脱贫攻坚目标任务 [N]. 人民日报，2020-06-05 (09).

陈鑫鑫，段博，2022. 数字经济缩小了城乡差距吗?：基于中介效应模型的实证检验 [J]. 世界地理研究，31 (2)：280-291.

陈云松，2012. 逻辑、想象和诠释：工具变量在社会科学因果推断中的应用

［J］. 社会学研究（6）：192-216.

陈宗胜，黄云，2021. 中国相对贫困治理及其对策研究［J］. 当代经济科学，43（5）：1-19.

程承坪，曾瑾，2021. 中国共产党治理贫困的百年历程、成就与未来展望：写在中国共产党建党百年之际［J］. 当代经济管理，43（6）：10-17.

程国强，伍小红，2021. 抓紧做好农村低收入人口识别工作［J］. 中国发展观察（Z1）：27-28，24.

程虹，2018. 管理提升了企业劳动生产率吗？：来自中国企业劳动力匹配调查的经验证据［J］. 管理世界，34（2）：80-92，187.

程名望，盖庆恩，Yanhong J，等，2016. 人力资本积累与农户收入增长［J］. 经济研究，51（1）：168-181，192.

池振合，杨宜勇，2013. 城镇低收入群体规模及其变动趋势研究：基于北京市城镇住户调查数据［J］. 人口与经济（2）：100-107.

辞海编辑委员会，2020. 辞海［M］. 7版. 上海：上海辞书出版社.

崔巍，贺琰，2022. 机会不平等认知与居民幸福感：对家庭背景、运气和个人努力三因子的实证研究［J］. 贵州财经大学学报（2）：79-88.

邓小平，1993. 邓小平文选：第3卷［M］. 北京：人民出版社.

段博，邵传林，段博，2020. 数字经济加剧了地区差距吗？：来自中国284个地级市的经验证据［J］. 世界地理研究，29（4）：728-737.

段小红，杨岩岩，2022. 不同生计模式下六盘山易地扶贫搬迁移民生计资本耦合协调研究：以甘肃省古浪县为例［J］. 中国农业资源与区划，43（4）：1-9.

樊杰，周侃，伍健雄，2020. 中国相对贫困地区可持续发展问题典型研究与政策前瞻［J］. 中国科学院院刊，35（10）：1249-1263.

樊增增，邹薇，2021. 从脱贫攻坚走向共同富裕：中国相对贫困的动态识别与贫困变化的量化分解［J］. 中国工业经济（10）：59-77.

方迎风，周少驰，2021. 多维相对贫困测度研究［J］. 统计与信息论坛，36（6）：21-30.

高梦滔，姚洋，2006. 农户收入差距的微观基础：物质资本还是人力资本？［J］. 经济研究（12）：71-80.

高强，孔祥智，2020. 论相对贫困的内涵、特点难点及应对之策［J］. 新疆师范大学学报（哲学社会科学版），41（3）：120-128，2.

高晓红，李兴奇，2022. 多元线性回归模型中无量纲化方法比较 [J]. 统计
　　与决策（6）：5-9.

顾海英，2020. 新时代中国贫困治理的阶段特征、目标取向与实现路径
　　[J]. 上海交通大学学报（哲学社会科学版），28（6）：28-34.

顾仲阳，常钦，2021. 中华民族千百年的绝对贫困问题得到历史性解决
　　[N]. 人民日报，2021-06-09（09）.

关爱萍，刘可欣，2019. 人力资本、家庭禀赋、就业选择与农户贫困：基于
　　甘肃省贫困村的实证分析 [J]. 西部论坛，29（1）：55-63.

桂华，2022. 后扶贫时代农村社会政策与相对贫困问题 [J]. 武汉大学学报
　　（哲学社会科学版），75（1）：176-184.

郭之天，陆汉文，2020. 相对贫困的界定：国际经验与启示 [J]. 南京农业
　　大学学报（社会科学版），20（4）：100-111.

国家统计局住户调查办公室，2016. 2015 中国住户调查年鉴 [M]. 北京：中
　　国统计出版社.

国家统计局住户调查办公室，2020. 2020 中国住户主要调查数据 [M]. 北
　　京：中国统计出版社.

国家行政学院编写组，2016. 中国精准脱贫攻坚十讲 [M]. 北京：人民出
　　版社.

国务院发展研究中心发展战略和区域经济研究部课题组，2007. 中国区域
　　科学发展研究 [M]. 北京：中国发展出版社.

国务院扶贫开发领导小组，2003. 中国农村扶贫开发概要 [M]. 北京：中国
　　财政经济出版社.

韩德超，2021. 增值视角下的中国人力资本测度研究 [J]. 人口与经济
　　（3）：94-107.

韩振峰，2020. 新中国成立以来中国共产党扶贫脱贫事业的演进历程 [N].
　　光明日报，2020-06-10.

何立新，潘春阳，2011. 破解中国的 "Easterlin 悖论"：收入差距、机会不均
　　与居民幸福感 [J]. 管理世界（8）：11-22，187.

何眉，杨萧昌，陈卫强，2022. 能力视域下相对贫困的生成逻辑与治理路径
　　[J]. 西南民族大学学报（人文社会科学版），43（4）：119-129.

贺雪峰，2019. 农民家庭劳动力配置直接影响收入 [J]. 决策（Z1）：9.

赫国胜，耿丽平，2021. 数字金融发展对家庭风险金融资产配置的影响：基

于 Bootstrap 有调节的中介模型 [J]. 经济体制改革 (6): 135-141.

洪岩璧, 2015. Logistic 模型的系数比较问题及解决策略: 一个综述 [J]. 社会 (4): 220-241.

胡锦涛, 2007. 高举中国特色社会主义伟大旗帜 为夺取全面建设小康社会新胜利而奋斗 [M]. 北京: 人民出版社.

胡锦涛, 2005. 胡锦涛总书记关于构建社会主义和谐社会的有关论述 [J]. 党建 (Z1): 5-10.

胡联, 姚绍群, 宋啸天, 2021. 中国弱相对贫困的评估及对 2020 年后减贫战略的启示 [J]. 中国农村经济 (1): 72-90.

胡林元, 朱祎, 陈前恒, 2014. 农村进城务工人员的机会不平等认知及影响因素研究 [J]. 农村经济 (2): 95-98.

胡凌啸, 周力, 2021. 农村集体经济的减贫效应及作用机制: 基于对客观和主观相对贫困的评估 [J]. 农村经济 (11): 1-9.

胡伦, 陆迁, 2019. 生计能力对农户持续性贫困门槛值的影响 [J]. 华中农业大学学报 (社会科学版) (5): 78-87.

胡绳, 1991. 中国共产党的七十年 [M]. 北京: 中央党史出版社.

黄承伟, 刘欣, 2016. 新中国扶贫思想的形成与发展 [J]. 国家行政学院学报 (3): 63-68.

黄春华, 2016. 中国机会不平等、经济增长与教育作用 [D]. 武汉: 华中科技大学.

黄一玲, 2021. 中国共产党实现共同富裕的百年探索与经验启示 [J]. 南京师大学报 (社会科学版) (5): 93-101.

黄志刚, 黎洁, 王静, 2021. 贫困区农户生计资本组合对收入影响的优化效应分析: 基于陕西 778 份农户调查数据 [J]. 农业技术经济 (7): 79-91.

黄祖辉, 叶海键, 胡伟斌, 2021. 推进共同富裕: 重点、难题与破解 [J]. 中国人口科学 (6): 2-11, 126.

江立华, 2020. 相对贫困与 2020 年后贫困治理战略 [J]. 社会发展研究 (3): 5-14.

江求川, 任洁, 张克中, 2014. 中国城市居民机会不平等研究 [J]. 世界经济 (4): 111-138.

江泽民, 1997. 高举邓小平理论伟大旗帜 把建设有中国特色社会主义事业全面推向二十一世纪: 在中国共产党第十五次全国代表大会上的报告

[M]．北京：人民出版社．

江泽民，2006．江泽民文选：第1卷 [M]．北京：人民出版社．

蒋永穆，谢强，2021．扎实推动共同富裕：逻辑理路与实现路径 [J]．经济
纵横 (4)：15-24．

颉茂华，王娇，刘铁鑫，等，2021．反腐倡廉、政治关联与企业并购重组行
为 [J]．经济学 (季刊)，21 (3)：979-998．

解安，侯启缘，2021．中国相对贫困多维指标建构：基于国际比较视角
[J]．河北学刊，41 (1)：133-139．

靳永爱，谢宇，2020．机遇不平等：概念、机制与启示 [J]．北京大学学报
(哲学社会科学版)，57 (3)：104-117．

居伟，2012．现阶段我国实现共同富裕的路径选择 [D]．北京：中共中央
党校．

鞠雪楠，赵宣凯，孙宝文，2020．跨境电商平台克服了哪些贸易成本?：来自
"敦煌网" 数据的经验证据 [J]．经济研究，55 (2)：181-196．

雷欣，贾亚丽，龚锋，2018．机会不平等的衡量：参数测度法的应用与改进
[J]．统计研究，35 (4)：73-85．

黎文靖，彭远怀，谭有超，2021．知识产权司法保护与企业创新：兼论中国
企业创新结构的变迁 [J]．经济研究，56 (5)：144-161．

李波，苏晨晨，2021．深度贫困地区相对贫困的空间差异与影响因素 [J]．
中南民族大学学报 (人文社会科学版)，41 (4)：37-44．

李聪，刘若鸿，许晏君，2019．易地扶贫搬迁、生计资本与农户收入不平等：
来自陕南的证据 [J]．农业技术经济 (7)：52-67．

李海峥，梁赟玲，弗拉梅尼，等，2010．中国人力资本测度与指数构建 [J]．
经济研究，45 (8)：42-54．

李玲玉，郭亚军，易平涛，2016．无量纲化方法的选取原则 [J]．系统管理
学报，25 (6)：1040-1045．

李棉管，岳经纶，2020．相对贫困与治理的长效机制：从理论到政策 [J]．
社会学研究，35 (6)：67-90，243．

李平，王巍，孔微巍，2021．人力资本对贫困地区农村家庭产出的贡献：基
于黑龙江省的实证分析 [J]．中国农业资源与区划，42 (8)：58-66．

李实，沈扬扬，2022．中国农村居民收入分配中的机会不平等：2013—2018
年 [J]．农业经济问题 (1)：4-14．

李文辉，宋宇，2015. 黄土丘陵区农户生计模式选择研究 [J]. 经济科学 (5)：118-128.

李晓曼，曾湘泉，2012. 新人力资本理论：基于能力的人力资本理论研究动态 [J]. 经济学动态 (11)：120-126.

李莹，吕光明，2018. 我国城镇居民收入分配机会不平等因何而生 [J]. 统计研究，35 (9)：67-78.

李莹，吕光明，2019. 中国机会不平等的生成源泉与作用渠道研究 [J]. 中国工业经济 (9)：60-78.

李莹，于学霆，李帆，2021. 中国相对贫困标准界定与规模测算 [J]. 中国农村经济 (1)：31-48.

李莹，2019. 收入不平等变动的根源探析：基于机会不平等的测度 [J]. 云南财经大学学报，35 (8)：12-23.

连玉君，廖俊平，2017. 如何检验分组回归后的组间系数差异？[J]. 郑州航空工业管理学院学报，35 (6)：97-109.

连玉君，彭方平，苏治，2010. 融资约束与流动性管理行为 [J]. 金融研究 (10)：158-171.

梁凡，朱玉春，2018. 农户贫困脆弱性与人力资本特征 [J]. 华南农业大学学报（社会科学版），17 (2)：95-106.

林闽钢，2020. 前瞻研究相对贫困治理问题 [N]. 人民日报，2020-12-28 (12).

林闽钢，2020. 相对贫困的理论与政策聚焦：兼论建立我国相对贫困的治理体系 [J]. 社会保障评论，4 (1)：85-92.

刘彬彬，陆迁，李晓平，2014. 社会资本与贫困地区农户收入：基于门槛回归模型的检验 [J]. 农业技术经济 (11)：40-51.

刘波，胡宗义，龚志民，2020. 中国收入差距中的机会不平等再测度：基于"环境-能力-收入"的新思路 [J]. 南开经济研究 (4)：107-126.

刘成奎，齐兴辉，任飞容，2021. 中国居民收入分配中的机会不平等：理论分析与经验证据 [J]. 经济与管理研究，42 (2)：95-110.

刘成奎，杨冰玉，2018. 公共产品供给、机会不平等与城乡收入不平等研究评述 [J]. 宁夏社会科学 (4)：125-132.

刘纯阳，2005. 贫困地区农户的人力资本投资：对湖南西部的研究 [D]. 北京：中国农业大学.

刘怡，耿纯，赵仲匡，2017. 出口退税政府间分担对产品出口的影响 [J].
经济学，16（3）：1011-1030.

刘愿理，廖和平，李靖，等，2020. 后 2020 时期农户相对贫困测度及机理分
析：以重庆市长寿区为例 [J]. 地理科学进展，39（6）：960-971.

刘云菲，李红梅，马宏阳，2021. 中国农垦农业现代化水平评价研究：基于
熵值法与 TOPSIS 方法 [J]. 农业经济问题（2）：107-116.

龙健颜，卢素，刘金山，2011. 贝叶斯非参数回归模型及非参数似不相关回
归模型的应用 [J]. 统计与决策（16）：17-20.

卢海阳，李祖娴，2018. 农民工人力资本现状分析与政策建议：基于福建省
1476 个农民工的调查 [J]. 中国农村观察（1）：111-126.

陆汉文，杨永伟，2020. 从脱贫攻坚到相对贫困治理：变化与创新 [J]. 新
疆师范大学学报（哲学社会科学版），41（5）：86-94.

陆立军，1980. 谈谈马克思恩格斯列宁关于无产阶级贫困问题的理论 [J].
世界经济（11）：10-15.

陆明涛，刘澈，2016. 人力资本测度与国际比较 [J]. 中国人口科学（3）：
55-68，127.

罗必良，洪炜杰，耿鹏鹏，等，2021. 赋权、强能、包容：在相对贫困治理中
增进农民幸福感 [J]. 管理世界，37（10）：166-182.

罗建平，吴晓格，2015. 新中国成立初期党的共同富裕政策思想回顾 [J].
人民论坛（11）：170-172.

罗明忠，唐超，吴小立，2020. 培训参与有助于缓解农户相对贫困吗?：源自
河南省 3 278 份农户问卷调查的实证分析 [J]. 华南师范大学学报（社会
科学版）（6）：43-56.

罗万云，戎铭倩，王福博，等，2022. 可持续生计视角下民族地区农户相对
贫困多维度识别研究：以新疆和田市为例 [J]. 干旱区资源与环境，36
（6）：15-24.

吕方，2020. 迈向 2020 后减贫治理：建立解决相对贫困问题长效机制 [J].
新视野（2）：33-40.

吕光明，徐曼，李彬，2014. 收入分配机会不平等问题研究进展 [J]. 经济
学动态（8）：137-147.

马超，顾海，宋泽，2017. 补偿原则下的城乡医疗服务利用机会不平等 [J].
经济学（季刊），16（4）：1261-1288.

马孟庭，2022. 相对贫困治理驱动共同富裕发展：重大挑战与政策演进
  [J]. 新疆社会科学（2）：66-74.

马旭东，史岩，2018. 福利经济学：缘起、发展与解构 [J]. 经济问题（2）：
  9-16.

马瑜，吕景春，2022. 中国城乡弱相对贫困测算及时空演变：2012—2018
  [J]. 人口与经济（1）：58-73.

毛泽东，1964. 毛泽东著作选读（甲种本）：下 [M]. 北京：人民出版社.

孟杰，沈文静，杨贵军，等，2021. 复杂抽样的 Bootstrap 方差估计方法及应
  用 [J]. 数理统计与管理，40（2）：266-278.

潘春阳，2011. 中国的机会不平等与居民幸福感研究 [D]. 上海：复旦
  大学.

裴劲松，矫萌，2021. 劳动供给与农村家庭多维相对贫困减贫 [J]. 中国人
  口科学（3）：69-81.

彭惠梅，胡联，黄振东，2020. 人口迁移有利于社会阶层变动吗？[J]. 湖南
  农业大学学报（社会科学版），21（3）：42-50，73.

彭继权，张利国，陈苏，2020. 进城农民工相对贫困的代际差异研究：基于
  RIF 无条件分位数回归分解法 [J]. 财经论丛（9）：3-12.

蒲实，袁威，2021. 中国共产党的百年反贫困历程及经验 [J]. 行政管理改
  革（5）：16-25.

钱雪松，杜立，马文涛，2015. 中国货币政策利率传导有效性研究：中介效
  应和体制内外差异 [J]. 管理世界（11）：11-28.

秦博，潘昆峰，2018. 人力资本对贫穷的阻断效应：基于深度贫困家庭大数
  据的实证研究 [J]. 教育科学研究（8）：38-43，55.

《世界发展报告》翻译小组，1983. 1981 年世界发展报告 [M]. 北京：中国
  财政经济出版社.

史新杰，卫龙宝，方师乐，等，2018. 中国收入分配中的机会不平等 [J]. 管
  理世界，34（3）：27-37.

史耀疆，崔瑜，2006. 公民公平观及其对社会公平评价和生活满意度影响分
  析 [J]. 管理世界（10）：39-49.

宋福忠，许鲜苗，赵洪彬，2010. 重庆市相对贫困地区统筹城乡发展困难与
  措施研究 [J]. 重庆大学学报（社会科学版），16（5）：18-24.

宋嘉豪，吴海涛，程威特，2022. 劳动力禀赋、非农就业与相对贫困 [J].

华中农业大学学报（社会科学版）（1）：64-74.

宋林，何洋，2021. 互联网使用对中国城乡家庭创业的影响研究 [J]. 科学学研究，39（3）：489-498，506.

苏冬蔚，叶菁菁，2021. 收入不平等对家庭消费升级的影响：基于机会不平等与努力不平等的视角 [J]. 湘潭大学学报（哲学社会科学版），45（2）：74-82.

苏芳，范冰洁，黄德林，等，2021. 后脱贫时代相对贫困治理：分析框架与政策取向 [J]. 中国软科学（12）：73-83.

苏芳，尚海洋，2012. 农户生计资本对其风险应对策略的影响：以黑河流域张掖市为例 [J]. 中国农村经济（8）：79-87，96.

苏礼和，2018. 列宁贫困与反贫困主要思想及其评析 [C]. Proceedings of 2018 4th International Conference on Humanities and Social Science Research：642-645.

孙久文，夏添，2019. 中国扶贫战略与 2020 年后相对贫困线划定：基于理论、政策和数据的分析 [J]. 中国农村经济（10）：98-113.

孙久文，张倩，2021. 2020 年后我国相对贫困标准：经验实践与理论构建 [J]. 新疆师范大学学报（哲学社会科学版）（4）：1-13.

孙三百，2014. 机会不平等、劳动力流动及其空间优化 [D]. 北京：对外经济贸易大学.

孙照红，2020. 新中国成立以来我国贫困治理的历程、特点和趋向 [J]. 中国延安干部学院学报，13（5）：49-55，91.

檀学文，2020. 走向共同富裕的解决相对贫困思路研究 [J]. 中国农村经济（6）：21-36.

唐钧，1998. 中国城市居民贫困线研究 [M]. 上海：上海社会科学院出版社.

唐丽霞，张一珂，陈枫，2020. 贫困问题的国际测量方法及对中国的启示 [J]. 国外社会科学（6）：66-79.

唐亮，杜婵，邓茗尹，2021. 组织扶贫与组织振兴的有机衔接：现实需求、困难及实现路径 [J]. 农村经济（1）：111-118.

唐亮，杜婵，2022. 推动农民农村共同富裕：理论依据、现实挑战及实现路径 [J]. 农村经济（7）：10-17.

田雅娟，刘强，冯亮，2019. 中国居民家庭的主观贫困感受研究 [J]. 统计研究，36（1）：92-103.

万广华，张彤进，2021. 机会不平等与中国居民主观幸福感 ［J］. 世界经济，44 （5）：203-228.

汪三贵，孙俊娜，2021. 全面建成小康社会后中国的相对贫困标准、测量与瞄准：基于 2018 年中国住户调查数据的分析 ［J］. 中国农村经济 （3）：2-23.

王朝明，2008. 马克思主义贫困理论的创新与发展 ［J］. 当代经济研究 （2）：1-7，73.

王飞，廖桂蓉，吴婕，2020. 人力资本对民族地区贫困农户退出的影响：以云南户撒阿昌族乡为例 ［J］. 西北人口，41 （5）：84-92.

王淑佳，孙九霞，2021. 中国传统村落可持续发展评价体系构建与实证 ［J］. 地理学报，76 （4）：921-938.

王庶，岳希明，2017. 退耕还林、非农就业与农民增收：基于 21 省面板数据的双重差分分析 ［J］. 经济研究，52 （4）：106-119.

王伟同，陈琳，2019. 隔代抚养与中老年人生活质量 ［J］. 经济学动态 （10）：79-92.

王小林，阿尔基尔，2009. 中国多维贫困测量：估计和政策含义 ［J］. 中国农村经济 （12）：4-10.

王小林，冯贺霞，2020. 2020 年后中国多维相对贫困标准：国际经验与政策取向 ［J］. 中国农村经济 （3）：2-21.

王小林，张晓颖，2021. 中国消除绝对贫困的经验解释与 2020 年后相对贫困治理取向 ［J］. 中国农村经济 （2）：2-18.

王小林，2017. 贫困测量：理论与方法 ［M］. 北京：社会科学文献出版社.

王小林，2019. 新中国成立 70 年减贫经验及其对 2020 年后缓解相对贫困的价值 ［J］. 劳动经济研究，7 （6）：3-10.

王肖婧，2019. 人力资本、社会资本对农户贫困的影响及作用机制研究 ［D］. 西安：西北大学.

王引，尹志超，2009. 健康人力资本积累与农民收入增长 ［J］. 中国农村经济 （12）：24-31，66.

王湛晨，李国平，刘富华，2021. 水电工程移民相对贫困特征与致贫因素识别 ［J］. 华中农业大学学报 （社会科学版） （2）：23-31，175.

王卓，郭真华，2021. 中国相对贫困长效治理机制构建研究：基于英美福利治理的反思 ［J］. 农村经济 （11）：35-44.

王卓，徐杰，2022. 面向共同富裕的相对贫困治理研究：基于积极社会政策视角 [J]. 西北师大学报（社会科学版），59（3）：20-29.

王卓，2022. 中国相对贫困的标准建构与测度：基于2021年四川专题调查 [J]. 社会保障评论，6（2）：88-104.

温忠麟，叶宝娟，2014. 中介效应分析：方法和模型发展 [J]. 心理科学进展，22（5）：731-745.

吴茜，卫志民，2022. 共同富裕视阈下相对贫困群体利益诉求的实现机制 [J]. 理论视野（3）：50-55.

习近平，2017. 决胜全面建成小康社会 夺取新时代中国特色社会主义伟大胜利 [M]. 北京：人民出版社.

习近平，2018. 把乡村振兴战略作为新时代"三农"工作总抓手 促进农业全面升级农村全面进步农民全面发展 [N]. 人民日报，2018-09-23（01）.

习近平，2019. 把乡村振兴战略作为新时代"三农"工作总抓手 [J]. 求是（11）：4-10.

习近平，2020. 在决战决胜脱贫攻坚座谈会上的讲话 [N]. 人民日报，2020-03-07（02）.

习近平，2020. 习近平谈治国理政：第3卷 [M]. 北京：外文出版社.

习近平，2021. 在全国脱贫攻坚总结表彰大会上的讲话 [M]. 北京：人民出版社.

习近平，2021. 在庆祝中国共产党成立100周年大会上的讲话 [N]. 人民日报，2021-07-02（02）.

习近平，2015. 做焦裕禄式的县委书记 [M]. 北京：中央文献出版社.

夏庆杰，陈燕凤，陈梦桑，2019. 从人力资本缺失与社会服务缺失视角看我国农村多维贫困：基于 CLDS 2012—2016 年微观数据 [J]. 学习与探索（5）：69-77.

谢华育，孙小雁，2021. 共同富裕、相对贫困攻坚与国家治理现代化 [J]. 上海经济研究（11）：20-26.

谢小飞，吴家华，2021. 中国共产党追求共同富裕的百年历程与启示 [J]. 西南民族大学学报（人文社会科学版），42（7）：53-58.

谢宇，2013. 回归分析 [M]. 修订版. 北京：社会科学文献出版社.

新华社国家高端智库，2021. 中国减贫学：政治经济学视野下的中国减贫理论与实践［R］. 北京：新华社.

邢成举，李小云，2019. 相对贫困与新时代贫困治理机制的构建［J］. 改革
　　（12）：16-25.

邢占军，张丹婷，2022. 分层衔接：迈向共同富裕的相对贫困治理机制［J］.
　　探索与争鸣（4）：133-140，179.

徐淑一，陈平，2017. 收入、社会地位与幸福感：公平感知视角［J］. 管理
　　科学学报，20（12）：99-116.

徐晓红，荣兆梓，2012. 机会不平等与收入差距：对城市住户收入调查数据
　　的实证研究［J］. 经济学家（1）：15-20.

许彩玲，2021. 中国共产党百年农村反贫困：历程、经验与展望［J］. 当代
　　经济研究（11）：29-37.

阎建忠，卓仁贵，谢德体，等，2010. 不同生计类型农户的土地利用：三峡库
　　区典型村的实证研究［J］. 地理学报，65（11）：1401-1410.

杨立雄，2021. 相对贫困概念辨析与治理取向［J］. 广东社会科学（4）：180-
　　193，256.

杨肃昌，杨移，2022. 新时代相对贫困与资源分配不平等相关性研究［J］.
　　上海经济研究（3）：31-47.

杨穗，吴彬彬，2019. 农民工就业地选择和收入差距［J］. 社会发展研究，6
　　（4）：112-133，240.

姚大志，2010. 评德沃金的平等主义［J］. 吉林大学社会科学学报，50（5）：
　　104-109，160.

姚兴安，朱萌君，季璐，2021. 我国农村相对贫困测度及其地区差异比较
　　［J］. 统计与决策，37（5）：10-14.

叶普万，2004. 贫困经济学研究［M］. 北京：中国社会科学出版社.

叶兴庆，殷浩栋，2019. 从消除绝对贫困到缓解相对贫困：中国减贫历程与
　　2020 年后的减贫战略［J］. 改革（12）：5-15.

易淑昶，孙久文，柳青，2022. 中国的机会不平等水平与特征研究：兼论城
　　市规模的影响［J］. 经济理论与经济管理，42（4）：56-69.

于新亮，严晓欢，上官熠文，等，2022. 农村社会养老保险与家庭相对贫困
　　长效治理：基于隔代照顾的视角［J］. 中国农村观察（1）：146-165.

俞立平，郑昆，2021. 期刊评价中不同客观赋权法权重比较及其思考［J］.
　　现代情报，41（12）：121-130.

袁冬梅，金京，魏后凯，2021. 人力资本积累如何提高农业转移人口的收入？：基于农业转移人口收入相对剥夺的视角 [J]. 中国软科学（11）：45-56.

袁微，2018. 二值选择模型内生性检验方法、步骤及 Stata 应用 [J]. 统计与决策，34（6）：15-20.

詹敏，廖志高，徐玖平，2016. 线性无量纲化方法比较研究 [J]. 统计与信息论坛，31（12）：17-22.

张超正，杨钢桥，陈丹玲，2020. 不同模式农地整治对农民生活满意度的影响差异研究：基于生计资本总量和结构的中介效应分析 [J]. 长江流域资源与环境，29（6）：1462-1472.

张宸嘉，2020. 柯西河流域农户生计资本评价与生计可持续性研究 [D]. 北京：中国科学院大学（中国科学院水利部成都山地灾害与环境研究所）.

张承，彭新万，陈华脉，2021. 我国多维相对贫困的识别及其驱动效应研究 [J]. 经济问题探索（11）：15-29.

张当，2019. 论"异化劳动"理论视域中的贫困问题 [J]. 学术研究，418（9）：19-26，183.

张磊，2007. 中国扶贫开发历程（1949—2005 年）[M]. 北京：中国财政经济出版社.

张林，邹迎香，2021. 中国农村相对贫困及其治理问题研究进展 [J]. 华南农业大学学报（社会科学版），20（6）：1-14.

张琦，沈扬扬，2020. 不同相对贫困标准的国际比较及对中国的启示 [J]. 南京农业大学学报（社会科学版），20（4）：91-99.

张琦，2021. 全球减贫历史、现状及其挑战 [J]. 人民论坛（11）：12-18.

张清霞，2007. 浙江农村相对贫困：演变趋势，结构特征及影响因素 [D]. 杭州：浙江大学.

张莎莎，郑循刚，2021. 农户相对贫困缓解的内生动力 [J]. 华南农业大学学报（社会科学版），20（4）：44-53.

张彤进，万广华，2020. 机会不均等、社会资本与农民主观幸福感：基于 CGSS 数据的实证分析 [J]. 上海财经大学学报，22（5）：94-108.

张霞，何南，2022. 综合评价方法分类及适用性研究 [J]. 统计与决策（6）：31-36.

张旭锐，2020. 生计资本对农户林地利用及收入的影响研究 [D]. 咸阳：西北农林科技大学.

张永丽, 沈志宇, 2020. 贫困与反贫困问题研究述论 [J]. 西北民族大学学报（哲学社会科学版）(4): 129-140.

中共中央党史和文献研究院, 2018. 习近平扶贫论述摘编 [M]. 北京: 中央文献出版社.

中共中央马克思恩格斯列宁斯大林著作编译局, 2012. 马克思恩格斯选集: 第1卷 [M]. 北京: 人民出版社.

中共中央文献研究室, 1999. 毛泽东文集: 第6卷 [M]. 北京: 人民出版社.

中共中央文献研究室, 2002. 江泽民论有中国特色社会主义: 专题摘编 [M]. 北京: 中央文献出版社.

中共中央文献研究室, 2011. 十六大以来重要文献选编: 中 [M]. 北京: 中央文献出版社.

中共中央文献研究室, 2016. 十八大以来重要文献选编: 中 [M]. 北京: 中央文献出版社.

中华人民共和国国务院新闻办公室, 2021. 人类减贫的中国实践 [M]. 北京: 人民出版社.

中华人民共和国国务院新闻办公室, 2021. 中国的全面小康 [M]. 北京: 人民出版社.

《中国人力资本的度量及其深入研究》课题组, 2021. 中国人力资本报告 2021 [R]. 北京: 中央财经大学人力资本与劳动经济研究中心.

钟宇平, 侯玉娜, 陆根书, 2014. 教育经济学: 回顾、反思与展望 [J]. 教育与经济 (5): 3-10.

周力, 邵俊杰, 2020. 非农就业与缓解相对贫困: 基于主客观标准的二维视角 [J]. 南京农业大学学报（社会科学版）, 20 (4): 121-132.

周力, 2020. 相对贫困标准划定的国际经验与启示 [J]. 人民论坛·学术前沿 (14): 70-79.

周晔馨, 2012. 社会资本是穷人的资本吗?: 基于中国农户收入的经验证据 [J]. 管理世界 (7): 83-95.

朱喜安, 魏国栋, 2015. 熵值法中无量纲化方法优良标准的探讨 [J]. 统计与决策 (2): 12-15.

朱晓文, 吕长江, 2019. 家族企业代际传承: 海外培养还是国内培养? [J]. 经济研究, 54 (1): 68-84.

朱舟, 1999. 人力资本投资的成本收益分析 [M]. 上海: 上海财经大学出版社.

祝仲坤, 冷晨昕, 2020. 自雇行为如何影响农民工的市民化状态: 来自中国流动人口动态监测调查的经验证据 [J]. 南开经济研究 (5): 109-129.

祝仲坤, 2021. 公共卫生服务如何影响农民工留城意愿: 基于中国流动人口动态监测调查的分析 [J]. 中国农村经济 (10): 125-144.

庄天慧, 杨浩, 蓝红星, 2018. 多维贫困与贫困治理 [M]. 长沙: 湖南人民出版社.

邹薇, 方迎风, 2012. 怎样测度贫困: 从单维到多维 [J]. 国外社会科学 (2): 63-69.

左停, 贺莉, 刘文婧, 2019. 相对贫困治理理论与中国地方实践经验 [J]. 河海大学学报 (哲学社会科学版), 21 (6): 1-9, 109.

左停, 刘文婧, 2020. 教育与减贫的现实障碍、基本保障与发展促进: 相对贫困治理目标下教育扶贫战略的思考 [J]. 中国农业大学学报 (社会科学版), 37 (6): 85-96.

左停, 杨雨鑫, 2013. 重塑贫困认知: 主观贫困研究框架及其对当前中国反贫困的启示 [J]. 贵州社会科学 (9): 43-49.

左文琦, 2020. 人力资本视角下的中国城镇劳动者工作贫困问题研究 [J]. 中国政法大学学报 (1): 32-45.

马克思, 恩格斯, 2018. 共产党宣言 [M]. 陈望道, 译. 北京: 民主与建设出版社.

马克思, 2009. 资本论 [M]. 郭大力, 王亚南, 译. 上海: 上海三联书店.

雅各布, 刘宏斌, 方秋明, 2013. 追求平等机会: 平等主义的正义理论与实践 [J]. 国外理论动态 (8): 57-70.

库恩, 汪三贵, 2020. 脱贫之道: 中国共产党的治理密码 [M]. 重庆: 重庆出版社.

舒尔茨, 1990. 论人力资本投资 [M]. 吴珠华, 译. 北京: 北京经济学院出版社.

库兹涅茨, 1989. 现代经济增长 [M]. 戴睿, 易诚, 译. 北京: 北京经济学院出版社.

明瑟, 2001. 人力资本研究 [M]. 张凤林, 译. 北京: 中国经济出版社.

Roemer J E, 2021. 机会均等 [M]. 孙梁, 译. 上海: 上海财经大学出版社.

萨缪尔森，2013. 经济学 ［M］. 萧琛，译. 北京：商务印书馆.

列宁，2017. 列宁全集：第 16 卷 ［M］. 中共中央马克思恩格斯列宁斯大林
    著作编译局，译. 北京：人民出版社.

列宁，2017. 列宁全集：第 33 卷 ［M］. 中共中央马克思恩格斯列宁斯大林
    著作编译局，译. 北京：人民出版社.

列宁，2017. 列宁全集：第 35 卷 ［M］. 北京：人民出版社.

斯大林，1979. 斯大林选集：下卷 ［M］. 北京：人民出版社.

森，2003. 评估不平等和贫困的概念性挑战 ［J］. 经济学（季刊）（2）：257-
    270.

森，2005. 论社会排斥 ［J］. 王燕燕，译. 经济社会体制比较（3）：1-7.

边沁，2009. 论道德与立法的原则 ［M］. 程立显，宇文利，译. 西安：陕西人
    民出版社.

凯恩斯，2014. 就业、利息和货币通论 ［M］. 高鸿业，译. 北京：商务印
    书馆.

马尔萨斯，1992. 人口原理 ［M］. 朱泱，胡企林，朱和中，译. 北京：商务印
    书馆.

马歇尔，2010. 经济学原理 ［M］. 陈良璧，译. 北京：商务印书馆.

穆勒，2009. 功利主义 ［M］. 叶建新，译. 北京：中国社会科学出版社.

庇古，2020. 福利经济学 ［M］. 朱泱，张胜纪，吴良健，译. 北京：商务印
    书馆.

斯密，2002. 国民财富的性质和原因的研究 ［M］. 郭大力，王亚南，译. 北
    京：商务印书馆.

AABERGE R, MOGSTAD M, PERAGINE V, 2010. Measuring long-term ine-
    quality of opportunity ［J］. Journal of public economics, 95（3）：193-204.

ALKIRE S, FOSTER J, 2010. Counting and multidimensional poverty measure-
    ment ［J］. Journal of public economics, 95（7）：476-487.

ALKIRE S, FOSTER J, 2007. Counting and multidimensional poverty measure-
    ment ［J］. Oxford poverty & human development initiative：OPHI working pa-
    per 7.

ALLISON P D, 1999. Comparing logit and probit coefficients across groups ［J］.
    Sociological methods & research, 28（2）：186-208.

BANERJEE A V, DUFLO E, 2012. Poor economics：a radical rethinking of the way to fight global poverty [J]. Public affairs (3).

BARON R M, KENNY D A, 1986. The moderator-mediator variable distinction in social psychological research: conceptual, strategic, and statistical considerations [J]. Journal of personality and social psychology, 51 (6): 1173-1182.

BARRIENTOS A, HULME D, 2005. Chronic poverty and social protection: introduction [J]. European journal of development research, 17 (1): 1-7.

BARRO R J, LEE J W, 1996. International measures of schooling years and schooling quality [J]. The American economic review, 86 (2): 218-223.

BECKER G S, 1964. Capital: a theoretical and empirical analysis, with special reference to education [M]. New York: National Bureau of Economic Research.

BELLÙ L G, LIBERATI P, 2005. Impacts of policies on poverty. relative poverty lines [R]. University Library of Munich: MPRA Paper 44665.

BERRY C R, GLAESER E L, 2005. The divergence of human capital levels across cities [J]. Papers in regional science, 84 (3): 407-444.

BOURGUIGNON F, FERREIRA F H G, MENÉNDEZ M, 2007. Inequality of opportunity in Brazil [J]. Review of income and wealth, 53 (4): 585-618.

CARPANTIER J F, SAPATA C, 2013. An ex-post view of inequality of opportunity in France and its regions [J]. Journal of labor research, 34 (3): 281-311.

CHAMBERS R, 1995. Poverty and livelihoods: whose reality counts? [J]. Environment and urbanization, 7 (1): 173-204.

CHAKRAVARTY S R, 2007. On the watts multidimensional poverty index and its decomposition [J]. World development, 36 (6): 1067-1077.

CHECCHI D, PERAGINE V, 2010. Inequality of opportunity in Italy [J]. The journal of economic inequality, 8 (4): 429-450.

CHETTY R, HENDREN N, KATZ L F, 2016. The effects of exposure to better neighborhoods on children: new evidence from the moving to opportunity experiment [J]. The American economic review, 106 (4): 855-902.

CLEARY S, 1999. The relationship between firm investment and financial status [J]. The journal of finance, 54 (2): 673-692.

COHEN G A, 1989. On the currency of egalitarian justice [J]. Ethics, 99 (4): 906-944.

CRAMER J S, 2007. Robustness of logit analysis: unobserved heterogeneity and misspecified disturbances [J]. Oxford bulletin of economics and statistics, 69 (4): 545-555.

CUNHA F, HECKMAN J J, 2009. The economics and psychology of inequality and human development [J]. Journal of the European economic association, 7 (2): 320-364.

DARTANTO T, OTSUBO S, 2013. Measurements and determinants of multifaceted poverty: absolute, relative, and subjective poverty in Indonesia [R]. JICA Research Institute: Working Papers 54.

DIFD, 2000. Sustainable livelihoods guidance sheets [R]. London: DIFD.

DWORKIN R, 1981. What is equality? Part 1: equality of welfare [J]. Philosophy & public affairs, 10 (3): 185-246.

DWORKIN R, 1981. What is equality? Part 2: equality of resources [J]. Philosophy & public affairs, 10 (4): 283-345.

DYNAN K E, RAVINA E, 2007. Increasing income inequality, external habits, and self-reported happiness [J]. The American economic review, 97 (2): 226-231.

EFRON B, TIBSHIRANI R J, 1993. An introduction to the bootstrap [M]. New York: Chapmann & Hall.

EISNER R, 1989. The total incomes system of accounts [M]. Chicago: The University of Chicago Press.

FERREIRA F H G, GIGNOUX J, 2011. The measurement of inequality of opportunity: theory and an application to Latin America [J]. Review of income and wealth, 57 (4): 622-657.

FISHER I, 1906. The nature of capital and income [M]. Boston: De Gruyter.

FOSTER J, GREER J, THORBECKE E, 1984. A class of decomposable poverty measures [J] Econometrica, 52 (3): 761-766.

FUCHS V R, 1967. Redefining poverty and redistributing income [J]. The public interest, 8: 88-95.

FUCHS V R, 1998. Who shall live: health, economics and social choice? [M].

Singapore: World Scientific.

GOEDHART T, HALBERSTAT V, KAPTEYN A, et al., 1977. The poverty
line: concept and measurement [J]. The journal of human resources, 12
(4): 503-520.

GROSSMAN M, 1972. On the concept of health capital and the demand for
health [J]. Journal of political economy, 80 (2): 223-255.

HANSEN B E, 2000. Sample splitting and threshold estimation [J]. Economet-
rica, 68 (3): 575-603.

HIRSCHMAN A O, 1958. Strategy of economic development [M]. London:
Yale University Press.

HIRSCHMAN A O, 1973. The changing tolerance for income inequality in the
course of economic development [J]. World development, 1 (12): 29-36.

HOGAN J, HOLLAND B, 2003. Using theory to evaluate personality and job-
performance relations: a socioanalytic perspective [J]. The journal of applied
psychology, 88 (1): 100-12.

IRENE Y H N, 2013. Social welfare in Singapore: rediscovering poverty, resha-
ping policy [J]. Asia Pacific journal of social work and development, 23
(1): 35-47.

ISAKSSON A, LINDSKOG A, 2009. Preferences for redistribution: a country
comparison of fairness judgements [J]. Journal of economic behavior and or-
ganization, 72 (3): 884-902.

JACOBS L A, 2004. Pursuing equal opportunities: the theory and practice of e-
galitarian justice [M]. Cambridge: Cambridge University Press.

JALAN J, RAVALLION M, 1998. Transient poverty in post-reform rural China
[J]. Journal of comparative economics, 26 (2): 338-357.

JENKINS S P, 2020. Perspectives on poverty in Europe [J]. Italian economic
journal, 6 (3): 129-155.

SU J F, GUO S R, 2022. Human capital and rural households' vulnerability to
relative poverty: evidence from China [J]. Discrete dynamics in nature and
society.

JOLLIFFE D, PRYDZ E B, 2017. Societal poverty: a relative and relevant meas-
ure [R]. World Bank: Policy Research Working Paper Series.

JORGENSON D, FRAUMENI B M, 1989. The accumulation of human and non-human capital, 1948-1984 [M]. Chicago: The University of Chicago Press.

KARLSON K B, HOLM A, BREEN R, 2012. Comparing regression coefficients between same-sample nested models using logit and probit: a new method [J]. Sociological methodology, 42: 286-313.

KENDRICK J W, 1976. The formation and stocks of total capital [M]. New York: Columbia University Press.

KNIGHT J B, SABOT R H, 1983. Educational expansion and the Kuznets effect [J]. The American economic review, 73 (5): 1132-1136.

KOHLER U, KARLSON K B, HOLM A, 2011. Comparing coefficients of nested nonlinear probability models [J]. The Stata journal, 11 (3): 420-438.

LEFRANC A, PISTOLESI N, TRANNOY A, 2009. Equality of opportunity and luck: definitions and testable conditions, with an application to income in France [J]. Journal of public economics, 93 (11): 1189-1207.

LEIBENSTEIN H, 1957. Economic backwardness and economic growth [M]. New York: Wiley.

LEWIS O, 1965. Five families: Mexican case studies in the culture of poverty [M]. New York: Basic Books Inc.

LEWIS W A, 1954. Economic development with unlimited supply of labour [J]. The Manchester school of economic and social studies, 22 (2): 139-191.

LUCAS R E, 1988. On the mechanics of economic development [J]. Journal of monetary economics, 22 (1): 3-42.

MACKINNON D P, WARSI G, DWYER J H, 1995. A simulation study of mediated effect measures [J]. Multivariate behavioral research, 30 (3): 41-62.

MACQUEEN J, 1967. Some methods for classification and analysis of multivariate observations [J]. Berkeley symposium on mathematical statistics and probability.

MARRERO G A, RODRÍGUEZ J G, 2013. Inequality of opportunity and growth [J]. Journal of development economics, 104: 107-122.

MINCER J A, 1974. Schooling, experience, and earnings [M]. New York: National Bureau of Economic Research.

MULLER C, 2006. Defining poverty lines as a fraction of central tendency [J].

Southern economic journal, 72 (3): 720-729.

MYRDAL G, 1957. Economic theory and underdeveloped regions [M]. New York: Harper & Row.

NELSON R R, 1956. A Theory of the low-level equilibrium trap in underdeveloped economies [J]. The American economic review, 46 (5): 894-908.

NEWEY W K, 1987. Efficient estimation of limited dependent variable models with endogenous explanatory variables [J]. Journal of econometrics, 36 (3): 231-250.

NOZICK R, 1977. Anarchy, state and utopia [M]. Hoboken, New Jersey: Wiley-Blackwell.

NURKSE R, 1953. Problems of capital formation in underdeveloped countries [M]. Oxford: Basil Blackwell.

OSHIO T, KOBAYASHI M, 2010. Income inequality, perceived happiness, and self-rated health: evidence from nationwide surveys in Japan [J]. Social science & medicine, 70 (9): 1358-1366.

PERROUX F, 1950. Economic space: theory and applications [J]. Quarterly journal of economics, 64 (1): 89-104.

PFLUEGER C E, WANG S, 2015. A robust test for weak instruments in Stata [J]. The Stata journal, 15 (1): 216-225.

PIKETTY T, 2000. Theories of persistent inequality and intergenerational mobility [J]. Handbook of income distribution, 1: 429-476.

PRAAG V, CARBONELLA A F, 2008. A multidimensional approach to subjective poverty [J]. University of Amsterdam.

PRAAG V, GOEDHART B, KAPTEYN T, et al., 1980. The poverty line: a pilot survey in Europe [J]. The review of economics and statistics, 62 (3): 461-465.

PREACHER K J, HAYES A F, 2008. Asymptotic and resampling strategies for assessing and comparing indirect effects in multiple mediator models [J]. Behavioral research methods, 40 (3): 879-891.

PREACHER K J, RUCKER D D, HAYES A F, 2007. Addressing moderated mediation hypotheses: theory, methods, and prescriptions [J]. Multivariate behavioral research, 42: 185-227.

RAVALLION M, CHEN S H, 2019. Global poverty measurement when relative income matters [J]. Journal of public economics, 177: 1-13.

RAVALLION M, CHEN S H, 2011. Weakly relative poverty [J]. Review of economics & statistics, 93 (4): 1251-1261.

RAWLS J B, 1971. A theory of justice [J]. Harvard law review, 85 (8): 311-324.

RIVERS D, VUONG Q H, 1988. Limited information estimators and exogeneity tests for simultaneous probit models [J]. Journal of econometrics, 39 (3): 347-366.

ROEMER J E, 1993. A pragmatic theory of responsibility for the egalitarian planner [J]. Philosophy & public affairs, 22 (2): 146-166.

ROEMER J E, 2002. Equality of opportunity: a progress report [J]. Social choice and welfare, 19 (2): 455-471.

ROJAS M, 2008. Experienced poverty and income poverty in mexico: a subjective well-being approach [J]. World development, 36 (6): 1078-1093.

ROMER P M, 1986. Increasing returns and long-run growth [J]. Journal of political economy, 94 (5): 1002-1037.

ROWNTREE B S, 1901. Poverty: a study of town life [M]. London: Macmillan Press.

RUIZ-CASTILLO J, 2003. The measurement of the inequality of opportunities [J]. Research on economic inequality, 9: 1-34.

SCHEAFFER R L, MENDENHALL I W, OTT R L, et al., 2011. Elementary survey sampling [M]. 7th ed. Boston: Duxbury Press.

SCHOELLMAN T, 2012. Education quality and development accounting [J]. The review of economic studies, 79 (1): 388-417.

SCHULTZ T W, 1961. Investment in human capital [J]. American economic review, 51 (1): 1-17.

SCHULTZ T W, 1963. The economic value of education [M]. New York: Columbia University Press.

SEN A, 2000. Development as freedom [M]. New York: Anchor Press.

SEN A, 1983. Poor, relatively speaking [J]. Oxford economic papers, 35 (2): 153-169.

SEN A, 1981. Poverty and famines: an essay on entitlement and deprivation [M]. Oxford: Oxford University Press.

SEN A, 1976. Poverty: an ordinal approach to measurement [J]. Econometrica, 44 (2): 219-231.

JIANG S Q, 2012. Identity, inequality, and happiness: evidence from urban China [J]. World development, 40 (6): 1190-1200.

SMITH M, KOHN R, 2000. Nonparametric seemingly unrelated regression [J]. Journal of econometrics, 98 (2): 257-281.

SOBEL M, 1982. Asymptotic confidence intervals for indirect effects in structural equation models [J]. Sociological methodology, 13: 290-312.

SOLOW R M, 1956. A contribution to the theory of economic growth [J]. The quarterly journal of economics, 70 (1): 65-94.

STEVEN M B, 2006. Poverty in world history [M]. London: Taylor and Francis.

STORRS C, 2017. How poverty affects the brain [J]. Nature, 547 (7662): 150-152.

TOWNSEND P, 1979. Poverty in the United Kingdom [M]. Harmondsworth: Penguin.

UNDP, 1990. Human development report 1990: concept and measurement of human development [M]. Oxford: Oxford University Press.

UNDP, 1997. Human development report 1997: human development to eradicate poverty [M]. Oxford: Oxford University Press.

UNDP. Human development report 2010: the real wealth of nations: pathways to human development [R/OL]. http://hdr.undp.org, 2010.

WEN Z, MARSH H W, HAU K T, 2010. Structural equation models of latent interactions: an appropriate standardized solution and its scale-free properties [J]. Structural equation modeling: a multidisciplinary journal, 17 (1): 1-22.

WILLIAMS R, 2010. Fitting heterogeneous choice models with OGLM [J]. The Stata journal, 10 (4): 540-567.

WILLIAMS R, 2009. Using heterogeneous choice models to compare logit and probit coefficients across groups [J]. Sociological methods & research, 37

(4): 531-559.

WOOLDRIDGE J M, 2008. Introductory econometrics: a modern approach [J]. South-Western College Pub (3).

World Bank, 2001. World development report 2000/2001: attacking poverty [M]. New York: Oxford University Press.

World Bank, 2005. World development report 2006: equity and development [R]. Washington: The World Bank Group.

World Bank, 2018. Poverty and shared prosperity 2018: piecing together the poverty puzzle [R]. Washington: world bank publications.

World Bank, 2020. The Human capital level 2020 [R]. Washington: The World Bank Group.

ZHAO X, LYNCH J G, CHEN Q, 2010. Reconsidering baron and kenny: myths and truths about mediation analysis [J]. Journal of consumer research, 37 (2): 197-206.